中國學術思想 研究輯刊

三 編

林慶彰 主編

第 6 冊

林雲銘《莊子因》「以文解莊」研究（下）

錢奕華 著

花木蘭文化出版社

國家圖書館出版品預行編目資料

林雲銘《莊子因》「以文解莊」研究（下）／錢奕華 著 — 初
版 — 台北縣永和市：花木蘭文化出版社，2009〔民98〕

目 6+202 面；19×26 公分
（中國學術思想研究輯刊 三編：第 6 冊）
ISBN：978-986-6528-76-7（精裝）

1.（清）林雲銘　2.莊子　3.學術思想　4.研究考訂
121.337　　　　　　　　　　　　　　　　98001660

ISBN - 978-986-6528-76-7

9 789866 528767

中國學術思想研究輯刊
三 編 第 六 冊　　　　　　ISBN：978-986-6528-76-7

林雲銘《莊子因》「以文解莊」研究（下）

作　　者　錢奕華
主　　編　林慶彰
總 編 輯　杜潔祥
出　　版　花木蘭文化出版社
發 行 所　花木蘭文化出版社
發 行 人　高小娟
聯絡地址　台北縣永和市中正路五九五號七樓之三
　　　　　電話：02-2923-1455／傳眞：02-2923-1452
網　　址　http://www.huamulan.tw 信箱 sut81518@ms59.hinet.net
印　　刷　普羅文化出版廣告事業
封面設計　劉開工作室
初　　版　2009 年 3 月
定　　價　三編 28 冊（精裝）新台幣 46,000 元

林雲銘《莊子因》「以文解莊」研究（下）

錢奕華　著

目次

第五章 《莊子因》對《莊子》文本之詮釋路徑

第一節 《莊子》篇章關係之結構論

　　《莊子》一書，由《漢書・藝文志》紀錄有五十二篇以來，內篇七，外篇二十八解說三，《經典釋文》序錄言由淮南王門下客編訂。崔譔、向秀注本都無雜篇，但由於皆以失傳，今只見郭象本，十卷三十三篇，內七外十五雜十一，日本高山寺卷子本有郭象後序：

> 夫學者尚（當）以成性易知爲德，不以能政（攻）異端爲貴也。然莊子閎才命世，誠多英文偉詞，正言若反，故一曲之士（才），不能暢其弘旨，而妄竄其說。若關亦（奕）、意循（脩）之首，尾（危）言、遊易（游鳧）、子胥之篇，凡諸巧雜若此之類，十分有三，或牽之令近、或遷之令誕、或似山海經、或似夢書、或出淮南、或辯形名，而參之高韻，龍蛇並御，且辭氣鄙背，竟無深澳，而徒難知，以因（囚）後蒙，今沉滯乎失流，豈所求莊子之意哉，故皆略而不存。今唯裁取其長達，致全乎大體者，爲三十三篇者。〔註1〕

可知今所見三十三篇，約於魏晉六朝時，經過刪節，合併篇章而成，故比〈藝文志〉著錄少十九篇，因此原書面貌，已難確知。

　　故歷代學者，對莊子內外雜篇的討論，歷久而不衰，但內篇爲莊子手定，

〔註 1〕 見黃師錦鋐，《新譯莊子讀本》，〈莊子書的考證〉，臺北：三民書局，民國 63 年 1 月初版，85 年 2 月十三版，頁 49。

或者直接莊子之思想，褚伯秀嘗言：

> 始於〈逍遙遊〉，終以〈應帝王〉者，學道之要在反求諸己，無適非
> 樂，然後外觀萬物，理無不齊。物齊而己可忘，己忘而養生之主得
> 矣！養生所以善己，應世所以善物，皆在德以充之，德充則萬物符
> 契，宗之爲師，標立道原，範模天下，爲聖賢續命脈，爲萬世開迷
> 雲，大宗師之本立矣！措諸治道也何難？內則爲聖爲神，外則應帝
> 應王。斯道之所以斂之一身，不爲有餘，散之天下，不爲不足也。
> 〔註2〕

西仲之內外雜篇相因之理更是體系完整，脈絡分明；船山亦言：「內篇之首尾
一致，雖重詞廣喻，而脈絡相因也」。〔註3〕

因此宋明以來，學者對外雜篇可能有異議，但內篇一線相承，即如錢玄
同、顧頡剛疑古學者，亦未言內篇非莊子，學者多取得共識，外雜篇的討論，
則層出不窮。尤其蘇軾「陽擠而陰助之」之言，加上認爲〈讓王〉等四篇爲
僞作的疑經之風，直至近日劉榮賢《莊子外雜篇之研究》一書，皆試圖釐清
莊子成書之緣起，對外雜篇是否莊子思想脈絡，則不斷有爭議。

林雲銘《莊子因》受到古文章法之影響，對內外雜篇的論證，是客觀的
分析，先確立全書大旨，再根據旨意看篇章脈絡，以其中脈絡意義相屬，文
理相寄託者，定爲莊子所作，或莊子後學門人整理，若〈天下〉則認爲後世
「訂莊者」所作，〈讓王〉等篇，則確爲贗品。以下分述其論點。

一、〈莊子總論〉之說明

林雲銘對《莊子》一書之篇章看法，認爲全書十餘萬言，先定大旨：「明
道德、輕仁義、一死生，齊是非，虛靜恬澹，寂寞無爲而已矣！」〈莊子總論〉
大旨確定後，再根據內外雜篇的脈絡去分析義理。

訂其篇爲「內」、「外」、「雜」篇，西仲認爲是後人所定，並非當時《莊
子》著書之本意，內七篇是有題目之文，應是《莊子》手定，且意義連貫；
外雜篇只是取篇首兩字名篇，並無其主題，是後人取莊子雜著而編成。故言：

〔註2〕 見明・朱得之，《莊子通義》引宋・褚伯秀，《南華眞經義海纂微》，藝文印書
館藏明嘉靖四十三年浩然齋刊本影印，嚴靈峰編，《無求備齋莊子集成續編》，
第3冊，頁261。

〔註3〕 王船山，《莊子解》，〈雜篇解〉，《船山全書》，十三冊，湖南：嶽麓書社，1996
年2月，頁348。

內七篇是有題目之文，爲莊子所手定者。外篇、雜篇，各取篇首兩
字名篇，是無題目之文，乃後人取莊子雜著。〔註4〕

名曰「外」者，是詞意難解，夾雜許多論點，而「雜」者，則是錯綜複雜，
無次第順序之關聯性，且西仲同意蘇軾所謂，分篇分章應是後人所爲，並非
莊子原意。故云：

然則或曰外、或曰雜，何也？當日訂莊之意，以文義易曉，一意單
行者列之於前；而名「外」，以詞意難解、眾意兼發者，置之於後；
而名「雜」故，其錯綜無次如此，蘇子瞻謂：「分章名篇，皆出於世
俗，非莊子本意。」猶信！〔註5〕

由此知，西仲的論點亦認爲內篇確爲莊子所著，其餘由後人取莊子雜著所
錄，加以組織完成。分篇分章以區別內容之不同。內七篇是文義明曉，首尾
脈絡清楚，是莊子原著者，外篇詞意多而難解，雜篇則錯綜複雜、毫無次序
者。

此觀點如船山謂「內篇雖參差旁引，而意皆連屬；外篇則踳駁而不續」、
「雜云者，博引而泛記之謂」、「蓋非出自一人之手，乃學莊者雜輯以成書」
〔註6〕，可知外雜篇在當時學者的看法，多認爲非莊子手著者。林雲銘態度
較客觀，他不直言非莊子所著，只說分篇是訂莊者所爲，但其內容，未必不
是出自莊子之雜錄，如於〈庚桑楚〉篇末言：

此篇意實貫珠，文頗艱澀破碎。卒然讀之，蒙然而已。其中精粹之
語，殊不可及，後人疑其非莊叟之言，恐亦非定論也。〔註7〕

因此西仲對所有的篇章，皆採客觀的態度加以論述，並未任意刪減〈讓王〉
等篇，也不會不加以注疏，皆以客觀立場去討論、說明，務求保持原有傳本
的次第、內容，只做說明與傳承的工作。

二、內外篇相因之理

西仲認爲內七篇之「義」不但各有其義，且彼此皆互爲「相因之理」依
照此脈絡，可以貫通全書，作一個相因相理的系統。故云：

〔註4〕 清‧林雲銘《莊子因》〈莊子總論〉乾隆白雲精舍本，頁11。
〔註5〕 《莊子因》，〈莊子總論〉，乾隆白雲精舍本，頁13。
〔註6〕 王船山，《莊子解》，《船山全書》十三冊，湖南：嶽麓書社，1996年2月，頁
184、384。
〔註7〕 《莊子因》，乾隆白雲精舍本，頁474。

〈逍遙遊〉言人心多狃於小成，而貴於大；〈齊物論〉言人心多泥於
己見，而貴於虛；〈養生主〉言人心多役於外應，而貴於順；〈人間
世〉則入世之法，〈德充符〉則出世之法，〈大宗師〉則內而可聖，〈應
帝王〉則外而可王，此內七篇分著之義也。然人心惟大，故能虛，
惟虛，故能順，入世而後出世，內聖而後外王，此又內七篇相因之
理也。〔註8〕

西仲認爲內七篇義理相因，而將大旨完全發揮出來，外雜篇則是「義各分屬，
而理亦互寄」即是內七篇之義，分別散見外雜篇中，而彼此理路相通，脈絡
可循，其「理」是互相寄託的。外篇部分，寄託內篇的「義」而分疏其「理」
的情形爲：

如〈駢拇〉、〈馬蹄〉、〈胠篋〉、〈在宥〉、〈天地〉、〈天道〉，皆因〈應
帝王〉而及之，〈天運〉則因〈德充符〉而及之，〈秋水〉則因〈齊物
論〉而及之，〈至樂〉、〈田子方〉、〈知北遊〉、則因〈大宗師〉而及之。
惟〈逍遙遊〉之旨，則散見於諸篇之中，外篇之義如此。〔註9〕

西仲將外篇，區分爲六，而以〈逍遙遊〉縱貫諸篇，作爲七篇的宗旨所在，
其中〈大宗師〉及〈應帝王〉顯然容納外篇的篇數較多，即是將其中內容，
視作成就人間世事之義居多。

外篇中〈刻意〉、〈繕性〉兩篇，西仲認爲是「義有所屬而無味」，義雖與
內七篇有相連貫之義，但是不夠深入、不夠明確，理路並不清晰，感到言之
而無味。西仲推論非莊子自著。故言：

此篇發揮精神之理，微言玄著。但細玩其行文蹊徑，與〈天道〉篇
如出一手，此則略少波瀾耳。或以膚淺疑其僞作，此明眼者之言也。
〔註10〕

又於〈繕性〉云：

此篇以「恬」與「知」二字作骨，數段遞遞說下，立論甚醇，華實
並茂，且別有一種秀色，令人賞心不置。然細加尋繹，覺未免有訓
詁氣，殊非南華筆也。〔註11〕

〔註8〕《莊子因》，〈莊子總論〉，乾隆白雲精舍本，頁11～12。
〔註9〕《莊子因》，〈莊子總論〉，乾隆白雲精舍本，頁12。
〔註10〕《莊子因》，〈刻意〉評，乾隆白雲精舍本，頁308～309。
〔註11〕《莊子因》，〈繕性〉評，乾隆白雲精舍本，頁317～318。

可以看出此二篇雖有文筆秀色之優點，但由膚淺與訓詁風格去看，西仲認爲非莊子之筆。

三、雜篇之眞僞論述

雜篇部分，西仲區分爲三，一是承繼內篇義理的發揮者，如〈庚桑楚〉、〈徐無鬼〉、〈則陽〉、〈外物〉；其二，是以〈寓言〉、〈列禦寇〉二篇，將二者收爲一篇，作爲全書收束部分；第三部分，則以〈天下〉爲後人整理《莊子》者，所作的全書之後序。其論如下：

（一）寄理部分

雜篇中一部分是承繼內篇義理的發揮者，如〈庚桑楚〉、〈徐無鬼〉、〈則陽〉、〈外物〉，其脈絡如下：

> 〈庚桑楚〉則〈德充符〉之旨，而〈大宗師〉，〈應帝王〉之理寄焉，〈徐無鬼〉則〈逍遙遊〉之旨，而〈人間世〉、〈應帝王〉、〈大宗師〉之理寄焉，〈則陽〉亦〈德充符〉之旨，而〈齊物論〉、〈大宗師〉之理寄焉，〈外物〉則〈養生主〉之旨，而〈逍遙〉之理寄焉。〔註12〕

此四篇有承內篇之理，應爲莊子義理脈絡相承之作，然西仲亦發現，其中有參雜擬莊者之作，如下：

> 此篇指出修眞實際，開後世坎離鉛汞之説。精鑿奇創，讀之惟恐其盡。但「貸粟」、「釣魚」、「發冢」三段，文詞既淺，意義亦乖，疑爲擬莊者攛掇其內，特表而出之。〔註13〕

其二，是以〈寓言〉、〈列禦寇〉二篇，將二者收爲一篇，作爲全書收束部分，如此內七篇與雜篇之義理，才可以相互貫通，互爲寄託。故言：「寓言、列禦寇，總屬一篇，爲全書收束，而內七篇之理均寄焉雜篇之義。」西仲將此二篇合併爲一，他認爲原本寓言、列禦寇是一篇，作爲全書收尾，但因後人攛入〈讓王〉等四篇，才將一篇分之爲二，故言：

> 此篇是全書收束，推著書之本意，與〈列禦寇〉總爲一篇。後人因攛入〈讓王〉等四篇，於中故分而爲兩耳。惟「曹商得車」、「宋人錫車」二段，語頗近於虐謔，似非有德者之言，當別之以俟後也。〔註14〕

〔註12〕《莊子因》，〈莊子總論〉，乾隆白雲精舍本，頁 12～13。
〔註13〕《莊子因》，〈外物〉評，乾隆白雲精舍本，頁 551。
〔註14〕《莊子因》，〈寓言〉評，乾隆白雲精舍本，頁 564。

固然蘇軾別具慧眼，看出此四篇乃贋品，但西仲卻由前後文義脈絡體會到，〈列禦寇〉末有莊子將死一段，即應表示莊子絕筆於此，於〈列禦寇〉篇末言：

> 蘇子瞻作〈莊子祠堂記〉，言讀〈寓言〉之終：「陽子居爭席一段」，因去〈讓王〉、〈盜跖〉、〈說劍〉、〈漁父〉四篇以合於〈列禦寇〉之篇。然後悟而笑曰：「是固一章也！」此老讀書，自是千古隻眼。後人惟以篇目已定，不敢擅自改訂，亦古人闕疑之意，然亦不可以不辯也。篇末載「莊子將死一段」，以明漆園之絕筆於此，猶春秋之獲麟，此外不容添設一字。則〈天下〉一篇，不辯而知為訂莊者之所作矣！後世紛紛，猶以莊自為之。甚矣！讀書之難言也。〔註15〕

在此，西仲體悟出，莊子有絕筆於〈列禦寇〉之意，合〈寓言〉、〈列禦寇〉兩篇以收束，是說明著書之心，全書至此語義完整，而〈天下〉篇則是後人之論述，而非莊子自為之作。

（二）後人為之

以上部分，是西仲認為尚屬於《莊子》思想系列，為莊子所著或雜錄的部分。下面第三部分，雜篇之〈天下〉篇，西仲則認為是後人整理《莊子》者，所作的全書之後序，故於〈天下〉後言：

> 此篇為莊子全書後序，明當日著書之意，一片呵成文字。雖以關尹老莊。鬃頂一曲之士來，語意卻有軒輊。其敘莊周一段，不與關老同一道術，則莊子另是一種學問可知。段中備極贊揚，真所謂上無古人，下無來者。莊叟斷無毀人自譽至此，是訂莊者所作無疑。王荊公〈莊子論〉，蘇長公〈莊子祠堂記〉，皆以此篇出乎漆園自作，各有獨見，但可徒資談鋒，總非定論。而議者又以為訂莊者，不著名姓為疑，不知莊叟生於戰國，彼時猶為近古國策，筆法橫絕，俱無名氏。千載而下，以不知出自何手為恨。〔註16〕

西仲以段落中極其讚揚莊周一段，說明莊子不可能自我標榜，自我褒揚，以至於此，應是「訂莊者」所作。

〈天下〉作者，自古即眾說紛紜，有贊成為莊子之後序者；有認為是郭象的作品；有認為是莊子要略的改名〔註17〕，西仲認為莊子不致於毀人、自

〔註15〕《莊子因》，〈列禦寇〉評，乾隆白雲精舍本，頁580。

〔註16〕《莊子因》，〈天下〉評，乾隆白雲精舍本，頁601。

〔註17〕見黃師錦鋐，《莊子及其文學》〈關於莊子及莊子書〉，頁32～40，臺北：東大

譽到這種地步。而王船山《莊子解》認爲〈天下〉有：「自命有籠罩群言之意」，且：「其浩博貫綜，而微言深至，固非莊子莫能爲也」〔註18〕，就認爲〈天下〉爲莊子之自著。

　　而西仲的論證認爲，此篇的確寫得是一片呵成之文字，但筆意各有軒輊，顯然揚莊而毀他人，莊子不至自譽如此，後人所論述，而因其時爲戰國時期，筆法猶如《國策》，作者亦如國策般不具姓名，自是自然，毋庸置疑。

　　至於〈讓王〉、〈說劍〉、〈盜跖〉、〈漁父〉，西仲則認爲是「義無所屬而多疵，昔人謂爲昧者勦入，非虛語也」，根本認爲其意義與內七篇不相貫通，只是後人假託寫入，並非莊子之文。

四、篇章結構之討論

　　近年莊子外雜篇作者眞僞亦一直在討論，如劉笑敢《莊子哲學及其演變》就以莊子後學所著言之，近人劉榮賢《莊子外雜篇研究》〈緒論〉亦言：

> 直到明末清初王船山在《莊子解》一書中論析外篇與雜篇材料的思
> 維方向，指出外篇和雜篇都不是莊子之書。……近代研究莊子的學
> 者也才逐漸注意到《莊子》書的外雜篇與代表莊子思想的內篇在學
> 術演進階段上有先後的不同。〔註19〕

清初船山之論外雜，與西仲以文句、內容、意義、語氣等，作爲其辨證莊子眞僞之論證方式，用詳實、客觀，總以「各有獨見，但可徒資談鋒，總非定論。」作爲討論的空間，表示外雜篇之眞僞已有學者開始仔細辨析，西仲以文句、章法、結構、意義爲討論，足供後學參考。

　　就西仲相因之理的討論，他承襲前人點點滴滴的論點，如林希逸就云：

　　　圖書公司，民國 66 年 7 月初版，73 年 9 月再版。及《新譯莊子讀本》〈莊子
　　　書的考證〉，頁 25～32，臺北：三民書局，民國 63 年 1 初版，85 年 2 月十三
　　　版。提出六十餘家的論證，甚爲詳盡。

〔註18〕王船山《莊子解》中認爲內七篇是莊子原著，外篇則非《莊子》之書，也非
　　　出於一人之手，乃莊子的門徒後學，各以己意引申發揮，雜篇較能「取其精
　　　蘊，誠內篇之歸趣也」，見王船山《莊子解》〈雜篇解〉，頁 348、及〈中華本
　　　王孝魚點校説明〉，頁 480，而〈天下〉則明言：「其浩博貫綜，而微言深至，
　　　固非莊子莫能爲也」〉，頁 462，故船山認爲〈天下〉應莊子自著。《船山全書》
　　　十三冊，湖南：嶽麓書社及參考劉榮賢碩士論文《船山張子正蒙注研究》東
　　　海大學中文研究所碩士論文，民國 72 年 12 月及劉榮賢《莊子外雜篇研究》，
　　　臺北：聯經出版社，2004 年。

〔註19〕劉榮賢，《莊子外雜篇研究》，臺北：聯經出版社，2004 年。頁 21。

又有以七篇之名次第而説，如曰先能〈逍遙遊〉，而後可以〈齊物論〉。
既能齊物，又當自養其身，故以〈養生主〉繼之，既盡養生之事，
而後遊於世間，故以〈人間世〉繼之。遊於世間，使人皆歸向於我，
故以〈德充符〉繼之。內德既充，而符應於外也，人師於我，而我
自以道爲師，故以〈大宗師〉繼之。既有此道，則可以爲帝王之師，
故以〈應帝王〉繼之。〔註20〕

　　除了對內七篇加以意義的系聯作說明，林希逸進一步對篇章結尾的歸結
與相聯，提出見解，林希逸說：

文字最看歸結處，如上七篇，篇篇結得別。〈逍遙遊〉之有用無用，
〈齊物論〉之夢蝶物化，〈養生主〉之火傳也，〈德充符〉之以堅白
鳴，〈人間世〉之命也夫，自是個個有意，到七篇都盡，卻妝撰儵、
忽、渾沌一段，乃結之曰：七日而渾沌死，看他如此機軸，豈不奇
特。

又如明・潘基慶，直接以神龍見首亦見尾稱之，曰：

莊子內篇七，結語神奇逸恣，神龍見首不見尾，此見首於尾，鬳齋
云：「七篇篇篇結案，皆有一髮千鈞，」〔註21〕

潘基慶並在編排《莊子》篇章次序中，《南華經集註》以內七篇爲主，其他外
雜篇，則分類放於篇章之下，說明其內外雜篇之關聯性，如：

逍遙遊——繕性、至樂、外物、僞書讓王

齊物論——秋水、寓言、僞書盜跖

養生主——刻意、達生

人間世——天地、山木、庚桑楚、僞書漁父

德充符——田子方、知北遊、列禦寇

大宗師——駢拇、徐無鬼、則陽

應帝王——馬蹄、胠篋、在宥、天道、天運、僞書說劍

說明內七篇之間具有相互的關聯性，又見憨山《莊子內七篇註》，他認爲內七
篇之間有「相因次第」、「有體有用」、「內聖外王」之學問，憨山曰：

〔註20〕宋・林希逸著，陳紅映點校，《南華眞經口義》雲南人民出版社，2002 年 10
　　　　月，頁 130。

〔註21〕明・潘基慶，《南華經集註》藝文印書館據明刊本影印，嚴靈峰輯，《無求備
　　　　齋莊子集成初編》，第 12 冊，頁 21～22。

> 莊子著書，自謂「言有宗，事有君」蓋言有所主，非漫談也。其篇
> 分內外者，以其所學，乃內聖外王之道。謂得此大道於心，則內爲
> 聖人，迫不得已而應世，則外爲帝、爲王，乃有體有用之學，非空
> 言也。且內七篇乃相因之次第。〔註22〕

影響所及，林雲銘亦有內外雜篇相因之理、周金然《南華經傳釋》認爲莊子
外雜篇爲引申內七篇，周金然曰：

> 今諦閱《南華》，則自經自傳不自秘也。而千載無人覷破。蓋其意盡
> 於內七篇，至外篇雜篇無非引申內七篇惟篇末自序耳，錯而觀之，
> 其意較然，詎復須注哉，因定內七篇爲經，餘篇析爲傳，自注自釋，
> 庶幾參漆園之獨解焉。〔註23〕

周金然爲康熙壬戌進士（1682年），其《南華經傳釋》爲1722出版，《莊子因》
在1663年第一版、1688年第二版，金然是上海人，雲銘當時隱居南京，周可
能讀過《莊子因》，在篇章脈絡上，周氏提出：

　　逍遙遊第一　秋水　馬蹄　山木

　　齊物論第二　徐無鬼　則陽　外物

　　養生主第三　刻意　繕性　至樂　達生　讓王

　　人間世第四　庚桑楚　漁父

　　德充符第五　駢拇　列禦寇

　　大宗師第六　田子方　天道　天運　知北遊　盜跖

　　應帝王第七　胠篋　說劍　在宥　王（天）地

　　其篇章脈絡未如西仲般理路清晰，篇章脈絡的聯繫亦不相同，但兩者思
維方式則皆以整體有系統、有概念，有結構的方式去看《莊子》篇章之關係。

〔註22〕《莊子內篇憨山註》，卷四，頁1，臺北：建康書局，民國45年5月。近人陳
　　　　榮波即據此提出憨山內七篇的體用相因之主張：分爲：立言之本（逍遙遊）、
　　　　立言之旨（齊物論）、入道之功夫（養生主）、處世之道（人間世）、學道之成
　　　　效（德充符）、得道之人（大宗師）、化道之終極（應帝王）構成一修道、成
　　　　道、化道之完美圖像。見陳榮波，《哲學、語言與管理》桃園：逸龍出版社，
　　　　民國81年2月，頁66。

〔註23〕周金然，字廣居，又作字礪巖，號廣菴（庵）又號越雪，別署：七十二峰主
　　　　人，康熙壬戌（21年）（1682年）進士，入翰林官至司經局洗馬，負奇才，
　　　　修國史一統志，嬰疾告歸，嘗以字幅進呈，聖祖御製五言詩十二韻以示褒嘉，
　　　　工書善詩，有《廣庵全集》、《飲醇堂文集》、《飲醇堂文集書法》，尤爲世所
　　　　傳。見藝海珠塵本排印本，收錄於《叢書集成初編》，北京：中華書局出版，
　　　　1991年。

對內七篇相互關聯性，亦云：

> 內七篇由曠觀而後忘賓而後得主，得主而後冥世，冥世而後形真，
> 形真而後見宗，見宗而後化成，節合珠聯七篇，又只是一篇。〔註24〕

很明顯看得出《莊子因》其中脈絡的部分，已影響《南華經傳釋》整個大方
向的思考，西仲相因之理，顯然影響閱讀者及註解者，希望用整體的方式，
有機的組合全書，得到一整體又有體系的了解。近人歐崇敬《從結構、解構
到超解構》則用解構主義去解讀莊子〔註25〕，也得到外雜篇受內篇影響，與
西仲有類同的解讀，可說明其篇章結構是有其義理可循的。西仲在《莊子因》
中對外雜篇的相因之理，歸納如下表說明：

表十：《莊子因》內外雜三篇義理關係表

莊子自著	莊 子 雜 著 及 後 學	
內篇（文義易曉）	外篇（詞意難解，眾意兼發）	雜篇（錯綜無次）
逍遙遊　大		徐無鬼旨、外物理
齊物論　虛	秋水	則陽理
養生主　順	達生	外物旨
人間世　入世	山木	徐無鬼理
德充符　出世	天運	庚桑楚旨、則陽旨
大宗師　內聖	至樂、田子方、知北遊	徐無鬼理、則陽理、庚桑楚理
應帝王　外王	駢拇、馬蹄、胠篋、在宥、天地、天道	徐無鬼理、庚桑楚理
		寓言、列禦寇 —— 全書收束
	後 人 擬 作	
	刻意、繕性 —— 義有所屬而無味	讓王、盜跖、說劍、漁父 —— 義無所屬而多疵
	天下 —— 後人訂莊者所作，全書後序	

〔註24〕清・周金然，《南華經傳釋》，北京：中華書局，1991年，頁5。
〔註25〕歐崇敬，《從結構、解構到超解構》，頁241，臺北：洪葉文化，2003年。

表十一：《莊子因》內外雜篇相因之理圖表

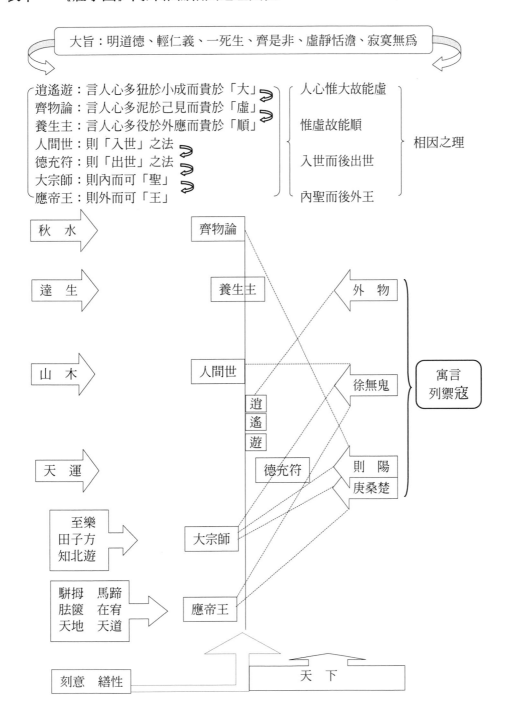

第二節 敘事技巧之形式論

《莊子》一書，其敘事技巧部分，是西仲反覆浸淫莊子書中，有正言若反，曲折迴盪的「謬悠之說，荒唐之言，無端崖之辭，時恣縱而不儻，不以觭見之。」特色，古今注莊者，卻無法一一全面的說明與分析，以致後世讀莊者，辨析不出何處好，何以好，往往跟著前人的註解，邯鄲學步的照樣吹捧一番。

但西仲《莊子因》則透過清楚的註解與說明，加上逐字訓詁，逐句辨定，逐段分析，層層入裡的方式，在清初時代，能用簡潔清楚的方式，解讀莊子，並提出方法，說明初學者可以藉此，學習莊子之行文之方式。因此，在當時造成諸注皆廢的情況。西仲在《增註莊子因·序》中，開宗明義就說明：

> 莊之為文，其字面有平易醇雅者，即有生割奇創者，其句讀有徑捷
> 雋爽者，即有艱澀糾纏者，其段落有斬截疏明者，即有曼衍錯綜者。
> 〔註26〕

雖然《四庫全書總目提要》以八比法譏之，但是西仲在《古文析義》及《莊子因》中並非用「股」、「比」等詞說明脈絡、章法，也無立破、凡目、因果等段落的排比，而是先以「神奇工妙」的「奇」作文奇、語奇的批評入手，再就修辭方法上說明其「層」的行文層次、呼應、抑揚等加以說明，最終而是就「法」，歸納出幾種文法、句法、提絜挈領等法，有行文技巧的說明，卻無八股解文的僵化，在此，本節就《莊子因》中莊子敘事技巧之處，加以說明。從西仲在字裡行間的論述，可以歸納出三項，一奇、二層、三法。

一、敘事風格 —— 奇

《莊子》文章之奇是世人有目共睹的，龜谷行《標註補義莊子·序》第一句話即言「文莫奇於莊子，而最為難讀」，〔註27〕西仲《增註莊子因·序》也非常讚嘆莊文之奇，說：

> 古今能文之士，有不讀莊者乎！既讀，有不贊其神奇工妙者乎！
> 〔註28〕

世人各據己見各抒己意，卻往往讓後人不甚明瞭，如墮五里霧中，或是夾雜許多家論述，往往把字句之義，含混帶過而不知，因此西仲一再說明，

〔註26〕《莊子因》，乾隆白雲精舍本，頁1。亦見本論文附表：附錄三。
〔註27〕《標註莊子因》，和刻本，頁1，亦見本論文附表：附錄五。
〔註28〕《莊子因》，乾隆白雲精舍本，頁1。

他逐字訓解，每段分析，無一字不易曉明白，誓不留毫髮剩義，又特別掌握莊文之神奇工妙處。奇處有：

（一）押韻之奇

西仲會標舉出《莊子》句型中有押韻、叶音以成文者說明其間，並說明其效果爲搖曳文意，結韻悠然有致。例句如下：

表十二：《莊子因》中押韻、叶音句歸納表

篇 名	例 句	評 語
人間世	而目將熒之，而色將平之，口將營之，容將形之，心且成之。	五句極寫一時流遁之狀，眞屬無可奈何用，押韻語，奇甚！
德充符	倚樹而吟，據槁梧而瞑，天選子之形，子以堅白鳴。	用押韻益奇妙。
徐無鬼	於蟻棄知，於魚得計，於羊棄意。	三語叶音成文，奇甚。
大宗師	浸假而化，予之左臂以爲雞，予因以求時夜；浸假而化，予之右臂以爲彈，予因以求鴞炙；浸假而化，予之尻以爲輪，以神爲馬，予因而乘之，豈更駕哉！	立義既精，造句尤幻，且以韻語出之，神妙至此
天 地	夫聖人鶉居而鷇食，鳥行而無彰；天下有道，則與物皆昌；天下無道，則修德就閒；千歲厭世，去而上僊；乘彼白雲，至於帝鄉；三患莫至，身常無殃。	俱用押韻語，韻絕。
秋 水	寧生而曳尾塗中。莊子曰：「往矣！吾將曳尾於塗中。」	結韻悠然有致。
列禦寇	汝與遊者，又莫汝告也。彼所小言，盡人毒也，莫覺莫悟，何相孰也！	語意本一串，用韻句搖曳出之，奇絕。

（二）造語之奇

西仲對莊子文字造語的新奇獨創性，甚爲不可思議，以「神爽語雋，味永機新，雪藕冰桃，不許人閒朵頤」〔註29〕，說明此詞只應天上有的驚異。

表十三：《莊子因》說明造語新奇文句表

篇 名	例 句	評 語
齊物論	近死之心，莫使復陽也。	即以心鬥則在內之閉藏，若受緘縢束縛，竟成一老洫之無水，全不流動，如速死之人，無復有生機矣。此言心鬥之害如此，文中字句新奇，若怪石異峰，非樊籬中物也。

〔註29〕《莊子因》〈德充符〉，評，乾隆白雲精舍本，頁132。

天 地	君子不可以不刳心焉。	刳心，去其私以入於自然也。用字新闢。
天 地	凡有首有趾無心無耳者眾，有形者與無形無狀而皆存者盡無。	練句新異驚人
德充符	且而雌雄合乎前	用雌雄二字新闢。
德充符	使之和豫通而不失於兌；使日夜無郤，而與物爲春，是接而生時於心者也。	於八卦內取出兌字，於四時內取出春字。總寫出一團和氣，內外如一，使人可親，造語新闢，不可思議。
天 運	「黃帝立爲天子十九年。」一段	說出一段彫喪之世，景象黯然，字句新奇萬年不腐。

以上是字詞部分之新，在斷語與前面行文方式不同處，他以「格法一新」說明之。如〈天下〉：「以禁攻寢兵爲外，以情欲寡淺爲內，其大小精粗，其行適至是而止。」下評：

此處不著斷語，蓋斷語在前，訑然而止，格法一新。〔註30〕

是因本段一開始就有「不累於俗，不飾於物，不苟於人，不忮於眾。」此斷語作本段之始，因此結語未下評斷，即造成文句有力作結，餘意盤旋的效果。

而口氣、筆調若與前者不同之處，則云「格調又變」，如〈天下〉：「愼到之道，非生人之行，而至死人之理，適得怪焉。」下云：「借他人口吻作斷。格調又變。」〔註31〕此篇又見：「關尹老聃乎，古之博大眞人哉」，下曰：「一語作贊，而咏歎出之，格調又變。」〔註32〕

最後，整段與前面同意義，但內容推陳出新者，見〈寓言〉：「眾罔兩問於景曰」一段，下云：「與〈齊物論〉同意，而文更覺新異。」〔註33〕以上所述，看得出西仲對莊子造語用字細心處。

（三）文恆變幻

莊子文章變換莫測，是世所公認的，東京大學教授三島毅，在《標註莊子因·序》云：

「讀莊而忘莊，忘莊而學莊。」是余平生持論也。蓋莊之爲書，詭字怪句，泉涌而雲起，縱橫棄放，倏忽變幻，使幾目眩氣奪，不知所摸捉。〔註34〕

〔註30〕 《莊子因》，乾隆白雲精舍本，頁 589。
〔註31〕 《莊子因》，乾隆白雲精舍本，頁 591。
〔註32〕 《莊子因》，乾隆白雲精舍本，頁 593～594。
〔註33〕 《莊子因》，乾隆白雲精舍本，頁 560。
〔註34〕 《標註莊子因》，和刻本，頁 9。

即說明莊子文章如風起雲湧，變幻萬端，使人目眩神迷，不知所以，西仲在〈漁父〉中即以「莊子文極變幻，不可方物。」評價莊子。對《莊子》文中的「變」，他亦有深刻的理解，其觀點在蘇軾《前赤壁賦》後評中有討論：

> 則南華、楞嚴之妙理可以包絡天地，位同造化，尤非文人夢想所能到也。試就所謂變不變之理言之。如人一瞬之頃，乃忽然耳！其中莫不有過去、現在、未來焉。方其瞬也，則前瞬爲方，瞬之過去，後舜爲方，瞬之未來，而舜舜相焉，輾轉流連。南華所謂：若驟若馳，無動而不變，無時而不移者，此變義也。〔註35〕

西仲以瞬間的變換莫測，說明莊子之「變」，往往不知是過去、現在、未來的轉換，甚至相互承轉，無時而不變，無事而不變，西仲在評論莊子之「變」時，篇章中他提出〈在宥〉、〈秋水〉篇的變幻云：

> 文之段落變化，頓挫聳秀，議論奇橫，理窟精深，筆底烟霞，胸中造化，非讀萬卷者不敢仰視。（〈在宥〉）〔註36〕

> 是篇大意，自內篇〈齊物論〉脫化出來，立解創闢，既踞絕頂山巔，運詞變幻復擅天然神斧，此千古有數文字，開後人無數法門。（〈秋水〉）〔註37〕

這種變化除了營造出，文章迷離，不同於常之效果外，給後人開啓無限爲文的創造空間，也是古文家學習的典範。

在西仲提出莊子其文之變處中，最詳細說明者，也是各註解者，及後世學者雖注意到，卻未曾如西仲般，說明得如此仔細清楚者，應是〈逍遙遊〉中，西仲一再提的「其文之變處」。如「南冥者，天池也」、「有冥海者，天池也」此二天池有何不同，西仲注：「上天池屬南冥，此屬北冥，是文之變處。」；〔註38〕另外「北冥有魚，其名爲鯤」，此能轉化爲鵬鳥的鯤與「有魚焉，其廣數千里，未有知其脩者，其名爲鯤。」不同處，云：

> 上總言其大，此分出闊長來，且先言其形體，然後點出魚名，又其文之變處。〔註39〕

〔註35〕清・林雲銘，《古文析義合編》，臺北：廣文書局，民國 90 年 10 月九版，頁320。
〔註36〕《莊子因》，乾隆白雲精舍本，頁 229。
〔註37〕《莊子因》，乾隆白雲精舍本，頁 342。
〔註38〕《莊子因》，乾隆白雲精舍本，頁 29。
〔註39〕《莊子因》，乾隆白雲精舍本，頁 29。

上面的鯤可化爲鵬，下面的則未變；上段鵬鳥由鯤轉，下面「有鳥焉，其名爲鵬，背若泰山，翼若垂天之雲。」則是：「上言一物所化，此則魚是魚，鳥是鳥，又其變處」〔註40〕；上段「蜩與學鳩笑之」與「斥鷃笑之曰：斥澤小鳥彼且奚適也，我騰躍而上，不過數仞，而下翺翔蓬蒿之間，此亦飛之至也，而彼且奚適也。」之間，彼此的不同〔註41〕，則說：「上文之笑，在自安於拙，此則竟自以爲工矣，亦文之變處。」〔註42〕西仲把蜩與鵰二者，一是對自我飛行技術與生活範疇，能「自安於拙」，一是以翺翔於蓬蒿之間爲傲，認爲「自以爲工」，如此區分二者之笑，層次有所不同，是精準而細膩的論述。

另外，在「小大之辨也。」西仲亦言其變化處：

此只就物之分量言，與上文小知大知，小年大年，立意不同，亦其變處。一語結上生下，多少筆力。〔註43〕

西仲將後面「小大之辨也」作爲行文之承上啓下之開展，是就物而言，與前面小年、大年，小知、大知立意不同。

在篇章的變化中，西仲在〈徐無鬼〉評云：

此篇前半詮理精密，練詞古雅；後半變幻斷續，不可捉摸，文境之奇，盡於此矣！〔註44〕

即說明其文之變，造成文意的不可捉摸，也造境於奇地。其文章章法上如〈胠篋〉：「所謂聖者有不爲大盜守者乎」，下面說明是：「從盜上閒閒寫過，忽落正意，下又忽入引証，文之變化莫測。」〔註45〕另有〈山木〉篇：「不求文以待形，固不待物。」下言：

此段根虛已，來言與人定交，亦當去文任質，相屬以天也。末忽另起一段。似斷似續，古穆奇奧，變幻莫測。〔註46〕

〔註40〕《莊子因》，乾隆白雲精舍本，頁 29。
〔註41〕此處亦有學者論述，多偏重前段調與鶯鳩之「笑」，如王夫之《莊子解》：「蜩與學鳩之笑，知之不及也」王叔岷《莊子校詮》：「案此以小笑大也」；說明兩者之不同處，如鍾泰以「自暴」與「自棄」區分，徐聖心以「自滿」說明，已經點出自得自適之狀，但都不及西仲所言清楚。見徐聖心《莊子「三言」的創用及後設意義》，臺灣大學中國文學研究所博士論文，民國 87 年 5 月，頁 62。
〔註42〕《莊子因》，乾隆白雲精舍本，頁 30。
〔註43〕《莊子因》，乾隆白雲精舍本，頁 30。
〔註44〕《莊子因》，乾隆白雲精舍本，頁 508。
〔註45〕《莊子因》，乾隆白雲精舍本，頁 195。
〔註46〕《莊子因》，乾隆白雲精舍本，頁 389。

其餘如〈胠篋〉、〈天下〉、〈漁父〉亦有相似之例，不贅言敘述。西仲能在文章變化處，加以比較，說出其不同點，是其閱讀細心之處。

（四）創論之奇

西仲認爲莊子之文，是：「文之古奧離奇，細讀方知其妙」〔註47〕，文章所運用的遣詞造句，是創論奇奧，是層巒疊嶂，愈出愈奇，是奇文至文。

《莊子》在文字運用的「奇」部分，如〈齊物論〉：「其寐也魂交，其覺也形開。與接爲構，自以心鬭」下面文字之奇西仲稱之：「此言心鬭之害如此，文中字句新奇，若怪石異峰，非樊籬中物也。」〔註48〕又如〈秋水〉：「夔憐蚿，蚿憐蛇，蛇憐風，風憐目，目憐心。」西仲解讀更是特別：

> 「心」、「目」二語，不著疏解，文如半身美人圖，正於未盡處傳神，
>
> 奇絕！奇絕！〔註49〕

以半身的美女說明《莊子》文中意在言外之意，西仲也是說明得非常傳神的。

《莊子》在文陣中其佈局安排「奇」的部分，如〈應帝王〉：「無爲名尸」下面一段，以「故能勝物而不傷」作收結，稱之爲：「此段是全篇實義，以爲後面鎖結，文陣中一奇局也。」〔註50〕，議論〈天運〉：「孔子見老聃歸，三日不談」下云：

> 議論奇確，莊叟之善體物情乃爾，龍門所謂其學無所不闚者也。老
>
> 子曰：可丘得之矣！此段爲以道化人者而言。〔註51〕

談作文起筆之「奇」，如〈胠篋〉：「將爲胠篋探囊發匱之盜而爲守備，則必攝緘縢、固扃鐍，此世俗之所謂知也。」即言：

> 凡作文起手最難，如此突如來如，奇峰陡起，若神龍變化，無處覓
>
> 其首尾，蘇長公常得此法。〔註52〕

文字、文句、敘事技巧之奇，都可以模仿與學習，西仲又提出莊子有異乎常人之奇情異想，恐怕非一般人可習得的，在〈寓言〉：「非吾罪也，人之罪也」下言：「自己扯謊，反歸罪於他人，奇情異想，從天外來。」〔註53〕看出莊子

〔註47〕《莊子因》，乾隆白雲精舍本，頁 112。
〔註48〕《莊子因》，乾隆白雲精舍本，頁 46。
〔註49〕《莊子因》，乾隆白雲精舍本，頁 333。
〔註50〕《莊子因》，乾隆白雲精舍本，頁 174。
〔註51〕《莊子因》，乾隆白雲精舍本，頁 298。
〔註52〕《莊子因》，乾隆白雲精舍本，頁 195。
〔註53〕《莊子因》，乾隆白雲精舍本，頁 553。

特殊之人格特質。

　　莊子天生的氣質與人殊異，其文自然獨樹一幟，西仲讀之，禁不住要讚嘆，要歆羨，要嘖嘖稱奇，不斷道著「大奇！大奇！」如〈養生主〉末段言老聃遁天倍情之說，下面西仲連說四次奇：

> 已上詆老聃，俱在平日上論。本題是養生，說及死已爲奇矣！乃弔而不哭，反怪夫人之哭，尤爲奇也！及怪夫人之哭，因怪死者有以致其哭，吾不知其從何設想。大奇！大奇！〔註 54〕

另外，〈德充符〉中，孔子不收叔山無趾，只是因盛名而久累，覺得爲何今日才來，並非鄙視其兀者，莊子卻以孔子才是受天刑之人視之，眞是奇啊！西仲說道：

> 孔子講學，必不肯用此意，其受好名久累，猶天加刑，非人所能解也。申徒嘉不知己之受刑，已爲奇矣；無趾反說夫子之受天刑，竟似己爲全人，而以他人爲刑餘可憐憫者，眞堪絕倒，莊文奇妙至此。〔註 55〕

〈達生〉篇中，孔子觀呂梁之懸水下之丈夫，而悟出另一番：「不知吾所以然而然，命也」的見解，西仲亦稱奇曰：「於行險中發出一個居易學問，大奇！大奇！」險中求易，此思維是逆向思考，西仲自是嘖嘖稱奇。

　　又如，西仲明白莊子爲文與眾不同，文章寫完，本就是不欲人輕易得知，在〈齊物論〉評中即言：「嗚呼！莊叟當日下筆落想時，原不許此輩輕易讀得也，又何怪焉！」〔註 56〕，奇文原不易讀，可是西仲讀書素有積厚之功，自然能由細心理會中，讀出凡人所未見，從不能邃解中，理出若斷若續的精微玄妙之理。使莊子之創論，奇奧之處，在文之相因相生，奇幻莫測處，呈現出文理兼具，西仲之奇創至此，無論在押韻奇妙、字詞新闢、文之變處、千古奇文等方面，西仲一一辨析，使後人讀之，亦稱：奇甚！奇絕！

二、敘事技巧——層

　　在「層」的部分，西仲著力最多，他以觀地理法來閱讀《莊子》，看出他層層論述的方法，行文的脈絡，但西仲知莊子之千變萬化之勢，豈能幾字說

〔註 54〕《莊子因》，乾隆白雲精舍本，頁 81。
〔註 55〕《莊子因》，乾隆白雲精舍本，頁 121。
〔註 56〕《莊子因》，乾隆白雲精舍本，頁 75。

破，故他在解莊時，會提出說明，如跌宕波折、層層應照、呼應、抑揚頓挫…等，但他並未立出規範，去框限莊子之文，此其優處。

（一）跌宕之層

西仲對《莊子》文如汪洋宏肆，無端崖之辭，層層論述中，提出跌宕波折之論，在文句語詞上，頓句波折是最明顯易見者，能作爲收束而開啓下文，如〈逍遙遊〉：「齊諧者。志怪者也。」下云「南冥句，解一語作收束；齊諧句，解一語作起引，若他書俱可無有，那如許跌宕波折」；〔註57〕〈齊物論〉：「日夜相代乎，而莫知其所萌。」下云「承上言心鬬之害如波」；〈庚桑楚〉：「吞舟之魚，碭而失水，則蟻能苦之。」下曰「上言巨魚巨獸之宜享其利，此即答以巨魚巨獸之獨罹其害。介，獨行也；碭，跌宕也。」〔註58〕都說明莊子字詞之運用，以跌宕造成句中效果。

西仲在「跌宕波折」部分，較多的是文勢的體會與說明，在莊子文中，先提出一總收，再下面一一展開盤旋，波宕無限，因此西仲在〈大宗師〉：「古之眞人，其寢不夢，其覺無憂，其食不甘，其息深深。眞人之息以踵，眾人之息以喉。屈服者，其嗌言若哇。其耆欲深者，其天機淺。」下云：「又道及眾人。形容眞人耆欲之淺意，文勢波瀾曲折。」〔註59〕因爲緊接「其嗜欲深者，其天機淺」是兩大段，「古之眞人，不知說生，不知惡死」、「古之眞人，其狀義而不朋」，以說明「眞人」之眞諦，因此前爲收束之作用。

另外，〈應帝王〉：「鯢桓之審爲淵，止水之審爲淵，流水之審爲淵，淵有九名，此處三焉。」下云：「至此總收，另講一段起下，波瀾緊束，此文字當家也。」〔註60〕因爲如此，才能在下一段開展出季咸第二天見壺子，顯現出「未始出吾宗」後，季咸落荒而逃的效果。

在〈胠篋〉：「故田子成子有乎盜賊之名，而身處堯舜之安；小國不敢非，大國不敢誅，十二世有齊國。則是不乃竊齊國，并與其聖知之法，以守其盜賊之身乎？」下云：

> 田成以私量貸公量，便是借聖人之法，以濟其竊國之私。後世王莽之金縢，惠卿輩之《周禮》，皆挾此術，己（已）被莊叟一語道破。

〔註57〕《莊子因》，乾隆白雲精舍本，頁25。
〔註58〕《莊子因》，乾隆白雲精舍本，頁449～450。
〔註59〕《莊子因》，乾隆白雲精舍本，頁135。
〔註60〕《莊子因》，乾隆白雲精舍本，頁172。

此段引田成事作證，留下面餘地，層層說去，此文字波瀾也。〔註61〕
西仲在此不但解說，其文能做波瀾，開展下面的論述，還把此種「以私量貸公量」的方式，說明漢之王莽、宋之呂惠卿等，甚至可影射現今政治人物，其以「聖知之法而盜之」的行徑。

莊子通篇之中，即使一種意旨，也都有跌宕，造成迴盪的效果，西仲提出〈駢拇〉、〈大宗師〉兩篇作說明：

> 通篇一意盤旋，文情跌宕，天際游龍天矯莫測（〈駢拇〉評）〔註62〕

> 若文之波瀾萬頃，百折縈迴，古奧雜奇，輪囷異水，非窺豹者所能測也（〈大宗師〉評）〔註63〕

西仲在莊子文中，看出其行文是層層貶駁，文氣抑揚盤旋，無限縈迴波折，在煙波無盡處，又不直接說盡其意，因此明白莊子何以下筆千言，故於〈天下〉：「形與影競走也，悲夫！」下云：

> 道術分合之故，令人自為決擇其間。萬斛波瀾。一望無際熟此何患不落筆千言哉。〔註64〕

在此，可以看出西仲真是一位優秀的閱讀者、文評家，能體會作者為文之用心。

（二）擊出之層

西仲在〈莊子雜說〉已提出，莊子在行文議論時，所用的方法有「合盤打算法」及「進一步法」，進一步法，就是在論述時，層層擊出，深入探討：

> 莊子學問有進一步法，其議論亦每用進一步法，讀者須知有進一步法。

由於第四章已由文家進一步法，到義理進一步法說明仔細，在此不另重複，在西仲提出「進一步」、「深一層」、「一層深一層」、「文氣層層相生」、「進上一層」、「高一層」中，吾人應看出，其實西仲藉由釐析莊文中，山巒層嶂，層層推演之後，如何探究文義之宗旨，理解莊子重點在說什麼，如何在轉換靈動之際，看出端倪，看出真正義旨，才是西仲如此以文解莊之重點所在。

在此，例證不再重複前面所言，因此在文疊、字疊處不加說明，僅就〈齊

〔註61〕《莊子因》，乾隆白雲精舍本，頁196。
〔註62〕《莊子因》，乾隆白雲精舍本，頁187。
〔註63〕《莊子因》，乾隆白雲精舍本，頁163。
〔註64〕《莊子因》，乾隆白雲精舍本，頁598。

物論〉中精采的層層出擊的論點，以表顯示之。如在〈齊物論〉：「百骸、九竅、六藏。賅而存焉。吾誰與為親？」〔註64〕一段中，西仲提出的論點如下圖：

表十四：《莊子因・齊物論》「層層擊出」語句分析表（一）

百骸、九竅、六藏。賅而存焉。吾誰與為親？（第一層）	其有真君存焉？
汝皆說之乎？其有私焉？（第二層）	
如是皆有為臣妾乎？（第三層）	
其臣妾不足以相治乎？其遞相為君臣乎？（第四層）	
	應上「其誰耶」三字。

藉由一層一層的論述，推出「其有真君存焉」的論點，再回應前面所問「夫吹萬不同，而使其自已也，咸其自取，怒者其誰邪？」直接把「真宰」「真君」的答案說出來。

〈齊物論〉中第二個「層層擊出」的論述，見於「古之人，其知有所至矣」〔註65〕的註解，以下表解之：

表十五：《莊子因・齊物論》「層層擊出」語句分析表（二）

古之人，其知有所至矣。（第一層）	
其次以為有物矣，而未始有對也。〔註66〕（第二層）	
其次以為有對焉，而未始有是非也。（第三層）	皆無成與虧乎
是非之彰也，道之所以虧也。（第四層）	
道之所以虧，愛之所以成。（第五層）	

其實《莊子》文中只言：「果且有成與虧乎哉？果且無成與虧乎哉？」西仲在此一層層的解析與推理中，解出莊子欲言而未盡言之答，故在註解中說明「成虧相因於有物之後，以未始有物觀之。」成與虧相因的立足點，在於人人皆以「有物」的觀點視之，其實就「未始有物」的角度去看，亦即用「道」

〔註64〕《莊子因》，乾隆白雲精舍本，頁48。

〔註65〕《莊子因》，乾隆白雲精舍本，頁55。

〔註66〕林雲銘，《莊子因》注云：「對，謂對待，俗本為『封』，費解。」頁64～65，西仲認為平常注本都是「封」，是「費解」而不合理的，因此改為「對」，由於，此改法純就意義而言，無相關資料、文獻、出土材料作佐證，因此註於此僅供參考。

的角度視之，則知萬物哪裡有成有虧，有是有非呢？這是西仲藉由文字的推論，所作的解答。

《莊子》之文如層巒疊嶂，愈出愈奇，後世讀者在莊子之一層深過一層中，文情飛動，以至於正見、眞知，相去益遠，讀者之文情，愈疊愈深，玄之又玄。因此，西仲在〈天地〉：「方且與物化，而未始有恒。」下云：

> 疊句參差歷亂，如疾風捲籜，天花飛落，令讀者心目俱眩。〔註67〕

故藉由西仲此脈絡文理，敘事方法的處理，去讀出《莊子》之意，亦是一客觀而有效的閱讀方法。

（三）呼應之層

西仲以「映照」與「呼應」，說明文句間義理相關，映照方面的例證，在文句的描寫上，如〈應帝王〉中「鄭有神巫曰季咸」一段中，「鄭人見之皆棄而走」西仲提出鄭人皆棄而走，正可以與最後季咸落荒逃跑互映，故言「與下文自失而走互映。」；而列子後來「雕琢復朴，塊然獨以形立。」西仲亦云：「二句與季咸有文無實相映。」〔註68〕此文句映照部分。

另外，在段落上的映照，以〈齊物論〉描寫地籟：「夫大塊噫氣，其名爲風」的一段爲例，西仲提出：

> 此段描寫地籟，在眾竅受風上，見句句形容不齊之狀。爲下段知與
> 言不齊映照。〔註69〕

在段落與段落的映照上，用字詞來相對比者，可見〈在宥〉：「聞在宥天下，不聞治天下也」下面，「自三代以下者，匈匈焉終以賞罰爲事，彼何暇安其性命之情哉！」西仲在下面注曰：

> 夫天下有盜跖、曾史，非天下之幸也。天下不安其性命之情，故有
> 善有惡，治天下者，賞善而罰惡，日不暇給，而惟賞罰之爲。則人
> 亦惟奔走於賞罰之不遑而已！性命愈不得而安也。「何暇」二字妙。
>
> 〔註70〕

在下一段「尸居而龍見，淵默而雷聲，神動而天隨，從容無爲而萬物炊累焉。吾又何暇治天下哉！」下，西仲將兩段呼應之處點出：

〔註67〕《莊子因》，乾隆白雲精舍本，頁237。
〔註68〕《莊子因》，乾隆白雲精舍本，頁169～171。
〔註69〕《莊子因》，乾隆白雲精舍本，頁45。
〔註70〕《莊子因》，乾隆白雲精舍本，頁208。

「何暇」二字，應上「何暇」句，呼應絕佳，得失判然。篇首至此
是一篇論斷，起伏呼應無法，不備熟此者，大家諸篇，可束置高閣
矣！〔註71〕

這種段落上呼應的辨別，是一種基本工夫，如果連如此簡單的段落呼應，都
無法識別出來，又遑論其他知名的大文學家之作品呢？

　　下面西仲又提出一種「倒鎖」式呼應，是以下結論，一方面作段落的結
語，一方面遙遙呼應前面的論述，與前面說法有關聯卻不同，西仲覺得此種
呼應較奇特。見〈胠篋〉：「子獨不知至德之世乎」一段，言當時人民是「民
結繩而用之，甘其食，美其服，樂其俗，安其居。」但由於上面一旦好知而
無道，反而不若結繩時代的寧靜祥和，因此西仲說此「好知之亂天下也，自
三代以下者是己。」的結論，是總結三代以下好知之不當，又遙遙呼應前面
結繩時代的至德之世，此方式在呼應方式而言，是較特別者。故他以：「倒鎖
一句，遙應上面『至德之世』。作法甚奇！」〔註72〕作說明。

　　「呼應」往往在段落中若即若離，無法立即看出，故西仲認為，不可以
草草帶過，所以他說：「段中若合若離，不可以尋常筆墨窺之也。」〔註73〕在
此西仲指導吾人細讀作品，體會文句、段落之同異，進而細部理解作品，深
入知道作者寫作之用意，是由閱讀而理解之不二法門。

　　無論是映照或呼應，都不能忽略莊子思維方式，在〈莊子雜論〉中，西
仲特別提出的「和盤打算」法，是議論時依循的討論方式：

莊子學問是和盤打算法，其議論亦用和盤打算法，讀者須知有和盤
打算法。〔註74〕

因此在呼應中尚有「行文雖似三疊，卻是一氣」、「行文融成一片」的例證，
說明和盤打算的妙悟洞見。

　　如〈齊物論〉：「與物相刃相靡，其行盡如馳，而莫之能止，不亦悲乎！
終身役役而不見其成功，苶然疲役而不知其所歸，可不哀邪！人謂之不死，
奚益！其形化，其心與之然，可不謂大哀乎？人之生也，固若是芒乎？其我
獨芒，而人亦有不芒者乎？」西仲即言：「行文雖似三疊，卻是一氣，外篇所

〔註71〕《莊子因》，乾隆白雲精舍本，頁210。
〔註72〕《莊子因》，乾隆白雲精舍本，頁203。
〔註73〕《莊子因》，乾隆白雲精舍本，頁256。
〔註74〕《莊子因》，乾隆白雲精舍本，頁20。

謂「哀莫大於心死是也」，〔註75〕西仲以為，在莊子的層論述中，只是表現一個宗旨，所謂近死之心，莫使復陽，人最深刻的悲哀在於不知生命的方向，生活與生存都只是生命存活的物質條件，而生命的枯索，無方向的遊走、追逐於物象與環境的現象界中，又如何得知存在的意義與本質呢？如此行尸走肉，不是等同於心死之活死人嗎？因此，三疊的「悲乎」、「哀乎」、「大哀乎」其實只在於說明其「芒乎」。

另外，「行文融成一片」此法，在說明「小知不及大知，小年不及大年」一段，也很清楚。

> 小知不及大知，小年不及大年，奚以知其然也？
>
> 朝菌不知晦朔，蟪蛄不知春秋，此小年也
>
> 龜以五百歲為春，五百歲為秋。（大年一）
>
> 上古有大椿者，以八千歲為春，八千歲為秋。（大年二）此大年也。
>
> 而彭祖乃今以久特聞，眾人匹之，不亦悲乎！〔註76〕

西仲註解並不採用郭象：「大小雖殊，其性均也」的解釋，他的說法是：「知有小大，由於年有小大，所以不相及，非對語也。玩下文便知。」〔註77〕所謂朝菌是「大芝也，天陰生糞上，見日則死」；所謂蟪蛄是「寒蟬也，春生夏死，夏生秋死」他們都是「以小年，僅成其為小知者」，對他們每一個個體而言，各有各的春秋，鵬鳥有鵬鳥的春秋，六月之息，也不過是一瞬間而已，又如何能相比呢？西仲說：

> 冥靈、大椿，各自為春秋，則鵬自有鵬之春秋，六月之息，在鵬猶一瞬也。「匹之」，思與之並也。此世人之小知，亦因其居短景，與二蟲之見無異，所以可悲，已上言鵬所以能六月息之故，皆申明諧言，因行文融成一片，不可分析，故諸解愈鑿愈支，真千古恨事。〔註78〕

拿彭祖為例是在說明人畢竟不是彭祖，彭祖是以壽命長著稱，一般眾生，如何與之相比，如此以人的一生，短短數十年之光景，要與彭祖八千歲的年齡，累積八千歲的智慧相比，如此與前所述「之二蟲又何知」豈不是一樣的愚昧嗎？而且，前面一開始即言，此為齊諧所記載，原本是臆測之詞，何況時間

〔註75〕《莊子因》，乾隆白雲精舍本，頁49。
〔註76〕《莊子因》，乾隆白雲精舍本，頁28。
〔註77〕《莊子因》，乾隆白雲精舍本，頁28。
〔註78〕《莊子因》，乾隆白雲精舍本，頁28～29。

的長短大小，與知識無法相類比，故由整個前後文義而言，是不可用大小去分界高下的。

西仲用文句前後照應，進而融合一片的方式，以此解釋《莊子》，亦爲吾人開了一扇新視野。

（四）頓挫之層

頓挫是相反相成的例子，又稱「抑揚頓挫」，西仲提出幾個例子，最著名的是〈知北遊〉：「道在尿溺」，西仲說：

> 螻蟻有知而至微，稊稗無知而有生，瓦甓無生而有形，屎溺有形而臭腐者也，若此而爲道，則道之無不在可知。莊叟慣有極奇極怪之言，使人一時忍耐不得，然後發出正論，此猛獸欲搏而匿爪，鷙鳥欲擊而斂翼者也，縱送抑揚之法盡於此矣！〔註79〕

同爲〈知北遊〉其中「損之而不加損者，聖人之所保也。」下西仲即言：

> 夫道之難言，在人之博知辯慧，俱用不著，固不待言矣！而此中功侯，損益皆無所加者，則聖人之所守也。損益，即忘與助長之說。文氣抑揚盤旋，跌宕有致。〔註80〕

在《莊子》三十三篇中，西仲以〈在宥〉認爲通篇運用頓挫法，用得奇橫者，沒有讀遍萬卷書者，根本體會不出此篇，作者胸中造化萬端，文如秀麗的山峰，理精邃而文變化，讓人又佩服又讚嘆，而無法仰視，故曰：

> 文之段落變化，頓挫聳秀，議論奇橫，理窟精深，筆底烟霞，胸中造化，非讀萬卷者不敢仰視。〔註81〕

在〈在宥〉中提及頓挫者，如「天下好知，而百姓求竭矣。」下面說明爲：

> 堯舜勤勞，湯武征伐，皆以仁義攖人心也。仁義之端一開，故下者負不仁不義之名，而爲桀跖。上者得行仁行義之名，而爲曾史。以至儒墨，各各緣此立教，彼此相勝，玄同之德衰，性命之眞喪矣！百姓於是殫思盡慮，接應不暇，所謂求竭也。起落頓挫，奇致相生，文之能事畢矣。〔註82〕

另外如〈秋水〉中「吾在於天地之間，猶小石小木之在大山也。方存乎見少，

〔註79〕《莊子因》，乾隆白雲精舍本，頁431。
〔註80〕《莊子因》，乾隆白雲精舍本，頁427。
〔註81〕《莊子因》，乾隆白雲精舍本，頁229。
〔註82〕《莊子因》，乾隆白雲精舍本，頁212。

又奚以自多。」西仲云：

> 若只説不以自多，便覺文情往而不返，此又先著「方存見少」一句。
> 抑揚開闔之法盡矣！〔註83〕

即以「方存乎見少」一句作本段所欲提出的論點「不以自多」作一抑揚開闔之論點。

以上所述跌宕波折、層層擊出、映照呼應、抑揚頓挫等，是就西仲在論述《莊子》敘事技巧中，在「層」的方面的看法。

三、敘事原則──法

（一）挈領之法

西仲在〈凡例〉中就說明：「凡篇中綱領段中眼目，必旁加重圈◎」西仲在〈齊物論〉「大知閒閒，小知間間，大言炎炎，小言詹詹。」下云：

> 知與言是一篇之眼。然言又本於有知，故先提此四句立局，極得振裘挈領之法。有知有言，是非之所從出，便是無中生有了。大知謂全體，小知謂一端，大言謂通論，小言謂偏解，一人之身皆有，不必分別優劣。〔註84〕

另外〈養生主〉第一段「吾生也有涯，而知也無涯」西仲認爲是下面三段的綱領，因此在〈養生主〉篇末評中，就言：「爲善無近名三句，是一篇之綱。」在第二段、第三段、第四段下云：

> 通段發緣督以爲經之義。
> 通段發爲惡無近刑之義。
> 通段發爲善無近名之義。〔註85〕

此振裘挈領之法，形容的最多之處是〈逍遙遊〉，在「北冥有魚，其名爲鯤。鯤之大，不知其幾千里也。就說：「總點出「大」，「大」字是一篇之綱。」因此全文有多處作爲「大」的譬喻，例如「化而爲鳥，其名爲鵬。鵬之背，不知其幾千里也；怒而飛，其翼若垂天之雲。是鳥也，海運則將徙於南冥。南冥者，天池也。」下云：

> 分點出背之大。怒，即怒号怒生之怒，乃用力之意。所覆者廣，分

〔註83〕《莊子因》，乾隆白雲精舍本，頁321。
〔註84〕《莊子因》，乾隆白雲精舍本，頁45。
〔註85〕《莊子因》，乾隆白雲精舍本，頁80～82。

　　點出翼之大。海運，海氣動也，海氣動則颶風大作，故鵬欲乘此風

　　力而南徙也。已上直敘鵬能遊作案。〔註86〕

又見「此雖免乎行，猶有所待者也。」下面又說：「必待風而御之，非大之至
也。」直到「若夫乘天地之正，而御六氣之辯，以遊無窮者，彼且惡乎待哉！」
才說：

　　此是極大身分，極高境界，極遠程途，極久閱歷，用不得一山幫襯，

　　原無所待而成，此逍遙遊本旨也。〔註87〕

最後「故曰：至人無己，神人無功，聖人無名。」下言：

　　無待於己之所有；無待於功之所及；無待於名之所歸。三句發無待

　　之義，見大之至者，非世俗所能與也。

　　　其實這至人、神人、聖人，也是在成其大，一直到不龜手之藥在戰場上
始成大用，全篇從大鵬、大瓠、大樹哪一個不是在完足逍遙遊之義，人生惟
有求其大而已矣。因此西仲在篇末評曰：

　　即所謂至人、神人、聖人是也。於何徵之，如許由之不爲名也，此

　　無名之一證也；藐姑射之不爲事也，此無功之一證也；堯之窅然喪

　　天下也，此無己之一証也，皆能用之，以成其大也。然非致疑於大

　　而無用也。故不龜手之藥，得其用則大，不得其用則小，居心者視

　　此矣，抑非必求其有用，而始爲大也。故狸狌犛牛，或以有用而致

　　困，或以無用而免害，應世者視此矣。大瓠也、大樹也、又一鵬也，

　　何不可遂其逍遙遊哉！人惟求其大而已。〔註88〕

這是《莊子》全書中，振裘挈領法自篇首到篇尾，最完贍的典型。

（二）埋伏之法

　　　西仲在〈凡例〉中就說明「其埋伏照應處，旁加黑圈●」在評點符號意
義的運用上，西仲能標示出來，若需特別指出者，如〈秋水〉「秋水時至，百
川灌河」下言「且夫我嘗聞少仲尼之聞，而輕伯夷之義者，始吾弗信。」西
仲就注曰：

　　下言伯夷仲尼，此先以無意出之，是文字埋伏法。有婦姑兩仙，夜

　　中置子之妙，他人爲此，不知費去多少扭捏矣！

〔註86〕《莊子因》，乾隆白雲精舍本，頁25。
〔註87〕《莊子因》，乾隆白雲精舍本，頁31。
〔註88〕《莊子因》，乾隆白雲精舍本，頁40～41。

河伯對於人云鄙視仲尼見識，輕視伯夷義行，以前見解短淺，至今目睹北海若難以窮盡的廣大，才理解自己之短淺，以仲尼、伯夷之見，表示自己見解的又進一層，是文字埋伏以推進下面，北海若下一段論述，說明「伯夷辭之以為名，仲尼語之以為博，此其自多也，不似爾向之自多於水乎！」之見。

　　以上埋伏的是伯夷、仲尼之見，又有埋伏其字者，如〈人間世〉：「葉公子高將使於齊。」一段，「匹夫猶未可動也，而況諸侯乎！吾甚慄之。」此「慄」之害怕之感，西仲就指出「以權不求己為懼，伏下兩『患』字。」因為權勢操之在人，因此下面就有「則必有人道之患。」，「則必有陰陽之患。」此二患產生，也才推出「若成若不成，而後無患者，惟有德者能之」之結論。

　　其中文字埋伏法運用在全篇者，如〈天下〉第一句「天下之治方術者多矣。」西仲點出：

　　　　此一句是提綱，下面五段俱有「古之道術有在於是」句，伏脈甚遠。

〔註90〕

因為一路以此句開展出「古之道術有在於是者，墨翟、禽滑釐，聞其風而說之」、「古之道術有在於是者，宋銒、尹文，聞其風而悅之」、「古之道術有在於是，彭蒙、田駢、慎到，聞其風而悅之」、「古之道術有在於是者，關尹、老聃，聞其風而悅之」「古之道術有在於是者，莊周聞其風而悅之」等層層論述。

（三）文法之法

　　「格法」指「格式方法」，西仲是以行文時，文句排列之格式，所在的位置，討論其應具之功能與意義。例如此句是置於末段，是作收結，或是不收束全段，做為討論。例如〈讓王〉中：「古之得道者，窮亦樂，通亦樂，所樂非窮通也。道德於此，則窮通為寒暑風雨之序矣。故許由娛於穎陽，而共伯得乎丘首。」句末西仲指出：

　　　　此言得道之人，窮通非所計也。自篇首至此共十五段，其中所引，
　　　　大約俱輕外重內之意，強半於末段用斷語，調既庸俗，意亦重複，
　　　　讀之令人生厭。至此段末，忽用古人二事，對待雙收，其格法自西
　　　　漢之後始有之，今乃指為莊子手筆，豈不笑殺。〔註91〕

西仲以此論述方式，以十五段舉證論述其「輕外重內」之旨，末段卻引許由、共伯二例，對待雙收之結論，作為斷語，西仲特別指出，此方法是西漢開始

〔註90〕《莊子因》，乾隆白雲精舍本，頁581。
〔註91〕《莊子因》，乾隆白雲精舍本，頁572。

的論敘格法，應不是出自莊子手筆。

　　另外〈天下〉：「不累於俗，不飾於物，不苟於人，不忮於眾，願天下之安寧以活民命，人我之養，畢足而止以此白心」此段一開始，就是本段之斷語，因此西仲在此段末尾「以情欲寡淺爲內，其大小精粗，其行適至是而止。」時即言：

　　　　此處不著斷語，蓋斷語在前，詘然而止，格法一新。〔註92〕

　　西仲說明，雖然文句格式，是位於末尾，卻不是收束全段之意，其斷語在前面已說明，此種方式是成爲一個格法的改變。

　　在文句格式方面，西仲又提出雖沿用原來文句文法之意，卻改變原來句式，而有變化，他稱之「化板爲活法」。如〈胠篋〉有一段：「擢亂六律，鑠絕竽瑟，塞瞽曠之耳，而天下始人含其聰矣；滅文章，散五采，膠離朱之目，而天下始人含其明矣；毀絕鉤繩而棄規矩，攦工倕之指，而天下始人有其巧矣。故曰：大巧若拙。」其行文所下的小結言「而天下始人含其聰矣」、「而天下始人含其明矣」、「而天下始人有其巧矣。」到下面「削曾史之行，鉗楊墨之口，攘棄仁義，而天下之德始玄同矣。」讀此即發覺其語法與前面不同，西仲說：

　　　　仍是上面文法，顛倒出之，此化板爲活法也。〔註93〕

西仲所言「文法」與現代所言文法意義不同，他強調的是文句法式，是文句排列後所呈現的意義、效果、功用，格法則針對格式位置而言，文法則就文句全面排比後，所產生效果言。

　　另外〈天下〉篇：「以此教人，恐不愛人；以此自行，固不愛己。未敗墨子道。雖然，歌而非歌，哭而非哭，樂而非樂，是果類乎？其生也勤，其死也薄，其道大觳；使人憂，使人悲，其行難爲也。恐其不可以爲聖人之道，反天下之心，天下不堪。墨子雖獨能任，奈天下何！離於天下，其去王也遠矣。」西仲就說：

　　　　此段文法繚繞，如千年古木，藤蘿盤曲，不可名狀。〔註94〕

即在說明墨子教人自苦而又身先之，道理雖好，但當歌不歌，當哭不哭，當樂不樂，豈不是太過了，以此主旨層層說去，句式四字一句，整齊有力的論述，是文法繚繞之處。

〔註92〕《莊子因》，乾隆白雲精舍本，頁589。

〔註93〕《莊子因》，乾隆白雲精舍本，頁200。

〔註94〕《莊子因》，乾隆白雲精舍本，頁585～586。

（四）針線之法

在〈齊物論〉「故分也者，有不分也；辯也者，有不辯也。曰：何也？聖人懷之，眾人辯之以相示也。故曰：辯也者有不見也。」下說：

> 聖人知有言即以起爭，故有不論、不議、不辯之條者，以其分之、辯之，即爲不分、不辯之人，則懷之與示之相去遠矣！此段又從上段「有言之意」，透下。見得聖人雖有言，仍不起是非之意，看他雙收道言二字，應上雙起，針線極密，此率然首尾也。〔註95〕

另外，〈至樂〉：「今俗之所爲與其所樂」段下云：

> 此段是一篇之旨，步步相生，針線甚密，無一毫滲漏。恐非莊叟所作也。〔註96〕

還有一例則與針線極密，完全相反的，是散行卷舒收縱的「散中取整法」如〈齊物論〉中：「此之謂葆光」下云：

> 篇中段段散行卷舒收縱，至此忽將知不知分二對總收，意雖遞而詞實對，是散中取整法。〔註97〕

此針線極密與散行卷舒法，西仲舉例說明不多，是否莊子爲文，不喜運用此法，或西仲未做細部說明，值得後人深入探討。

第三節　言意關係之詮釋論

對《莊子》言意說，與三言的詮解，一向是學者所津津樂道的，因爲既然《莊子》重在哲學性的思維，得意要忘言，那麼洋洋灑灑、無端崖之言，又何以動輒十萬言，以寓言、重言、巵言去表達？又何以在文學與思想上影響至鉅？

前面第二章已對《莊子》具文學理念之實，而無文學理論之言做了論述，本章茲就林雲銘《莊子因》在注莊的同時，除了在章法結構相因之理的論述、敘事技巧形式上的推論、文家批評觀點的闡發之外，本節就西仲對《莊子》中言與意，及三言的運用意義，所作的說明作一整理。

歷代讀《莊子》者，鮮少不爲其瑰瑋之文辭所炫目，省軒龜谷行撰《標

〔註95〕《莊子因》，乾隆白雲精舍本，頁60。
〔註96〕《莊子因》，乾隆白雲精舍本，頁345。
〔註97〕《莊子因》，乾隆白雲精舍本，頁61。

註莊子因‧序》即言：

> 夫莊子托言於鯤鵬，以肆瑰琦之辭，而世之讀此者，茫洋眩惑爲斥
> 鷃、爲鶯鳩，能得其眞希矣！〔註98〕

其實歷史上每一位解莊者，無不以自己之「文」、「質」去闡發其中幽微之意，
每一位也都認爲自己是得莊子之眞義，省軒龜谷行一開始即說：「能得其眞希
矣！」雖如此，歷代注莊者仍以時代不斷的進步，不同思考角度、不同文學
素養、不同氣質才性，自魏晉以來不斷的嘗試解莊，何嘗是先秦時之莊子呢？
因此，秦鼎在《補義莊子因‧序》中云

> 郭子玄解莊也，晉時清言家之莊，而非古莊也。宋明諸家解莊也，
> 宋明諸家之莊，而非古莊也！「上與造物者遊，而下與外死生者爲
> 友」，莊叟已言之乎千歲之上，余則今欣然有會於心，引以相語，取
> 以爲友。同心之言，其臭如蘭。故余自以爲莊非異世人也，驩友而
> 已矣！〔註99〕

秦鼎將莊子視作知己好友，千古莫逆之交，好友之間即使同與不同，都無損
彼此相知相遇之了解，每個人以自己的方式去理解莊子、認識莊子，「以其所
可見而見之也」又何須執意於「道同與不同」，依此觀點，秦鼎則是讚美西仲
具有卓見，能別開生面，另闢解莊之法。故曰：

> 又何暇論其道同與不同，如曰莊之可見也，以其所可見而見之也！
> 林氏豈然乎！則余固亦直寄焉爾，而爲不知巳（己）者詬厲也，則
> 有所不恤焉！

> 雖然，林氏亦可謂知莊矣！其論〈蘭亭序〉也：「卓乎有所見矣！」
> 詩云：「他山之石可以攻玉。」信斯言也，雖諸老先生亦讀莊可矣！

> 〔註100〕

秦鼎一句「他山之石可以攻玉」，直接點出西仲運用的方法，方法也許不同，
但「知莊」之目的則是一致的，並加以肯定。

　　西仲《莊子因》把握《莊子》所言之旨：「明道德、輕仁義、一死生，齊
是非，虛靜恬澹，寂寞無爲」，再借由文章段落字句間，文理之相因關係，對
應意旨之根源，是否相因，由理解莊子之篇章文理、事理、進而義理的全面

〔註98〕《標註莊子因》，和刻本，頁2～3。又見本論文附表：附錄五。
〔註99〕《標註莊子因》，和刻本，頁5～7。又見本論文附表：附錄四。
〔註100〕《標註莊子因》，和刻本，頁7～8。又見本論文附表：附錄四。

暢曉。對言與意的討論，說明如下。

一、言猶幻相

對寓言、重言、巵言三言，《莊子》的解釋是「寓言十九，重言十七，巵言日出，和以天倪。」莊子以寓言方式，假託人物、故事以明事理；以重言之法，借重人物言論；以巵言隨靈感而發，無所侷限；因此執著於字面上的意義，是沒有必要的，因爲巵言日出，和以天倪，任何語言都是隨天倪而出。藉由〈天下〉，亦可看出三言其功效：

> 古之道術有在於是者莊周聞其風而悅之。以謬悠之說，荒唐之言，無端崖之辭，時恣縱而不儻，不以觭見之也。以天下爲沈濁，不可與莊語。以巵言爲曼衍，以重言爲眞，以寓言爲廣。獨與天地精神往來，而不敖倪於萬物。不譴是非，以與世俗處。其書雖瓌瑋，而連犿無傷也；其辭雖參差，而諔詭可觀。彼其充實不可以已。上與造物者遊，而下與外死生無終始者爲友。〔註101〕

由此看出莊子言有盡而意無窮，變化無常，芴漠無形之言，只有藉助三言以表達涵義之七八，而西仲在〈莊子雜說〉中提出對三言的看法，他直言曰：

> 莊子只有三樣說話：寓言者，本無此人此事，從空駕撰出來；重言者，本非古人之事與言，而以其事與言屬之；巵言者，隨口而出，不論是非也，作者本如鏡花水月，種種幻相，若認爲典實，加以褒譏，何啻說夢？〔註102〕

由此段話可以得知，西仲解釋寓言、重言、巵言之眞實意義，皆是莊子幻相之言，因爲寓言是根本無其人，無其事，全是莊子憑空杜撰出來的；重言所述古人所說的話，發生的事，只是莊子以他所想表達的，假古人之口、古人之事，加以說明解自己之塊壘罷了！而巵言更是隨說隨掃，信口言之，哪有是非可言呢？一切有如鏡花水月，本來無一物般，皆屬夢幻泡影，種種幻相，拿來考據作史實的論證，豈不是癡人說夢嗎？

既然三言如西仲所言如鏡相般反映，勿加以認眞考據、當作眞人眞事去推究作說明，那麼莊子究竟寫出三言的目的又何在呢？那麼十餘萬言的《莊子》，著書之本意是否亦是如此呢？西仲在〈天下〉篇末評曰：

〔註101〕《莊子因》，乾隆白雲精舍本，頁 594。
〔註102〕《莊子因》，乾隆白雲精舍本，頁 17～18。

及至莊周「上與造物者遊，下與外死生無終始者友」，其寓言、重言、卮言，皆發其充實於己者，是爲方術也，而實道術矣。若夫惠施以勝人之日，日與辯者相應，弱於德，而強於物，祇爲多方而已，爲無術而已。不特道術所不居，即方術亦所不取也。名爲善辯，究何益哉！求道術者，當審所尚矣。此篇爲莊子全書後序，明當日著書之意，一片呵成文字。〔註103〕

西仲在此，把三言與道術之關係說明之，他認爲寓言、重言、卮言是發而皆充實於己之術，是爲方術，方術是形式、是技巧，更是達成與完成道術的基本要件，如果沒有道術做爲立論的根基，即使有惠施之巧言辯才，名爲善辯，又有何用？有道術做爲依歸與方向，則三言等一切言才有意義與價值，這也即是莊子著書之本意，也是三言爲全書重要形式之緣由。因此在〈天下〉：「芴漠無形，變化無常」段末注解云：

內既充實矣，而其應合乎造化之功，解脫乎萬物之迹，蓋有無窮之用，則大而能化矣。其所以然者，又芒昧未盡，則又不可知之神也。〔註104〕

由上所述，西仲認爲莊子立言所以明道，原本即是荒唐之言，但爲取信於人，會引古人以增加全書之份量，但是，真正三言只是技巧，所欲傳達者是「道」，若辯言能飾人之心、勝人之口，而不能服人之心，如此豈不是如同身體與影子在競走，一樣可悲嗎？因此，西仲在〈寓言〉篇末說：

立言所以明道，豈不可以莊語，而必藉寓言以爲廣，重言以爲真，卮言以爲曼衍哉！蓋道本乎天，而不在人也。〔註105〕

道是無所不在，人只不過是道體部分的顯現罷了！立言之目的在於明道，天下人沉迷混濁，沒法子說一些正經的道理，只得借助寓言、重言、卮言廣說，人如果只取形式之論，而信以爲真，不辨真意與真理，那不是與罔兩問於景一般，各有所待，而不能自主嗎？是以西仲在〈寓言〉篇末又云：

其在人也，不過猶罔兩於景，各有所待，而不能自主，是欲言以明之，而有不可言以明之者焉？〔註106〕

〔註103〕《莊子因》，乾隆白雲精舍本，頁600。
〔註104〕《莊子因》，乾隆白雲精舍本，頁595。
〔註105〕《莊子因》，乾隆白雲精舍本，頁561～562。
〔註106〕《莊子因》，乾隆白雲精舍本，頁562。

因此西仲對三言最後的結論認爲，三言如夢幻泡影、種種幻相，眞正的言外之意的道，恐怕三言亦無法窮盡，取其內在的充實，有智慧的解讀外在種種是非幻象，獨立而不芒，才是眞正從言語的迷障中超拔出來。

二、因是之法

在言與意的理解上，西仲以章法立論的觀點來考量，既然三樣說話，是種種幻相，若視以爲眞，加以褒貶，眞如同痴人說夢般荒謬，但第一層方術之言，都不能識得，又遑論其他呢？因此，西仲第一步基本認識，就是藉由細讀玩味，得其言中之意，這是第一層功夫。

因此西仲提出藉由文字的眼目，字詞、段落的呼應，理解作者在遣詞用句之眞正心意，因此在〈莊子雜說〉中提出兩點：

> 莊子篇中有一語而句數義者，有反覆千餘言而止發一意者，有正意少而傍意多者，有因一言而連類他及者，此俱可置勿論，惟先求其本旨，次觀其段落，又次尋其眼目、照應之所在，亦不難曉。

> 莊子有易解處，有艱澀難解處，有可作此解，彼處俱無足疑，止玩上下文，來路去路，再味其立言之意，便迎刃自解矣！〔註107〕

這也是《莊子因》全書何以用評點的方式，圈圈點點的標示出聯絡照應，眼目埋伏之因，又何以在文字註解下，又不時諄諄言其文家入手之處，行文層次、神奇工妙之處，及謀篇相因之理，章法藝術之批評，其目的也不過是求得第一步：味其立言之意罷了！

對莊子書中言與意的解釋，西仲亦有其個人獨到之解釋，他在〈齊物論〉中將知與言作全篇之眼，而言本於知，大知雖代表全體通論，小知只是一端偏解，皆不必分別優劣，但所有言的種種是非不同，確須在知的理解之中，獲得消解，因此要「莫若以明」，否則如莊子所言：「道惡乎隱而有眞僞？言惡乎隱而有是非？道惡乎往而不存？言惡乎存而不可？道隱於小成，言隱於榮華。故有儒墨之是非，以是其所非而非其所是。欲是其所非而非其所是，則莫若以明」，西仲則認爲應是「是非本自無定，皆成心爲之耳」，欲物論有齊，則是「用我無成心之明而已」。故對「言」，他說：

> 上面言無是非，其旨已悉，然而無是非之言，即爲有言，亦未知此言果類於是否也，但任其類者以爲類，不類者以爲不類，則我之言，

〔註107〕《莊子因》，乾隆白雲精舍本，頁19～20。

自與彼全矣！請言其無是非之言，可乎？

若言無是非之源，愈進而愈深，直至於無無，方成極致矣！周子《太極圖》說個無極，儒者以爲于古未發之祕，不知無極之上，尚有無無，宋儒未曾道得。

若忽從無無之中，說個有無，便從空落影，已不是無了，則求知此有無，果孰爲有乎？孰爲無乎？有無本無處安著也。

今我既有無是非之言，則已多此無是非之一言矣！亦未知此一言，爲有說乎？爲無說乎？有說無說，我亦不能自知也。〔註108〕

西仲根據《莊子》，提出「言」的三個進層，他認爲有三：

1. 「無是非之言，即爲有言」，無論是或非，皆在「有言」的層次上而已。

2. 「無是非之源，愈進而愈深，直至於無無，方成極致矣！」如欲進入無是與非之境，則應更深入走進無無之地，方是「言」之極致之地，其實亦就是道境。

3. 「我既有無是非之言，則已多此無是非之一言矣！」如果以無無之境來看「有言」，則此言是或非，其實只是多一條無是非之一言罷了，對與錯，是與非，其實有何定論？在此道境之中，我也不知其中的對錯是非了。

由西仲看來，「言」在此，已然進入「一」的境界，他特以「和盤打算」來說明，他說：

天下之理，和盤打算，大小壽夭，總爲幻相，只見有我，便有天地，是天地與我並生，自天地之視我，與視萬物，原無兩樣，是萬物與我爲一矣！此數語是〈齊物論〉本義。

既爲一矣！則無容有言語其間，但謂之「一」，即爲有言於其間矣！

由一而生言，由言而遞生，是無窮期矣！以其從此適彼故也，若欲無適，則所謂因是而已。自今且有言至此，以無是非之言，即爲有言，不如併此一言，而去之也，〈齊物論〉者，待我出言以齊之矣！〔註109〕

〔註108〕《莊子因》，乾隆白雲精舍本，頁57～58。
〔註109〕《莊子因》，乾隆白雲精舍本，頁58～59。

「言」到此境，已屬「無無」之境，以爲「一」的道境，亦即是齊物論的最高境界，於是，既然是一，就毋需有任何言，既然是一，也就容納任何言，如此層層遞生，求其併而爲一之法，就是「因是」，只有用因是之觀，才能出言以齊之。如聖人般雖有言確無是非。他說：

> 聖人知有言即以起爭，故有不論、不議、不辯之條者，以其分之、辯之，即爲不分、不辯之人，則懷之與示之相去遠矣！此段又從上段「有言」之意透下，見得聖人雖有言，仍不起是非之意。〔註110〕

西仲認爲莊子以聖人爲例，亦是針對有言之論，如何進入無無之境，使人雖有言，而不起是非之見。因此，西仲進一步說：

> 夫聖人有言，不起是非是已。究竟不稱方爲大道，不辯方爲大言，即如大仁、大廉、大勇，亦皆不存其迹，若但不道、不及、不成、不信、不成，五者尚有迹存，雖似圓虛，落邊際非上乘也。故知必止其所不知，方爲至矣！不知，則在未始有物者矣！應上「古之人，其知有所至」句。通篇結穴在此，惟止於所不知，所以無言，眞〈齊物論〉妙訣。

> 如知止其所不知者奈何？即此不言、不道之知是已！知之，則所謂天府，可得環中，以應無窮，自然注不滿，酌不竭，而不知所由來也，此葆藏其光明，亦猶聖人滑疑之耀〔註111〕而已，知其不知，豈非至哉！〔註112〕

「言」至此，即併入「知」的境界，所有上乘之法，即在於有言卻不落言詮，不存痕跡，能知其所知，亦能止於其所不知，呼應前一段「古之人，其知有所至」，而〈齊物論〉的妙訣，即在於「止於所不知，所以無言」。知之，則猶如天府般，得其環中之樞紐，而因應無窮的變化，自然注不滿，酌不盡，才能葆藏光明，而顯現其與一般人不同的聖人智慧。

　　西仲在〈齊物論〉中「知與言是一篇之眼，然言又本於有知」，因此西仲的

〔註110〕《莊子因》，乾隆白雲精舍本，頁60。
〔註111〕查《標註莊子因》和刻本，〈齊物論〉有「是故滑疑之耀，聖人之所『圖』也。爲是不用而寓諸庸，此之謂以明。」今本皆將「圖」改爲「鄙」如黃師錦鋐，《新譯莊子讀本》陳鼓應，《莊子今注今譯》傅佩榮，《傅佩榮解讀莊子》因此解法即完全不同。西仲的解釋爲：故滑亂疑惑之中而明出焉，此聖人之所尚不用而寓諸庸，所謂明者此已。頁66。
〔註112〕《莊子因》，乾隆白雲精舍本，頁61。

註解可說是將全篇之眼「知」與「言」作了完整的論述，以「言」為全篇主軸，進而合併入知中，以「不知」與「知」的論述，進入「因是」的方式作權衡之道，最後則是進入無無、道的化境中，因此西仲在〈齊物論〉篇末評曰：

> 夫無是非則無言矣，乃吾試思之，即此無是非之言，亦未始非言也。斯言是歟？則與是類。斯言非歟？則與非類。前以人之言，欲易地以相觀者，此以我之言，亦不妨易地以並處矣！顧無是非之言何言哉？必遡於無言之始矣！尤有進焉，必遡於無無言之始矣！尤有進焉，大小壽夭，天地萬物，無不為一，然一即為言。由此相適於無已，是欲齊是非者，反以增是非矣！故不如前所謂「因是」已者，併此無是非之一言，亦可省也。〔註113〕

這是西仲「立言」之意，以「因是」併於一言之論，可說是〈齊物論〉物論不齊的最終解法，即在於以「因是」為法則，「古之人，其知有所至」所以下筆言之，而「止於所不知，所以無言」所以蘊藏無窮之意。

三、言與意間

以上眼目、文句、段落上的玩味、照應，皆有跡可循，但若遇羚羊掛角，無跡可覓者，須求得意在言外的解讀，莊子書中對「言」如何正確完整的傳達「意」是非常懷疑的，因此在〈天道〉中云：

> 世之所貴道者書也，書也。書不過語，語有貴也。語之所貴者，意也，意有所隨。意之所隨者，不可以言傳也，而世因貴言傳書。世雖貴之哉，猶不足貴也，為其貴非其貴也。故視而可見者，形與色也；聽而可聞者，名與聲也。悲夫！世人以形色名聲為足，以得彼之情。夫形色名聲，果不足以得彼之情，則知者不言，言者不知，而世豈識之哉！〔註114〕

西仲則說明為，道不可言傳，而世人往往捨本而逐末，役役求之。他說：

> 此言道不可以言傳，而世乃於書中求之，皆以騖於其末也。
>
> 彼，即不可以言傳者也。情，實也。世人役役而求，真屬隔靴搔痒耳。〔註115〕

〔註113〕《莊子因》，乾隆白雲精舍本，頁73。
〔註114〕《莊子因》，乾隆白雲精舍本，頁274～275。
〔註115〕《莊子因》，乾隆白雲精舍本，頁275。

因此意在言外時，其實就是要把握「道」的究竟眞實之義，如〈天道〉「桓公讀書於堂上。輪扁斲輪於堂下」一段，西仲即對所謂「所讀者，古人之糟粕已夫。」有感而發，說：

> 說此一喻，正見。意非言所能傳也，求道當於不傳處通之，則幾矣！
> 此段議論是千古教學之指歸，詞意精微發前未有。〔註116〕

眞正的意，往往在言之外，一般人往往在言之粗跡中，去尋覓解惑，殊不知「道」的精髓，往往在言之外，所謂「道在精深，俗學之粗亦不足也。」〔註117〕因此西仲在〈田子方〉：「目擊而道存」下云：

> 目之所觸而道自存，無可以容於言語，此夫子所以能知人心也。此
> 段言道有不言之教，學者當知得意忘言之妙。〔註118〕

「得意忘言」在〈外物〉「筌者所以在魚，得魚而忘筌；蹄者所以在兔，得兔而忘蹄；言者所以在意，得意而忘言。吾安得夫忘言之人而與之言哉！」西仲下面註解則云：

> 蹄，兔罝也。自演門句至此，俱發聽言者，當得其意，不可拘於跡，
> 有用無用，非所計也，其所以痛鍼惠子之病者。〔註119〕

西仲詮釋莊子之意，認為聽言應重其眞正義旨之所在，勿以形式之是非、對錯、有用、無用，當作標的，此言也在回應〈外物〉中莊子與惠子討論有用無用，莊子言：「然則無用之為用也亦明矣」，西仲即言：

> 言之所該無窮，而人之所用有限，數語精快絕倫。〔註120〕

言的指涉意義與範圍，其實絕對大於我們所能臆測，都在說明言與意之間，有無窮盡的空間，西仲在解釋時，指出言所指稱的範疇是無限的，但人卻是有限的，所以需重視無心而自然的心境，知而言之，得其意忘其言，無須有心刻意為之，最重要的應是不言之教，因此在〈列禦寇〉〔註121〕下西仲言之：

> 道者，無心自然而已，知而言之，則涉於有心。古之人所以行不言

〔註116〕《莊子因》，乾隆白雲精舍本，頁276。
〔註117〕《莊子因》，乾隆白雲精舍本，頁400。
〔註118〕《莊子因》，乾隆白雲精舍本，頁401。
〔註119〕《莊子因》，乾隆白雲精舍本，頁549。
〔註120〕《莊子因》，乾隆白雲精舍本，頁545。
〔註121〕〈列禦寇〉：「莊子曰：知道易，勿言難。知而不言，所以之天也；知而言之，所以之人也；古之人，天而不人。朱泙漫學屠龍於支離益，單千金之家，三年技成，而無所用其巧。」

之教也。屠龍，喻學道者。單千金之家，即是空諸所有。至於千日
功成，而無所用其巧，即得魚忘筌，得免忘蹄之意也。〔註122〕

所以西仲認爲「心學之精，不在言論之末」〔註123〕，求於言之跡，尋於章句
之末，其實是未解其言外之意，西仲則是以得意忘言的方式，先求意，進而
忘言，再求立不言之教的明道之言。故西仲在〈田子方〉評曰：

如東郭順子、溫伯雪子，皆所謂有道之人也，子方之不能稱，夫子
之不容言，豈無說與？亦以可求於言辯之間者，爲有待以生，有待
以死之人，其不可求於言辯之間者，爲忘乎故吾，吾有不忘之心也，
死而不忘者壽，則薪盡火傳之說矣！然而遊心亦未易言也，物之初
一而已矣！〔註124〕

如東郭順子、溫伯雪子等有道之人，又豈重視言說之辯？他們眞正重視的是：
不忘初心，希望能「遊心物初之旨」，如此才能薪盡而火傳，讓道的眞正義涵，
形諸於無形，卻綿延而不絕。

四、不言之道

從以上層層的論述看來，西仲雖根據莊子，提出得意要忘言，知止於其
所不知，但他有自己的一套由言入知的因是觀，他仍由言之跡，意之旨入手，
盡言其所知，最後再由「因是」之法，得其意，忘其言，而莫若以明，以進
入道境。

下面他進而闡述莊子「夫道窅然難言哉」（〈知北遊〉）的論點，說明「道不
可言，言而非也。」（〈知北遊〉）言明道之言，其實是立不言之言，他先提出「言
意無用」之觀點，在〈秋水〉：「夫精粗者，期於有形者也；無形者，數之所不
能分也；不可圍者，數之所不能窮也；可以言論者；物之粗也；可以意致者，
物之精也；言之所不能論，意之所不能察致者，不期精粗焉。」云：

夫言精言粗，皆期其有形者而言之矣。若無形不可圍，則無此異便
之勢也。故數所不能分，不能窮也。分之窮之，所謂言與意也，可
以言論意致，而物之精粗見焉，總不能離有形之相。若言與意皆無
所用，方成極至，連精粗之名，無從著落矣。〔註125〕

〔註122〕《莊子因》，乾隆白雲精舍本，頁570。
〔註123〕《莊子因》，〈田子方〉評，乾隆白雲精舍本，頁416。
〔註124〕《莊子因》，〈田子方〉評，乾隆白雲精舍本，頁415～416。
〔註125〕《莊子因》，乾隆白雲精舍本，頁324。

「言意無用」才能離形去象，如因明學所謂先立再破，這個破的立論，則是不區分精粗、不窮盡言意，打破有形的區隔與藩籬，才能走向無形的，與萬物冥合爲一的道境。

孔子說：「天何言哉？四時行焉。百物生焉。」莊子說：「天地有大美而不言，四時有明法而不議，萬物有成理而不說，聖人者，原天地之美，而達萬物之理。是故至人無爲，大聖不作，觀於天地之謂也。」此皆言道不可說，道不可言，而西仲在〈知北遊〉：「天不得不高，地不得不廣，日月不得不行，萬物不得不昌，此其道與！」下云：

> 夫道之難言，在人之博知辯慧，俱用不著，固不待言矣！
>
> 是言不如不言也，道本不可以言聞，是聞不如不聞也，默然塞焉，
> 方爲大得乎道矣！〔註126〕

因此西仲在〈知北遊〉：「視之無形，聽之無聲，於人之論者，謂之冥冥，所以論道而非道也。」下云：

> 言神農尚未爲得道，且知道之非言可傳，況體道者，其可求於言論
> 之間乎！
>
> 體道者有見於此，是以收視返聽，求之無形無聲之所。若落言詮，
> 即謂道爲冥冥，究竟冥冥非道。蓋道而可以冥冥名，則道又可名矣！
> 故知藏其狂言，方爲見道也。〔註127〕

道之不可言說，所言又非道，於此可見，最後西仲在〈知北遊〉下評曰：

> 道立乎天地之先，物物而非物。所謂本根者也，以爲有既非有，以
> 爲無又不盡於無。知之即多此一知，言之即多此一言也，故體道者，
> 惟無爲而歸根，以進於不知不言之境而已矣！〔註128〕

此不知不言之境，實肇端乎人人皆自以爲是，認爲一切以言以意去求，則皆可獲得解答，殊不知即使是最簡單的事情，其中卻含最深的道理，最簡易之事，上不能以言求意，更何況以是非各執己見的方式，用論物的方法去論道，豈不是把道侷限在物的範圍，而造成失言之過嗎？

故西仲在〈則陽〉：「雞犬狗鳴，是人之所知；雖有大知，不能以言讀其所自化，又不能以意其所將爲。斯而析之，精至於無倫，大至於不可圍。或

〔註126〕《莊子因》，乾隆白雲精舍本，頁427。
〔註127〕《莊子因》，乾隆白雲精舍本，頁435。
〔註128〕《莊子因》，乾隆白雲精舍本，頁442～443。

之使，莫之爲，未免於物，而終以爲過。」下云：

> 雞犬之鳴吠，其所化，所己爲也；其所以鳴吠，所自化所將爲也。
> 以至易知者，猶不能以言以意而求，況道本不易知者乎！
>
> 若將此理精而析之，小至於無倫，大至於不可禦，豈彼二人之說，
> 所能盡乎！或之使，莫之爲，是論物而非以論道也，論物則未免圉
> 於物，而終有失言之過矣。〔註129〕

因此，若以名相去立言，則離道反而更遠，故〈則陽〉：「有名有實，是物之居；無名無實，在物之虛。可言可意，言而愈疏。」西仲言：

> 蓋其有名相者，是物之所爲質。若其無名相者，則立乎物之外，而
> 實運乎物之中，即老子云：「有之以爲利，無之以爲用」是也，此理
> 原不易言，若以爲可言可意而言之，則去道愈遠矣！季眞、接子之
> 謂也。〔註130〕

一旦把「道」劃入有言的範圍，不去了透「言」是無本末終始，「言」的根源也是歸諸無，如同一切物之理，是一樣的，若沉著於名相，則解「道」難矣！不如用不言之言以明道，反而讓人得意忘言，深體道意。故西仲在〈則陽〉：「言而足，則終日言而盡道；言而不足，則終日言而盡物。道、物之極，言、默不足以載；非言非默，議其有極。」下面注解：

> 爲道爲物，不論有言無言，在於言之足不足耳！若論道物之至極處，
> 既不在有言，又不在無言，於非言、非默上自有極處，非言、非默
> 果是如何景象？當自得之。大類禪門非空、非非空等語。〔註131〕

此「雖立言而實不言」、「雖明道而實抱道」（見〈寓言〉篇末評）以安其所安，知其所知，行不言之教，知之所不知之理，明白道之難言，並非道本身難，而是要具體明說是非常難的，還不如行不言之言，讓人自己去體會，還來得眞切些。

由西仲寓言、重言、卮言，三種說話，總爲幻相，到玩其上下文意，得其旨意，進一步因是其意，再意在言外，言意無用，得意忘言、到明道之言，乃是不言之言，由跡入道，先立再破又合的說話言意詮釋論，有其自成體系的觀點與論述，可說是獨樹一格、以文解莊之風格。

〔註129〕《莊子因》，乾隆白雲精舍本，頁530。
〔註130〕《莊子因》，乾隆白雲精舍本，頁531。
〔註131〕《莊子因》，乾隆白雲精舍本，頁532。

第四節　林雲銘注莊之批評論

　　此批評論包括，西仲對前人註解《莊子》甚為不滿，加以評論；對莊子行文有其特色，他也加以點出；對莊文特殊之處，是許多大家學習之處，他也說出，對後即是用評點的方式，對文章作藝術之批評。因此本節以批評為主，說明西仲在註莊時的批評。

　　全書註解內文提及「諸解」，即前人註解不滿處，有三十五處，只有〈徐無鬼〉：「古之真人，得之也生，失之也死；得之也死，失之也生。」一處，對郭象註解稱道，其餘皆認為前人有所失之。其注云：

> 死生，猶金生粟死之生死，即貴賤之義也。真人應物，各隨其所居，於生為得，於死或復為失。故當所需則無賤，非其時則無貴，貴賤有時，誰能常也。根上「其平也繩，其變也循」二句來，以言真人能順天下，非猶以一人之斷〔註132〕制利天下者，故下以藥喻之。諸解惟郭註為是。〔註133〕

郭象《莊子注》上言：「死生得失各隨其所居耳，於生為得，於死或復為失，未始有常也。」此處西仲採用郭象的解釋，並以貴賤為例，並說明此句是承接上面「其平也繩，其變也循」兩句而來，並開展下面以藥草為例，說明一切因時而不同，並非有一定的得失。

　　對前人註解的不滿，西仲有云：「諸解憒憒」、「諸解附會」、「諸解失之」、「諸解俱謬」、「諸解支離」、〔註134〕「諸解無謂」、〔註135〕「諸解可笑」〔註136〕等等，茲就諸解憒憒與附會，諸解失之與俱謬作代表性說明。

一、前賢諸解之不滿

（一）昏憒與附會

〔註132〕見乾隆白雲精舍本，頁 500；《標註莊子因》和刻本，作「斷」頁 499。
〔註133〕《莊子因》，乾隆白雲精舍本，頁 500。
〔註134〕〈齊物論〉：「而其子又以文之綸緒，終身無成。」下：「諸解以文之綸緒，指昭文說，語意割裂支離。」頁 65。
〔註135〕〈齊物論〉：「奚旁日月，挾宇宙。」下「已上先答他夫子以為孟浪三句旁日月，挾宇宙，即上文不從事於務，而遊乎塵垢，奚謂何道以致此也，諸解無謂。」《莊子因》乾隆白雲精舍本，頁 68。
〔註136〕〈山木〉：「社稷存焉爾。」下：「喻人雖知，人益之不可受，但不能離此世間耳，故曰難。諸解大謬可笑。」《莊子因》乾隆白雲精舍本，頁 393。

西仲認為前人註解之說明，昏憒不清楚者，如〈達生〉：「雖不足為。而不可不為者，其為不免矣。夫欲免為形者，莫如棄世。」西仲認為：

> 「不可不為」如衣食俯仰，必不可廢者，為之不免，則累亦不免矣。
> 棄世出世，如今人出家人也之類，諸解憒憒。〔註137〕

可是考察宋注莊者，如林希逸《南華眞經口義》云：

> 棄世者，非避世也。處世以無心，感而後應，迫而後動，不得已而
> 後起，則我自我，而世自世矣！〔註138〕

褚伯秀《南華眞經義海纂微》認為：

> 有不可不為者，若饑食渴飲之類，其為也，不免以有世有為耳，故
> 欲免為形累，莫如棄世。〔註139〕

林氏將「棄世」以無心以感世說明，褚氏認為「不可不為」仍屬有世有為，為了免於形累，沒有比棄世更好的。兩位在「不可不為」與「棄世」之間，解說並不清楚，而明人解莊諸如：

朱得之《莊子通義》：

> 惟幾惟神，而應跡不撓事，與生不必遺棄，而自無累矣。〔註140〕

陸西星《副墨》：

> 有求則有苦，故朝夕則思饔飧，寒暑則思裘葛，俯仰則思事蓄，交
> 際則思往來，亦人世之所不廢者，欲免為形之累，則莫如棄世。棄
> 世者斷緣簡事，損之又損，而不以世情為念也。〔註141〕

沈一貫《莊子通》：

> 為世人之累，而務生之所無以為也，不足為而以為不可不為者，正不
> 免為形役耳，如欲免為形役，莫如棄事而遺生，則無塵勞之累。〔註142〕

〔註137〕白雲精舍本，注文：「『前』累亦不免矣。棄世出世，如今人出家人也之類」；
和刻本：「『則』累亦不免矣。棄世出世，如今人出家『入山』也之類」，見《莊
子因》乾隆白雲精舍本，頁358。《標註莊子因》和刻本，頁361～362。

〔註138〕林希逸著、陳紅映點校，《南華眞經口義》，頁266。

〔註139〕褚伯秀，《南華眞經義海纂微》見朱得之《莊子通義》引，藝文印書館藏明
嘉靖四十三年浩然齋刊本影印，嚴靈峰，《無求備齋莊子集成續編》，第4
冊，頁516。

〔註140〕朱得之，《莊子通義》，藝文印書館藏明嘉靖四十三年浩然齋刊本影印，嚴靈
峰《無求備齋莊子集成續編》，第4冊，頁515。

〔註141〕陸西星，《南華眞經副墨》，藝文印書館藏據明萬曆六年刊本影印，嚴靈峰《無
求備齋莊子集成續編》，第8冊，頁650。

〔註142〕沈一貫，《南華通》藝文印書館藏明萬曆間刊本影印，嚴靈峰《無求備齋莊子

呂吉甫注：

> 事本不足棄，不棄則累於世而形勞。〔註143〕

以上所言，僅陸氏說明「不可不爲」，是饔飧、裘葛、事蓄、往來，成爲世人所不廢者，人若欲免爲形之累，則莫如棄世。但其棄世多屬精神上的斷緣簡事，其生活上如何棄世，未加說明，他的觀念與西仲相近；其餘朱氏、沈氏、呂註，其看法並未說得通透，因此，西仲才云：「諸解憒憒」失之昏昧不清楚。

　　另外，西仲認爲「諸解附會」，如〈達生〉：「至人潛行不窒，蹈火不熱，行乎萬物之上而不慄」，西仲在閱讀宋明注家解莊後發現，此「至人」諸家之解〔註144〕，朱得之《通義》、陸長庚《副墨》、沈一貫《莊子通》，都只就其純氣之守的狀態而言，而褚伯秀《義海》則認爲是因：「列子得風仙之道，故其問若此」，因列子得道，才有此問。林希逸《口義》則認爲：

> 此語似爲迂闊而實有此理，看今伏氣道人便可見。〔註145〕

西仲的看法是：

> 如伯昏無人，登高山、履危石、臨百仞之淵是也，諸解附會。〔註146〕

他以爲應是〈田子方〉中所記載之與列禦寇登高山、履危石、臨百仞之淵的伯昏無人，因爲〈田子方〉中伯昏無人曾言：「夫至人者，上闚青天，下潛黃泉，揮斥八極，神氣不變。」〔註147〕西仲以爲，如此解才是前後所指「至人」意義相同，且有實際例證說明者，故西仲才說「諸解附會」。

　　　　　集成續編》，第 9 冊，頁 508。

〔註143〕見焦竑，《莊子翼》藝文印書館據萬曆十六年長庚館刊本，嚴靈峰《無求備齋莊子集成續編》，第 12 冊，頁 518。

〔註144〕見朱得之，《莊子通義》：「此列子以所知者設問答以自決，亦以闚道也，潛行於水也，造乎不形無始也，止乎無所化，無終也。」藝文印書館藏明嘉靖四十三年浩然齋刊本影印，嚴靈峰《無求備齋莊子集成續編》，第 4 冊，頁 518～519、陸長庚《副墨》：「潛行不窒，入金石無礙也，蹈火不熱，跨火不焦也，行乎萬物之上，乘雲氣，挾日月，驪廬凌空而遊宴自如也。蓋至人純守元氣，而成身外之身，故能如此。」藝文印書館藏明萬曆六年刊本影印，嚴靈峰《無求備齋莊子集成續編》，第 8 冊，頁 653、沈一貫《莊子通》：「至人全守純氣磅礴鬱烈故隱顯」，嚴靈峰，《無求備齋莊子集成續編》，第 9 冊，頁 511。

〔註145〕宋‧林希逸著，陳紅映校點，《南華眞經口義》，頁 268。

〔註146〕《莊子因》，乾隆白雲精舍本，頁 359。

〔註147〕《莊子因》，乾隆白雲精舍本，頁 412。

（二）錯失與謬誤

在諸解失之部分，西仲於〈天地〉：「有人治道若相放，可不可，然不然。辯者有言曰：離堅白若縣寓。」

> 相放，效法成規也。「可不可」四句，作一氣讀。言於治道之中，有可與不可，有然與不然辯，別明白，即如今日辯者之言，有云「離堅白、若縣寓」者，蓋言之析義之精也，離析堅自而懸之宇宙，明之至也，此當時辯士之成語。諸解失之。〔註148〕

諸家注者如宋・林希逸《口義》：

> 堅白同異，紛紛多端，而我能分辯之，若懸於天宇之間，謂能曉然揭而示人也。〔註149〕

明・陸西星《南華眞經副墨》：

> 可不可，然不然，言不苟同於眾也，辯者有言曰：離堅白，若縣寓言，不爲異説，所淯也言眾人之所見……而我離析堅白，昭昭乎若揭日月，而縣之天寓，是則可謂析義之精矣。〔註150〕

明・焦竑《莊子翼》：

> 離析堅白，如揭天宇，昭然可見。〔註151〕

西仲是認爲所有注家將重心聚焦於「若縣寓」，而忽略了「離堅白」析義之精，因此是「諸解失之」，表示註解沒有全面說明，而有所缺失。

另外「諸解俱謬」部分，則見〈徐無鬼〉：「且假夫禽貪者器」下，西仲認爲：

> 夫爲仁義之行，未必由中而出，不過爲民歸徃之資耳。後有欲民歸往之者，亦不免借此以動人，如豆區釜鐘之類，是猶假好獵者以網罟罾弋之具，以肆其掠取之術，此大亂之道也，後世人與人相食，非以此歟！諸解俱謬。〔註152〕

西仲解讀此句，認爲「仁義」若被人利用，標舉仁義爲名義、爲招牌，變成勸說別人、騙取別人的掠取之術，人與人即是以「無誠」相待，虛僞的目的，

〔註148〕《莊子因》，乾隆白雲精舍本，頁242。

〔註149〕林希逸著，陳紅映校點，《南華眞經口義》，頁186。

〔註150〕陸西星，《副墨》《無求備齋莊子集成續編》，第7冊，頁441。

〔註151〕焦竑，《莊子翼》〈筆乘〉《無求備齋莊子集成續編》，第12冊，頁355。

〔註152〕《莊子因》，乾隆白雲精舍本，頁497。

只是利用別人，推到極點，不是「人與人相食」嗎？〔註153〕而宋‧林希逸《口義》其解釋是：

> 貪如禽獸者，或假此仁義之名以為用，故曰「假夫禽貪者器」〔註154〕

明‧朱得之《莊子通義》：

> 忘其仁義之為利，而率性以行之，是乃所謂誠也。禽貪者囂囂利仁義，而自誇者眾也。〔註155〕

陸西星《副墨》：

> 禽貪者，本無厭心，假之以器，則愈貪而愈無厭矣！器謂網罟矰弋之類，民之利賴於上者，亦本無厭心，招之以仁義，則亦愈貪而愈無厭矣！〔註156〕

沈一貫《莊子通》：

> 世人無識，輕仁義者寡，利仁義者多，豈不翕然歸心乎？但非出於誠，吾見上下相欺，以成此名也！〔註157〕

焦竑《莊子翼》中節錄《褚氏管見》：

> 為人上者，信能以百姓之心為心，雖不行仁義，而與之暗合，不然則譬夫禽貪之人，而假之矰弋網羅之器，其害物也滋甚！〔註158〕

這樣排比的臚列其註解，可以觀察出來，《口義》解法簡略近西仲之解，但不完備，《通義》解以仁義自誇，以為誠恐怕不合原意，《副墨》、《莊子通》承接《褚氏管見》以民賴於上，上下交欺去解，也不夠周遍，難怪西仲大呼「諸解俱謬」！

當然，時代思想的侷限，在詮釋上的不足，是一定的，是必然的，不過經過筆者一本本翻閱蒐尋的體會，以上注家解莊，在段落後試申其義的做法，一定在闡述發揮的當下，無法字字句句，面面俱到，原是必然，西仲採用當句下註解、說明，在翻查別人之注時，自然非常容易發現前賢之謬誤，且前人用義理解，往往忽略前後文義的承轉，這自然是西仲比前人站在較優越之

〔註153〕見《傅佩榮解讀莊子》，頁436。

〔註154〕林希逸著，陳紅映校點，《口義》，頁365。

〔註155〕朱得之，《莊子通義》《無求備齋莊子集成續編》，第4冊，頁706。

〔註156〕陸西星，《莊子副墨》《無求備齋莊子集成續編》，第8冊，頁897。

〔註157〕沈一貫，《莊子通》《無求備齋莊子集成續編》，第9冊，頁711～712。

〔註158〕褚伯秀，《管見》，見焦竑，《莊子翼》《無求備齋莊子集成續編》，第12冊，頁703。

地位處。另外尚有諸解無一字可取等例，由於相當繁多，就不一一臚列之。

二、莊子行文之特色

西仲真可謂「善讀莊文者」在註解時，會不時地展現他對文章的敏銳度，常透露出他深入的觀察與理解，從文章行文方式、文章手法、技巧、內涵文理，氣勢、文句敘等去解莊子，觀其文而知其人，觀其文而想見其人，深入肯綮的看到一個冷峻孤傲卻又滿腔憂憤的莊子，再加上他《古文析義》的解讀功力，能看出其文的真偽，是否莊子雜錄，或西漢人擬作、或出於後學，甚至劣質贗手之作，也經常提醒讀者，諸如蘇東坡等其他文家，學習莊子何種筆法，並藉由贗手之分析，以知莊文特長，此處就西仲所歸納的莊子行文特色作一說明。

（一）文與理之特點

西仲最欣賞莊子文章之神奇工妙，一再的在論述時讚美莊子奇文、奇絕，因此《莊子》文章有奇宕之氣，雋永之理，在〈天地〉：「堯治天下，伯成子高立為諸侯」段末云：

> 莊子所以稱者，以其奇宕之氣，雋永之理，千古常新，愈熟愈妙也。
> 如此淺率直遂，其何以為莊子。噫！好事者為之也。〔註159〕

莊子文氣文理，在內七篇是充分展現，外雜篇就以此為辨析的標準，舉凡意義太淺，仔細玩味，無甚殊意，都是在閱讀莊子時，西仲深切的體會，在〈說劍〉篇末評就提出：

> 要知讀古人書其一覽而盡者，即非佳文，莊子為此，又何以為莊子。
> 〔註160〕

莊子為文的古奇奧妙，又豈能一眼看穿，〈天下〉中，對莊子文字藝術之運用，言「其書雖瓌瑋而連犿無傷也，其辭雖參差而諔詭可觀，彼其充實不可以已。西仲就指出：

> 是一部著書本領，非若急於自見搜索枯腸也。〔註161〕

莊子著書原無端崖，本來也不在乎別人懂或不懂，解或不解，從未故意表現其才學，刻意絞盡文思，以炫所長，因此，西仲以見首不見尾的「神龍」譬

〔註159〕《莊子因》，乾隆白雲精舍本，頁240。
〔註160〕《標註莊子因》，和刻本，頁604。
〔註161〕《莊子因》，乾隆白雲精舍本，頁594～595。

喻莊子為文的變化性，在〈胠篋〉篇首，言：

> 凡作文起手最難，如此突如來如，奇峰陡起，若神龍變化，無處覓
> 其首尾。蘇長公常得此法。〔註162〕

又在〈漁父〉：「孔子伏軾而歎曰：甚矣！由之難化也」下云：

> 莊子文極變幻，不可方物。〔註163〕

在莊子極富變幻的文藻下，物情事理的體悟與描寫，便能淋漓盡致，而無所
不闚。在西仲就以：

> 議論奇確。莊叟之善體物情乃爾，龍門所謂，其學無所不闚者也。
>
> 〔註164〕

西仲稱讚莊子議論奇，內容豐富，亦以「筆之化工」讚美莊子：

> 莊叟善體物情，於〈徐無鬼〉篇撰出去國景況，於〈則陽〉篇撰出
> 回鄉景況，於此撰出送行景況，淋漓曲盡，筆有化工。譆！技至此
> 乎。〔註165〕（〈山木〉）

西仲經由輾轉思慮，看出莊子為文的玄機，在真偽出道出莊子文章行進
的變化或盤旋，故說〈天地〉圃畦丈人言去其機心方能入道一段說：

> 此段言去其機心方能入道，借為圃畦發出多少議論，大類〈漁父〉
> 篇意其文絕無停蓄蘊藉，中間又有紕繆之語，此為後人竄入無疑也，
> 惟善讀莊文者知之。〔註166〕

從西仲嚴謹、細膩的解讀方式，來重新閱讀莊子，真覺西仲是位善讀莊子者。

（二）語言性格之表現

西仲常常說莊子在行文時，往往一語道破，如〈天地〉：「門無鬼曰，天
下均治而有虞氏治之邪？其亂而後治之與？」他說「一問便已道破。筆極透
脫。」〔註167〕西仲認為莊子能解千古之惑，將治亂之道，從至德之世勝過後
世點出來，他說：

> 寫出一段太古風氣，語語與有虞對針。言惟無亂所以無治也。「行而
> 無迹，事而無傳」八字，破盡千古大惑，論古者不可不知，若摭拾

〔註162〕《莊子因》，乾隆白雲精舍本，頁195。
〔註163〕《標註莊子因》，和刻本，頁612。
〔註164〕《莊子因》，乾隆白雲精舍本，頁300。
〔註165〕《莊子因》，乾隆白雲精舍本，頁383。
〔註166〕《莊子因》，乾隆白雲精舍本，頁248。
〔註167〕《莊子因》，乾隆白雲精舍本，頁250。

荒唐之說，如羅長源之《路史》，真可以無有也。〔註168〕

又在〈胠篋〉：「聖人不死，大盜不止。」下：

狠手殺手！取古人之法而痛詆之，幾於髮指眥裂。吾不知其胸中有
何憤懣，竟至於斯。切勿與韓退之見之，便以常理較量，全不體其
立言之意也。〔註169〕

莊子文有奇氣，心有憂憤，在西仲一句「狠手殺手」驚呼而出，文章的變化，
口氣的憤俳，西仲想當然爾的以為韓愈見此文，都會驚訝於莊子非以立言之
意行文的詭譎做法。

　　西仲自言讀者應以傳奇法讀莊子，有趣的是，他自己解讀時，不但看出
莊子行文曲折、情節離奇似莊子，敘述人物活靈活現，筆法傳奇，他甚至藉
莊子之文，傳奇的將莊子之風貌，撰寫出來，諸如〈至樂〉莊子妻死，斯言
「是其始死也，我獨何能無慨然」下面：

莊子絕是近情之人此句，便自己道破。〔註170〕

近情卻有如此近乎絕情之行為，令人感到特別，又如〈天運〉：「請問至仁。
莊子曰：『至仁無親』」：

問仁而舉不仁者以言仁，問至仁而舉無親者以言至，此老話頭慣有。
一段絕不近情之語，令人一時忍耐不得，後方徐徐發出正論，所以
為奇。〔註171〕

西仲以「此老話頭慣有」說明他發覺莊子談論方式，既冷且絕，往往一語從另
一角度說破，再慢慢說到正論，另外〈知北遊〉：「所謂道惡乎在？」下亦言：

莊叟慣有極奇極怪之言，令人一時忍耐不得，然後發出正論。此猛
獸欲搏而匿爪，鷙鳥欲擊而斂翼者也，縱送抑揚之法，盡於此矣。
〔註172〕

西仲對莊子感性的評論，如：「恨語」、〔註173〕「冷絕」、〔註174〕「率性罵破」、
〔註175〕「直掃破」〔註176〕，在《莊子因》隨處可見，如〈天道〉：「士成綺見

〔註168〕《莊子因》，乾隆白雲精舍本，頁251。
〔註169〕《莊子因》，乾隆白雲精舍本，頁198。
〔註170〕《莊子因》，乾隆白雲精舍本，頁346。
〔註171〕《莊子因》，乾隆白雲精舍本，頁282～283。
〔註172〕《莊子因》，乾隆白雲精舍本，頁431。
〔註173〕《莊子因》，乾隆白雲精舍本，頁117。
〔註174〕《莊子因》，乾隆白雲精舍本，頁117。
〔註175〕〈德充符〉：「固有執政焉如此哉」下云。《莊子因》，乾隆白雲精舍本，頁117。

老子而問曰。」段下，西仲云

> 此段言機警之人，不可與入道，狀得肖、罵得狠，奇文至文。〔註177〕

又如〈胠篋〉：「將為胠篋探囊發匱之盜而為守備」段下：「以守其盜賊之身乎？」云：

> 田成以私量貸公量，便是借聖人之法，以濟其竊國之私。後世王莽
> 之金縢，惠卿輩之周禮，皆挾此術，已被莊叟一語道破。〔註178〕

又如〈德充符〉：「申徒嘉兀者也，而與鄭子產同師於伯昏無人。」段下「然而不中者命也」云：

> 不說己之受刑為不幸，倒說人之不受刑為幸。正見自以為不當亡者，
> 皆不當存者也，把全足人一總罵殺！〔註179〕

在〈則陽〉篇：「華子聞而醜之，曰：善言伐齊者，亂人也；善言勿伐者，亦亂人也；謂伐之與不伐亂人也者，又亂人也。君曰：然則若何？曰：君求其道而已矣！」下面西仲分析道：

> 華子以季子猶有功利之心，而不知求道也，道則無人我、無恩怨、
> 無大小強弱，而戰爭攻守之事，俱在所不論矣！把「亂人」兩字，
> 一總罵殺，尤妙在第三句。故下面戴晉人之言，竝不提起伐與不伐，
> 一句之間，能了前案，能伏後脈，人只當快論讀過。差矣！〔註180〕

西仲說莊子之罵殺、一語道破，而莊子亦有未說破之時，如〈大宗師〉：「子貢趨而進曰：敢問，臨尸而歌，禮乎？二人相視而笑曰：是惡知禮意！」在此西仲認為：「禮字絕方，意字絕圓，不說破，且付之一笑，妙絕！」〔註181〕又有一例見〈德充符〉：「魯有兀者叔山無趾，踵見仲尼。」中「猶有尊足者存」此句下，西仲認為「不說破，妙！」〔註182〕是暗喻孔子只是一般有尊足，形全德卻不全者。西仲從莊子一語道破之妙，不道破之意，體會出莊子由根源上去談的奧妙，所以非常欽佩莊子之文。

由以上西仲深入的了解與探討，才能對莊子真偽的辨識，獨具隻眼，故

〔註176〕〈人間世〉：「非心齋也」云：「直掃破」。《莊子因》，乾隆白雲精舍本，頁92。
〔註177〕《莊子因》，乾隆白雲精舍本，頁273。
〔註178〕《莊子因》，乾隆白雲精舍本，頁196。
〔註179〕《莊子因》，乾隆白雲精舍本，頁118。
〔註180〕《莊子因》，乾隆白雲精舍本，頁516。
〔註181〕《莊子因》，乾隆白雲精舍本，頁149。
〔註182〕《莊子因》，乾隆白雲精舍本，頁120。

可從筆力看出眞僞，他說：

> 此篇敷衍成文，全無意味，筆力庸弱之態具見，乃敢擬莊，吾服其膽。（漁父）〔註183〕

> 步步相生，針線甚密，無一毫滲漏。恐非莊叟所作也。（至樂）〔註184〕

以「敷衍成文，全無意味」、「針線甚密，無一毫滲漏。」說出行文寬泛或過於緊密，都不是莊子行文之特色，如果不是因爲西仲本身具有豐富的學養，又是一位極優秀的古文批評專家，如何能在閱讀鎔鑄的過程中，提煉出他對莊子行文特色的看法，也提供後人許多學習的方法。

三、文家入手之處

（一）情節曲折之學習

西仲〈雜說〉就提出要以傳奇法讀莊子，傳奇的表現是曲折的，敘事寫人無不精緻巧妙，西仲認爲《莊子》內七篇其理路、意境，在小品文的學習上，絕對是典範之作，在《古文析義合編》蘇軾〈超然臺記〉後評曰：

> 臺名超然，作文不得不說入理路去，凡小品文說到理路，最難透脫，此定「無往不樂」一語，歸根於游物之外，得南華逍遙大旨，便覺脩然自遠。〔註185〕

《莊子》逍遙之旨，可以入文章之理路，可以得西仲如何重視《莊子》文脈的理解，即使解古文亦相互爲用，故在《莊子因》中的詮解中，他很重視如何藉由《莊子》文本以呈現爲文的方法，後學學習的門徑，〈在宥〉中：「崔瞿問於老聃曰，不治天下安藏人心。」一段，他說：

> 人心或爲人所排，則失志銷魂而下；或進之，則希高望遠而上。上下無常，或係縛如因，或搆鬪如殺，方其因也，若處子綽約而柔服乎剛強，及其殺也，若刀劍廉利，劌割可以彫琢者。焦火，喻其躁，凝冰，喻其堅。俛仰四海。喻其速，淵靜縣天，喻其動靜之各殊，而總以僨驕不可係斷之，比人心所以不可攖也，可作一部西遊記讀。〔註186〕

〔註183〕《標註莊子因》，和刻本，頁613。
〔註184〕《莊子因》，乾隆白雲精舍本，頁345。
〔註185〕蘇軾，〈超然台記〉，見林雲銘，《古文析義合編》，臺北：廣文書局，民國90年10月九版，頁318。
〔註186〕《莊子因》，乾隆白雲精舍本，頁211。

此段在西仲筆下，認爲此段是敘述內心的起伏波盪，猶如《西遊記》情節一般曲折，這是一段優秀的作品。

另外〈在宥〉第一段句末：「匈匈焉終以賞罰爲事，彼何暇安其性命之情哉？」與第二段句末「從容無爲而萬物炊累焉，吾又何暇治天下哉？」西仲覺得此二句呼應兩大段，是基本的寫作技巧，如果連這樣的對應都無法讀出，又遑論其他大家了。他說：

> 「何暇」二字，應上「何暇」句，呼應絕佳，得失判然。篇首至此是一篇論斷，起伏呼應無法不備，熟此者，大家諸篇，可束置高閣矣。〔註186〕

〈在宥〉：「鴻蒙曰：浮遊不知所求，猖狂不知所往」一段段末，西仲點出，莊子除了情節可學，文句句法可學，甚至爲文的旨意亦可學莊子，因此西仲說：

> 通段言治天下者，以無爲爲之，根上「萬物炊累」句來。即〈應帝王〉篇，所謂遊心於淡，合氣於漠，順物自然，而無容私之註腳也，柳子厚郭橐駝傳議論本此。〔註187〕

柳宗元〈種樹郭橐駝傳〉即仿《莊子》無爲爲之的論點，其文末林西仲評曰：

> 郭橐駝傳種樹之道，若移之官理，便是居敬行簡，一副學問即充而至於舜之無爲，禹之無事，不越此理。〔註188〕

篇章的情節、段落、文勢、境界、要旨，西仲都可以理出一個頭緒，說出一個道理，其目的即在於傾囊相授其優秀的古文手眼。

（二）文句技巧之學習

西仲會在註解中特別說明，此段文句修辭之特色，並點出哪一位文家習得此法，其一是「兩意雙發雙敲」：見〈在宥〉：「而且說明邪！是淫於色也；說聰邪？是淫於聲也；說仁邪？是亂於德也；說義邪？是悖於理也；說禮邪？是相於技也；說樂邪？是相於淫也；說聖邪？是相於藝也；說知邪？是相於疵也。天下將安其性命之情，之八者，存可也，亡可也；天下將不安其命之情，之八者，乃始臠卷愴囊而亂天下也。」下：

> 八者，皆人不安其性命之情，所以有此臠卷不伸舒之狀。愴囊，猶

〔註186〕《莊子因》，乾隆白雲精舍本，頁210。
〔註187〕《莊子因》，乾隆白雲精舍本，頁221。
〔註188〕柳宗元，〈種樹郭橐駝傳〉《古文析義合編》，臺北：廣文書局，民國90年10月九版，頁733。

搶攘也。兩意雙發雙敲，如手舞雙劍，遍體繞匝，異光逆射，蘇長
公慣熟此法。〔註189〕

此八種喜歡是：「明、聰、仁、義、禮、樂、聖、知」但是其敘述卻是用相反
的觀點，如喜歡明，卻是沉溺於彩色；喜歡聰，是沉溺於聲音等論點，取其
反義作說明，顛覆你對傳統這八項的定義，於是彼此意義的對立，產生了極
大的衝擊，與思想的挑戰，二種意義一起發出聲響，一起敲出樂音，又如一
手一枝劍，雙劍對打，卻一人為之，因此周匝見光四射，光影輝照，西仲並
點出，蘇軾最常使用此法。

其二是「無為之中有為」之法：如〈在宥〉：「賤而不可不任者，物也；卑
而不可不因者，民也；匿而不可不為者，事也臠而不可不陳者，法也；遠而不
可不居者，義也；親而不可不廣者，仁也；節而不可不積者，禮也；中而不可
不高者，德也；一而不可不易者，道也；神而不可不為者，天也。」下：

此言無為中之有為也，揚子雲《法言》，多學此句法。〔註190〕

這種敘述方法，是在前一句的否定中，找出肯定的答案，前面說的是雖然低
賤但不能不放任的，是萬物；雖然卑微但不能不順應的，是百姓，在這樣的
否定中提出肯定，西仲稱之「無為之中有為」，並且說明，此種句式，在揚雄
《法言》中有，其中摘錄二段：

好大而不為大，不大矣。好高而不為高，不高矣。（卷二）

曰不得已也，得已；則已矣得已，而不已者寡哉（卷五）〔註191〕

這種特殊句式，給予後人很大的啟發，也讓後代學者，學習如何為文造勢的
方法。

其三是「問起勢甚巉岏」法，此語出至〈至樂〉：「下有至樂無有哉？有
可以活身者無有哉？今奚為奚據？奚避奚處？奚就奚去？奚樂奚惡？」下：

問起勢甚巉岏，句法似屈子〈卜居〉。〔註192〕

這樣的起手，的確非常特別，如山勢崛起，峭壁孤峰，西仲覺得與屈原〈卜
居〉句法相似，〈卜居〉內容摘錄如下：

屈原曰：吾寧悃悃款款朴（樸）以忠乎，將送往勞來斯無窮乎；

〔註189〕《莊子因》，乾隆白雲精舍本，頁209。
〔註190〕《莊子因》，乾隆白雲精舍本，頁224。
〔註191〕《四庫全書》，子部，儒家類，《揚子法言》。
〔註192〕《莊子因》，乾隆白雲精舍本，頁343。

> 寧誅鋤草茅（茆）以力耕乎，將遊大人以成名乎；
>
> 寧正言不諱以危身乎，將從俗富貴以媮（偷）生乎；
>
> 寧超然高舉以保真乎，將哫訾慄斯喔咿儒（嚅）兒（唲）以事婦人
> 乎；
>
> 寧廉潔正直以自清乎，將突梯滑稽如脂如韋以絜楹乎；
>
> 寧昂昂若千里之駒乎，將氾氾（汎）若水中之鳧與波上下偷以全吾
> 軀乎；
>
> 寧與騏驥亢軛乎，將隨駑馬之迹乎；
>
> 寧與黃鵠比翼乎，將與雞鶩（鷔）爭食乎。〔註193〕

這段非常的特別，說出屈原心中反覆翻騰的痛苦，仕與隱的掙扎，求真與混世的矛盾，西仲評曰：

> 段中八個「寧」字，八個「將」字，語意低昂，隱隱可見〔註194〕

由於莊子、屈原時代較接近，可看出此段屬戰國時期的筆力，如此的問句起筆，如〈天問〉亦是，這些句式都給後人一個很好的學習對象。

其四是「煙波無盡不說煞」之法，是〈天下〉：「不侈於後世」之後，洋洋灑灑論述墨子，層層貶駁中，如煙波般層層迴盪，西仲指出：

> 「才士」二字，寓褒於貶，墨子一段，計共五百餘言，層層貶駁，
>
> 忽於段末叫轉數語，煙波無盡，又不作說煞語，蘇子瞻〈范增論〉，
>
> 全從此處脫化出來，人都不覺。〔註195〕

這段的批評，除了描述〈天下〉篇作者行文技巧，在下筆五百餘字中，是一層層遞敘論點，又不說盡，無盡綿延之意，如此的敘事技巧，如蘇軾就學到，而應用於〈范增論〉上，西仲《古文析義·范增論》後評曰：

> 行文曲折，煞是難得，末用數語呼轉，更得抑揚，是從《莊子》論
>
> 墨子，末段用才士一語呼轉之法。〔註196〕

歷代文人由《莊子》習得，諸如兩意雙發雙敲、問起勢、叫轉之法等，但是一位優秀的文評家，卻能為後人指出迷津，理出學習的路徑、竅門，化繁為簡，以易行險，實在是獨具慧眼。

〔註193〕《四庫全書》，集部，楚辭類，《山帶閣楚辭》，卷五。括號中之字是《古文析
　　　　義合編》中〈卜居〉之字。
〔註194〕屈原，〈卜居〉，見《古文析義合編》，頁 123～124。
〔註195〕《莊子因》，乾隆白雲精舍本，頁 587。
〔註196〕蘇軾，〈范增論〉《古文析義和編》，頁 306。

四、藝術評點之闡述

所謂藝術性評點，指西仲以譬喻性語詞，說明文中章法，結構所造成的效果，如〈齊物論〉：

> 篇中忽而敘事，忽而引証，忽而譬喻，忽而議論，以爲斷而非斷，
> 以爲續而非續，以爲複而非複；只見雲氣空濛，往返紙上，頃刻之
> 間，頓成異觀。陸方壺云：「綉中線引，草裏蛇眠」譆！得之矣。
> 〔註197〕

以空濛說逍遙之境，以敘事運用引證、譬喻、議論，說明論述方法是斷而非斷，複而非複，說明其敘事手法的高妙，其論點往往要由其篇末評中得知。

西仲《莊子因》體例清楚，每一段落提至頂格表示，當句解、或數句之小段解之於句子下方，以雙行小字行文，最後在篇末，則加上一段西仲的評論，全段用低一格方式書寫。評論是西仲抒發他的想法之處。

其評論可分爲三部份，先就題目說明題旨，在就內容說明全篇謀篇之結構部分，最後總結篇中章旨，作評點式章法藝術之評論，若是外雜篇，有的評論會放入部分西仲覺得有閱讀價值之段落，而在全篇評論中，只說明疑爲贗作部分。

在西仲的藝術性評點中，評點的概念，受到宋·劉辰翁、明·孫鑛、歸有光等人評點的影響，但是以上諸家，藝術批評的重點，如劉辰翁是一句下一大段評論，孫鑛是在眉批中加以評述，歸有光是眉批、尾批、篇末結尾處則總結好多註解者的論述，他們都沒有以篇章爲單一項目，作整篇的討論或評論，顯得比較散落。

較完整的討論，可由宋·林希逸《莊子口義》、明·朱得之《莊子通義》及所附宋·褚伯秀《莊子義海纂微》、焦竑《莊子翼》、沈一貫《莊子通》等人，其註解形式，每一段落後一併言之，其字義、句意、段意、考證、立論則全部混而爲一，西仲之所以將字義、句義改成當句解，可能也是由於前賢資料臚列，不易閱讀所致。

以上注家著作，內容龐雜，百味聚集，閱讀起來已甚爲辛苦，如《莊子通義》、《莊子翼》又會加上其他諸家解釋，不但不易明瞭，有的部分由於意見分歧，愈鑿愈細，支解其義，而莫衷一是，對文學性的評論也是散見各段

解釋中，夾雜其間而未見眉目。唯有陸西星《南華眞經副墨》則於每篇篇末，都有亂辭，以四言爲之，句數不等，其中只有〈逍遙遊〉、〈齊物論〉、〈養生主〉三篇有文評，如〈逍遙遊〉的文評：

> 意中生意，言外立言，綖中線引，草裏蛇眠；雲破月暎，藕斷絲連，
>
> 作是觀者，許讀此篇〔註198〕

很明顯看出，西仲不但直接引用在〈逍遙遊〉之篇末中，陸氏其他的句子，亦散見於西仲〈齊物論〉中，足以證明，如此形式評莊，西仲得自陸西星《副墨》的影響極大，而開其體例，足爲後來宣穎《南華經解》青出於藍的學習範本。

西仲在篇末作藝術性章法評點，以內七篇最爲用力，外篇次之，雜篇則散見段落中，以下說明之。

（一）內篇舉隅

西仲在每篇篇末論述，先說明篇旨，再分析內容，最後提出其藝術境界的批評，其批評絕非無的放矢，通常是以篇章的內容，作通盤全面的分析後，理出一個前因後果，脈絡相因之理，再運用詩評、詞評等藝術評點的方式，歸納全篇總論。

前人的註解，在篇章章法立論的說明上，未曾如《莊子因》般，層次井然，言而有序，言而有據，因此這一部分很重要。不過，由於敘述文字太冗長，閱讀時不易立刻通盤了解其義，因此筆者特以圖表方式說明，次序作一個更動，先把評語放在前面，再把章旨、章法分析放在下面作對照，才看得出相因之關係，並以【　】說明相互關聯。

西仲的批評以內七篇爲主，外雜篇因雜有贋品，因此少了許多，七篇中又以〈逍遙遊〉與〈齊物論〉最爲重要，把全文立論之前後關聯性，說得非常清楚，因此下面就以此二篇爲例，繪表解之。

1. 逍遙遊評

表十六：《莊子因・逍遙遊》評論分析表

〈逍遙遊〉	篇中忽而敘事，忽而引証，忽而譬喻，忽而議論，以爲斷而非斷，以爲續而非續，以爲複而非複；只見雲氣空濛，往返紙上，頃刻之間，頓成異觀。陸方壺云：「綖中線引，草裏蛇眠」譆！得之矣。

〔註198〕明・陸西星，《南華眞經副墨》，頁60，〈齊物論〉文評中，如言「眼目」「平易中突出多少層巒疊嶂，令人應接不暇，奇哉妙哉！」（頁 129～130）都看見西仲學習的痕跡。

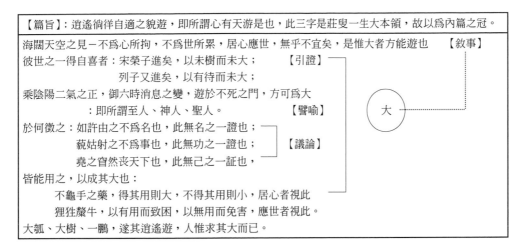

本篇以「大」爲全篇之眼，全部敘事，看似雲霧，經由西仲一解，頓而撥雲見物。西仲的解法是由章法結構，作整體的說明，〈逍遙遊〉貴於「大」，通篇用不同的修辭法，如譬喻、引論、議論作貴於大的說明，西仲的解法，有其觀點的整合，配合《莊子》的內容，西仲借莊子之語，發揮他自己「人心多狃於小成，而貴於大」的論點。

2. 齊物論評

表十七：《莊子因・齊物論》評論分析表

〈齊物論〉	文之意中出意，言外立言，層層相生，段段回顧。倏而羊腸鳥道，倏而疊嶂重巒，世儒見之，每不得其肯綮，廢閣不敢復道，此猶可恕，乃敢率臆曲解割裂支離，俾千古奇文，埋沒塵土。嗚呼！莊叟當日下筆落想時，原不許此輩輕易讀得也，又何怪焉！

【篇旨】		
【物論不齊因】	明道之言，各有是非，是謂物論。 物論之不齊，皆起於各自爲我之心。 然有心則有知，有知反以傷其心。	而究無損益乎道之數，徒增紛紜耳。
【知與不知】	故欲齊物論，必須善用其知。善用其知者，止其所不知者也。 通篇以「知」「不知」作線。	
【因是】	曰芒、曰昧，爲無知。 曰明、曰照，爲善用其知。其所不知將奈何？所謂「因是」也 曰滑疑之耀、曰葆光，爲止其所不知止。	

【全文章法分析】	
	南郭子綦之喪我也，盡之矣。
【不知】	以爲人心之有是非，本是無中生有，猶風之吹萬不同，忽成無數變態，誰爲爲之，是地籟也，實天籟矣！人心由知而有言，無論大小，皆其自造，千頭萬緒，乍起乍滅，
	自所謂眞君者，茫不知取，其不至勞神明以終身，俾心與形俱盡而不已。何也？以其有成心也，夫言等之鷇音之過耳！
	原無有眞僞是非於其間也，乃有所蔽，以生儒墨，彼此紛無定見，是未嘗善用其知，即物之彼，是易地以相觀耳！
【因是】	惟「因是」而照之於天，以虛相應，無窮期也。
	是豈故爲強合哉？蓋道原通爲一，高下、美惡、常怪、成毀，所不得與焉者也。
	達者知之，勞神明爲壹者，不知也。
	此聖人照之於天，亦欲止乎天則之自合，所以善用其知矣！
【知】	夫知以何者爲至哉？古之人必置其知，於未始有物之先。
	其有物者次焉，有對者，又次焉。以其漸及於是非也，是非用，則未免有成虧之弊。然而是非偏，竟不足爲成虧之據，不但道之本通爲一，即用道者，究亦無或不一也。
【知因是】	聖人所以於滑亂疑惑之中，而有其明，豈非置是非於不用之故哉？夫無是非，則無言矣！
	乃吾試思之：即此無是非之言，亦未始非言也。 　　斯言是歟？則與是類。 　　斯言非歟？則與非類。 　　前以人之言，欲易地以相觀者， 　　此以我之言，亦不妨易地以並處矣！ 　　顧無是非之言，何言哉？必遡於無言之始矣！ 　　尤有進焉，必遡於無無言之始矣！ 　　尤有進焉，大小壽夭，天地萬物，無不爲一， 　然一即爲言，由此相適於無已，是欲齊是非者，反以增是非矣。 　故不如前所謂「因是」已者，併此無是非之一言，亦可省也。 　夫不論、不議、不辯，聖人於有言之時，即存無言之用，亦恐生八德之畛耳！ 　然猶有言之迹者存也，大道大辯則不然，雖不道不及，不爲己甚，亦難語於圓虛。
【例證】	古之人知之所以爲至者，亦惟止其所不知者矣。 於所不知者而能知，則天府也，所以得環中以應無窮者也， 於所知而歸之，於不知則葆光也，所以圖滑疑之耀者也。舜之告堯，亦不過此， 他如利害死生，付之不知也，則王倪之告齧缺也， 君牧人我，不能相知也，則長梧之告瞿鵲也。 至於形影相待，而不知所以然， 夢覺相疑，而不知所以分，
結論	則知之止於不知，漸入化境矣！尚何不齊之物論哉！

　　此章更是難解，歷代各說各話，論點相當多，西仲的解釋，也言之成理，成一家之言，西仲認為〈齊物論〉是人心多泥於己見，而貴於虛，如何知之止於不知，以「因是」之法，將「言」併入「知」，由物之不齊的現象，知與不知的是非中，得其「因是」之法，由「知」與「不知」中，進入到因是而莫若以明，最終進入無言而無不言之道、死生是非齊一之境，即是知之止於所不知的化境，其實就是「道」境。

（二）其他篇章評點析論

　　西仲對《莊子》篇章中，以評點的方式敘述，其評點是根據文章章法內容與技巧，於篇末作評，此法承襲明代評點之風。雜篇十一篇中，〈讓王〉、〈盜跖〉、〈說劍〉、〈漁父〉，已公認為贗手所作，西仲並無評點其藝術境界，只對贗手部分說明。

　　除了以〈逍遙遊〉、〈齊物論〉為例，作藝術評點與章法內容的討論外，其他部分，以西仲之敘述手法作說明。

1. 文理段落之評

　　在敘述時會點出「文理」、「段落」、「過脈」；或以比喻方式，如以山勢形容文章層遞之感者。

（1）明白指出者：

文理部分，如〈養生主〉：「文之晰理精確，體物肖似，有呼有應，極方極圓。」

脈絡部分，如〈應帝王〉：「篇中全以問答引證，末方說出本意作結，起伏過脈，迥異常體。」

段落部分，如〈德充符〉：「文之段段盤旋，段段換筆，神爽語雋，味永機新」

章法部分，如〈天地〉：「段中轉換不窮，抑而又揚，揚而有抑，變化之法，盡於此矣。」

句法部分，如〈在宥〉：「句法矯矯，驚鳥展翼之態。起落頓挫，奇致相生，文之能事畢矣。」

（2）美感敘述者：

運用譬喻法，對段落或文法作描寫式之敘述

如〈徐無鬼〉：「文如層巒疊嶂，愈出愈奇」

　　〈天下〉：「此段文法繚繞，如千年古木，藤蘿盤曲，不可名狀。」

〈在宥〉：「文之段落變化，頓挫聳秀，議論奇橫，理窟精深，筆底烟
霞，胸中造化，非讀萬卷者不敢仰視。」

2. 文情文氣之評

文情或文氣都是對文章整體的風格論述。

（1）奇幻玄妙者

重在風格玄奇之勢。

如〈天運〉：「文之相生處，奇幻莫測」

〈繕性〉：「文氣層層相生，轉換極靈。」

〈山木〉：「莊叟善體物情，於〈徐無鬼〉篇撰出去國景況，於〈則陽〉
篇撰出回鄉景況，於此撰出送行景況，淋漓曲盡，筆有化工。
譆！技至此乎。」

〈知北遊〉：「篇中發明道妙，微言如屑，玄之又玄，不可思議。陸方
壺云：『讀此則三藏大乘，皆可迎刃而解。』知言哉！」

（2）古奧精鑿者

強調文氣古奧曲折，變幻之勢。

如〈人間世〉：「文之古奧離奇，細讀方知其妙。」

〈山木〉：「末忽另起一段，似斷似續，古穆奇奧，變幻莫測。」

〈知北遊〉：「此段從上面歸根意，發出議論，精微玄妙，與上若斷若
續。」

〈天地〉：「精鑿之語，不可多得。」

〈胠篋〉：「恐無此精鑿議論也。」

〈外物〉：「此篇指出修眞實際，開後世坎離鉛汞之說。精鑿奇創，讀
之惟恐其盡。」

（3）美感敘述

整體風格以譬喻修辭，美感方式說明。

如〈大宗師〉：「若文之波瀾萬頃，百折濚迴，古奧雜奇，輪囷異水」

〈在宥〉：「文情繚繞綽約，饒有別致。」

〈天道〉：「篇中以〈天地〉作線，而歸本於無爲。言及本末要詳，上
下君臣，理極醇正，而且近情。但細玩其文，別有一種蒼秀
繚繞之致，行雲流水之機，切近時趨，全無奇氣，恐亦叔敖
衣冠也。然有此則自成一家，可不必深辯矣！」

3. 旨意為重之評

以一意或旨意為主軸之說明。

如〈繕性〉：「此段總言物之內外貴賤大小，原無定屬，筆筆生動，有生龍活虎之勢。」

〈天下〉：「此篇總論道術分合之故，令人自為決擇，其間萬斛波瀾，一望無際，熟此，何患不落筆千言哉！」

〈秋水〉：「是篇大意，自內篇〈齊物論〉脫化出來，立解創闢，既踞絕頂山巔，運詞變幻，復擅天然神斧，此千古有數文字，開後人無數法門。」

〈達生〉：「篇中大旨，發內篇〈養生主〉所未備，闡出精、氣、神三寶妙用，為玄籙開山秘法。段段設喻，精言如屑，長生久視之道，盡於此矣，莫與門外漢言之。」

〈天運〉：「篇中言心乎道者，貴有神而明之之用，非按圖索驥者可幾。一意盤旋，卷舒甚幻，此在外篇為有數之文。」

〈駢拇〉：「通篇一意盤旋，文情跌宕，天際游龍天矯莫測。」

4. 評點表格：

（1）內　篇

表十八：《莊子因》內篇藝術評點表

內　篇	
篇　名	藝　術　評　點
〈逍遙遊〉	篇中忽而敘事，忽而引証，忽而譬喻，忽而議論，以為斷而非斷，以為續而非續，以為複而非複；只見雲氣空濛，往返紙上，頃刻之間，頓成異觀。陸方壺云：「綆中線引，草裏蛇眠」譆！得之矣。
〈齊物論〉	文之意中出意，言外立言，層層相生，段段回顧。倏而羊腸鳥道，倏而疊嶂重巒，世儒見之，每不得其肯綮，廢閣不敢復道，此猶可恕，乃敢率臆曲解割裂支離，俾千古奇文，埋沒塵土。嗚呼！莊叟當日下筆落想時，原不許此輩輕易讀得也，又何怪焉！
〈養生主〉	文之晰理精確，體物肖似，有呼有應，極方極圓。此莊集中所謂布帛菽粟之文，不可一日離者也
〈人間世〉	文之古奧離奇，細讀方知其妙。
〈德充符〉	文之段段盤旋，段段換筆，神爽語雋，味永機新，雪藕冰桃，不許人閒朵頤。

| 〈大宗師〉 | 若文之波瀾萬頃，百折縈迴，古奧雜奇，輪囷異水，非窺豹者所能測也。 |
| 〈應帝王〉 | 篇中全以問答引證，末方說出本意作結，起伏過脈，迴異常體。顧凱（愷）之食蔗云：「漸入佳境」，讀此作如是觀。 |

（2）外　篇

（1）段落之評

表十九：《莊子因》外篇段落評點表

| 外　篇 | 段　落　較　佳　處　之　批　評 | |
篇　名	段　落	藝　術　評　點
〈在宥〉	崔瞿問於老聃曰	句法矯矯，鷙鳥展翼之態。起落頓挫，奇致相生，文之能事畢矣。
〈在宥〉	世俗之人	文情繚繞綽約，饒有別致。
〈天地〉	夫道，淵乎其居也	精鑿之語，不可多得。
〈天地〉	堯之師曰許由	段中轉換不窮，抑而又揚，揚而有抑，變化之法，盡於此矣。
〈天運〉	天其運乎，地其處乎	文之相生處，奇幻莫測
〈繕性〉	古之人在混芒之中。	文氣層層相生，轉換極靈。
〈繕性〉	河伯曰：若物之外，若物之內。	此段總言物之內外貴賤大小，原無定屬，筆筆生動，有生龍活虎之勢。
〈至樂〉	今俗之所為與其所樂，吾又未知樂之果樂邪！	此段是一篇之旨，步步相生，針線甚密，無一毫滲漏。恐非莊叟所作也。
〈山木〉	君曰：彼其道遠而險。	莊叟善體物情，於〈徐無鬼〉篇撰出去國景況，於〈則陽〉篇撰出回鄉景況，於此撰出送行景況，淋漓曲盡，筆有化工。譆！技至此乎。
〈山木〉	孔子問子桑雽曰	此段根虛已來，言與人定交，亦當去文任質，相屬以天也。末忽另起一段，似斷似續，古穆奇奧，變幻莫測。
〈知北遊〉	天地有大美而不言	此段從上面歸根意，發出議論，精微玄妙，與上若斷若續。奇甚！

（2）通篇之評

表二十：《莊子因》外篇中通篇評點表

| 外　篇 | 通　篇　境　界　覺　得　氣　象　頗　佳　者 |
篇　名	藝　術　評　點
〈駢拇〉	通篇一意盤旋，文情跌宕，天際游龍天矯莫測。
〈馬蹄〉	莊文之最易讀者，然其中之體物類情，筆筆生動，或以為意不多而詞費，疑為莊者所作，恐他手未易到此也。

〈胠篋〉	此篇亦與上篇意同，但此更覺痛發「憤世嫉邪」幾於已甚矣！其文情飛舞，奇致橫生。林疑獨以篇中有十二世，有齊國等語，以爲西漢之文。然西漢有此汪洋氣局，恐無此精鑿議論也。
〈在宥〉	文之段落變化，頓挫聳秀，議論奇橫，理窟精深，筆底烟霞，胸中造化，非讀萬卷者不敢仰視。
〈天道〉	篇中以〈天地〉作線，而歸本於無爲。言及本末要詳，上下君臣，理極醇正，而且近情。但細玩其文，別有一種蒼秀繚繞之致，行雲流水之機，切近時趨，全無奇氣，恐亦叔敖衣冠也。然有此則自成一家，可不必深辯矣！
〈天運〉	篇中言心乎道者，貴有神而明之之用，非按圖索驥者可幾。一意盤旋，卷舒甚幻，此在外篇爲有數之文。
〈秋水〉	是篇大意，自內篇〈齊物論〉脫化出來，立解創闢，既踞絕頂山巔，運詞變幻，復擅天然神斧，此千古有數文字，開後人無數法門。
〈達生〉	篇中大旨，發內篇〈養生主〉所未備，闡出精、氣、神三寶妙用，爲玄籙開山秘法。段段設喻，精言如屑，長生久視之道，盡於此矣，莫與門外漢言之。
〈知北遊〉	篇中發明道妙，微言如屑，玄之又玄，不可思議。陸方壺云：「讀此則三藏大乘，皆可迎刃而解。」知言哉！

（3）不佳之評

表二十一：《莊子因》外篇中不佳之評點表

外　篇 篇　名	結　構　餘　味　不　佳 藝　術　評　點
〈天地〉	余細玩其中，如華封人伯成子高漢陰丈人數段，結搆雖工，咀嚼無復餘味，疑爲好事者竄入，然非寢食於莊，亦不能辨也。
〈刻意〉	此篇發揮精神之理，微言玄著。但細玩其行文，蹊徑與〈天道〉篇如出一手，此則略少波瀾耳。或以膚淺疑其僞作，此明眼者之言也。
〈至樂〉	此篇鼓盆、支離叔、空髑髏、百歲髑髏四段，理解精闢，得未曾有。可上擬〈大宗師〉篇內子祀、子桑戶、孟孫才三段，但議論稍遜耳。細玩應入〈秋水〉篇中，以爲生而不悅，死而不禍樣子。疑散佚之後，好事者遂撰出此篇首段，因而攙掇其中，此猶可置勿論，但忽添出「顏淵東之齊」一段，與上下文絕不相蒙，其文之庸弱不堪，醜態備見，爲可憾耳！彼贋作者，不覺自欺欺人，然淄澠之水合，尚有能辨之者，況魚目混珠，安可掩乎。
〈山木〉	此篇闡發全身遠害之理，可以補內篇〈人間世〉所未備，大意以道德爲眼。其所云：虛己順時，乃道德中事也。精議奧旨，可當涉世韋弦。惟「莊子過魏王」一段，則係淺夫效顰，勦襲紕繆，極易指摘。乃當日訂莊者，不亟芟除，以致黎丘晝見，吾不能無遺議於郭子玄也。

〈田子方〉	篇中結穴處，在夫子、老聃二段，詮闡道要已無遺蘊。首二段引起心學之精不在言論之末，後數段舉爲道之人，這其心之無累如此，作個證佐。惟魯哀公、宋元公、臧丈人三段，語氣不屬，立義亦淺，非南華手筆無疑，余非過爲指摘也。

（3）雜　篇

（1）段落之評

表二十二：《莊子因》雜篇段落佳者評點表

雜　篇	段落具有文學境界者	
篇　名	段　　落	藝　術　評　點
〈徐無鬼〉	「南伯子綦隱几而坐」段	文如層巒疊嶂，愈出愈奇
〈寓言〉	「顏成子遊謂東郭子綦曰」段	此言生死之理，本有不可知者，惟以其所知，養其所不知者，斯得之矣！千古疑根，數語說破，奇文至文。
〈寓言〉	「眾罔兩問於景曰」段	與〈齊物論〉同意，而文更覺新異。
〈天下〉	「不侈於後世」段	此段文法繚繞，如千年古木，藤蘿盤曲，不可名狀。
〈天下〉	「桓團公孫龍，辯者之徒」段	此篇總論道術分合之故，令人自爲決擇，其間萬斛波瀾，一望無際，熟此，何患不落筆千言哉！

（2）通篇之評

表二十三：《莊子因》雜篇通篇佳者評點表

雜　篇	通篇佳作者，或絕大多數具有藝術化境者
篇　名	藝　術　評　點
〈徐無鬼〉	此篇前半詮理精密，練詞古雅；後半變幻斷續，不可捉摸，文境之奇，盡於此矣！
〈則陽〉	此篇首段文法怪幻，頗難訓詁；中段詞意高朗，極堪玩誦；至末段發出精微之論，大類宗門之旨，得未曾有。佛法之在中國也，何嘗自天竺求書始哉！
〈外物〉	此篇指出修眞實際，開後世坎離鉛汞之說。精鑿奇創，讀之惟恐其盡。
〈天下〉	段中備極贊揚，眞所謂上無古人，下無來者。莊叟斷無毀人自譽至此，是訂莊者所作無疑。……而議者又以爲訂莊者，不著名姓爲疑，不知莊叟生於戰國，彼時猶爲近古國策，筆法橫絕，俱無名氏。千載而下，以不知出自何手爲恨。

第六章　《莊子因》解莊之宇宙哲學義涵

第一節　社會價值之批判轉化

　　西仲對《莊子》文本深層意義的解讀，是由「文」入「理」，層層進入，其〈莊子總論〉第一句話，即指出：「三十三篇之中，反覆十餘萬言，大旨不外明道德、輕仁義、一死生，齊是非，虛靜恬澹，寂寞無為而已矣。」〔註1〕從此處，即看出西仲論理的特色，先就實存意義的「道德」、「仁義」先解入世之道；再用「死生」、「是非」解出世之法；進而用「虛靜」、「無為」解道的形上意義。此層層遞進之功，在於「因是」之法，以進入「莫若以明」之境。故本章分作三節作層層的解析，先就人間世的道德、仁義，西仲對《莊子》如何解讀而言；再就死生、是非，西仲如何看待；第三是虛靜無為的道境，如何產生加以說明。

　　傳統社會皆崇尚道德、仁義，並認為是行教化的根本道理，因此多將道德、仁義並行而不悖，但是《莊子》的論點顯然並不同，莊子以：「仁義繩墨之言」（〈人間世〉）看待「仁義」並舉出標以「仁義」之治，卻成了戕害心性之行；對於「德」，莊子用一篇〈德充符〉去闡發「德」之義，並說明「德者，成和之修也」（〈德充符〉），「知其不可奈何而安之若命，惟有德者能之。」（〈德充符〉），將存在於紛紛擾擾的現象界中，求其執兩行，以用中的處世之道，以德化諸於道境；進而言「道德」，於〈天道〉言：

〔註 1〕林雲銘，《莊子因》，乾隆白雲精舍本，頁11。

夫虛靜恬淡，寂寞無爲者，天地之平，而道德之至。……

夫帝王之德，以天地爲宗，以道德爲主，以無爲爲常。〔註2〕

是故古之明大道者，先明天，而道德次之；道德已明，而仁義次之；仁義已明，而分守次之。

莊子言「道德」，其眞正亦是言其「道」之體用之分，由「仁義」之害，到「德」之充，「道德」之爲用，最終仍以「道」體的全體大用，化諸無形，又冥於萬物，才是眞正《莊子》所欲表達之宗旨。

對西仲而言，他希望藉由文字脈絡，去體現《莊子》之意，因此在言意說話之立論，最後以「進於不知不言之境」（〈知北遊〉）說明其眞正意義，要破除言語之礙，以進入「道」境。

因此，西仲提出「明道德，輕仁義」，說明《莊子》如何在世間尋求一處世而不傷物，更不殘生傷性之法，茲說明如下。

一、仁義之殘生傷性

西仲在詮釋《莊子》「仁義」方面的，認爲仁義只是美名罷了，人人以此標榜，若是行不由衷，「仁義」則不過是欺世盜名之舉，如〈徐無鬼〉：「不可。愛民，害民之始也；爲義偃兵，造兵之本也。君自此爲之，則殆不成。凡成美，惡器也；君雖爲仁義，幾且僞哉！」下面注云：

凡欲成其美者，皆爲惡器而已。蓋仁義本美名，而爲之不由中，未免流之於僞。豈非惡乎！〔註3〕

又言一般人只是借仁義造作添設自己的美名罷了，他在〈天運〉：「古之至人，假道於仁，託宿於義」說：

仁義則多造作，多添設，多假借。至人惟不久處，故遊於逍遙之虛，以逍遙無待造作，行所無事也。〔註4〕

假仁義以爲名，卻擾亂人心，人人愛好智巧，拿著繩墨來規範別人，聖賢者，成了手鐐腳銬的栓木，一標舉仁義，人被限制之外，各立其說，區分人是行仁義之道，亦或不是，各執其說，實在是擾亂人民，因此〈在宥〉：「崔瞿問於老聃曰」段，下云：

〔註2〕《莊子因》，乾隆白雲精舍本，頁262～264。

〔註3〕林雲銘，《莊子因》，乾隆白雲精舍本，頁479。

〔註4〕林雲銘，《莊子因》，乾隆白雲精舍本，頁293。

堯舜勤勞湯武征伐，皆以仁義攖人心也。仁義之端一開，故下者負

不仁不義之名而爲桀跖，上者得行仁行義之名而爲曾史，以至儒墨

各各緣此立教，彼此相勝，玄同之德衰，性命之眞喪矣！百姓於是

殫思盡慮，接應不暇，所謂求竭也。〔註5〕

因此仁義猶如黥面劓鼻，〈大宗師〉即言「夫堯既已黥汝以仁義，而劓汝以是非矣。」因此〈庚桑楚〉中說：「大亂之本，必生於堯舜之間，其末存乎千世之後。」一旦仁義成了凶殘貪婪者的工具，就成了大亂之本，一直影響到後世，如〈徐無鬼〉：「齧缺遇許由曰」中「愛利出乎仁義，捐仁義者寡，利仁義者眾。夫仁義之行，唯且無誠，且假夫禽貪者器。」西仲說明之：

捐仁義者，是與仁義相忘，即下而外乎賢者一流人。此樣人極不可

得，而利仁義者，天下皆然也，利者眾，則歸徃者不可得而禦矣！

夫爲仁義之行，未必由中而出，不過爲民歸徃之資耳！後有欲民歸

徃之者。亦不免借此以動人。如豆區釜鐘之類，是猶假好獵者以網

罟罾弋之具，以肆其掠取之術，此大亂之道也。〔註6〕

假仁義以爲名者，尤其是爲政者，以行仁義之道，讓人民汲汲營營追求名聲，忘了自己原有的本眞，而隨波逐流，豈不是如同獵人準備好了網罟，故意讓人民陷落其間，這不是反成了大亂人心之源。因此〈胠篋〉沉痛地云：「聖人不死，大盜不止。」就是指出仁義之弊，只是在造就更大的盜跖罷了。「彼竊鉤者誅，竊國者爲諸侯，諸侯之門而仁義存焉。則是非竊仁義聖知邪？」（〈胠篋〉）此語道盡古今多少政客的形貌啊！故西仲言〈在宥〉：「而儒墨乃始離跂攘臂乎桎梏之間。噫！甚矣哉！其無愧而不知恥也甚矣！」下云：

釿鋸、繩墨、椎鑿皆形戮之具，仁義窮而刑罰用，乃勢所必至。其

究使賢者，高蹈而遠引，萬乘抱憂而孤立，儒墨之徒，乃始抱其仁

義聖知之談於桎梏之間，思有以救之。孰知即仁義聖知之所致乎！

眞可恥也。此段疾世之談，幾於大聲高罵矣！〔註7〕

如此以仁義殘害人性，世人何曾眞正理解？芸芸眾生常侷限於人間世中既定的標準，而無法掙脫其有形或無形的限制，能醍醐灌頂的道出根源處，人才能一一進入道境。

〔註5〕林雲銘，《莊子因》，乾隆白雲精舍本，頁212。

〔註6〕林雲銘，《莊子因》，乾隆白雲精舍本，頁496～497。

〔註7〕林雲銘，《莊子因》，乾隆白雲精舍本，頁213。

二、仁義如何轉化

　　仁義成了殘害人的利器、網羅人的罥弋，爲人黥面劓鼻，如何逃避？如何轉化？〈大宗師〉中，顏回所坐忘的第一件事，就是「回也忘仁義矣。」轉化仁義則知「坐忘」是其功夫。

> 顏回曰：「回益矣。」仲尼曰：「何謂也？」曰：「回忘仁義矣。」曰：「可矣，猶未也。」它日，復見，曰：「回益矣。」曰：「何謂也？」曰：「回忘禮樂矣。」曰：「可矣，猶未也。」它日，復見，曰：「回益矣。」曰：「何謂也？」曰：「回坐忘矣。」仲尼蹴然曰：「何謂坐忘？」顏回曰：「墮肢體，黜聰明，離形去知，同於大通，此謂坐忘。」仲尼曰：「同則無好也，化則無常也。而果其賢乎！丘也請從而後也。」 〔註8〕

西仲在「回忘仁義矣」下面注「就行事言」，第一個「猶未也」，下面注曰：「第一層」，第二個「猶未也」，下面注「第二層」，「此謂坐忘」，下面注「第三層」，說明其坐忘是一層深一層，此小節下並說明：「上三層以損爲益，此則損之又損，忘之極則也。」〔註9〕既是損之又損，忘之極則，此坐忘究竟指忘了什麼呢？「回坐忘矣」下面西仲曰：「無所不忘」並說明「墮肢體。」爲「離形」「黜聰明」爲「去知」「離形去知，同於大通」爲「猶太虛之無得」，仲尼所言「同則無好也，化則無常也」下面云：

> 同則虛無爲體，而不偏著，指同於大通言；化則形神俱妙，而不拘濫，指離形去知言。 〔註10〕

離形去知，同於大通之境，即是道境，因此從忘仁義始，一關一關進入道境，可以知「仁義」在莊子而言，是道的最高境界，因此西仲在〈大宗師〉篇末評曰：

> 眞人之所以爲知，所以爲養者，非以其心之忘哉！唯其心忘矣，即推而出之，由心及身，由身及世，通時宜物，豈有外焉。故心之未忘則大業每坐有心之弊，而不足稱心之能，忘則推心自多兼濟之功，〔註11〕而成其美，此眞人之心，於世無偏用者，其於天、於人，亦

〔註8〕 林雲銘，《莊子因》，乾隆白雲精舍本，頁156。
〔註9〕 林雲銘，《莊子因》，乾隆白雲精舍本，頁156。
〔註10〕 林雲銘，《莊子因》，乾隆白雲精舍本，頁156。
〔註11〕 此段標點不同，注於此以供參考，「推心」與「推行」亦不同：
　　　　《莊子因》：「則大業每坐有心之弊，而不足稱心之能，忘則推心自多兼濟之

無偏勝矣。眞人之爲眞知如此。夫然後而死生之故，始可得而詳言也。……

眞人眞知若此而已，此篇爲七篇之歸根結穴處，發性命之源頭，闡脩證之實義，直洩造化之機，以開仙佛之門。〔註12〕

西仲則以心忘解此坐忘之工夫，並以唯有心忘，才能由心及身，由身及世，推而進至世界，進至宇宙，推而忘之，才能虛空而納更加寬廣的天人眞知，唯有如此，才能合乎道德性命之義，由自己本來的性命之中，去改變，才能容納更多的智慧。

西仲在此特提出「故心之未忘，則大業每坐有心之弊而不足稱」，此「業」，在〈外物〉：「業可得進乎？」西仲的解釋是：「業，事業也。言既去躬矜容知，而事業果可得進邪？」〔註13〕但是此處應更進一層，其事業應指〈大宗師〉：「芒然彷徨乎塵垢之外，逍遙乎無爲之業。」西仲解爲：「芒然，無知貌。塵垢之外，不入於世俗也。無爲之業，不爲乎世俗也。」〔註14〕這是一生命的事業，不入於世俗，不爲世俗而爲的自我精進修業的功夫，若不能學會忘己忘物，則心中常存罣礙無法突破，如何超越生命的痛苦，接納更寬廣的空間，以進入於逍遙自在的生命呢？

「忘仁義」這只是行事的第一層功夫罷了，西仲於〈在宥〉評中，道出全篇旨意時即說明，作者借廣成子等，說出其忘仁義之外，還要習得無爲之旨意：

故盜跖、曾史之徒，皆非治世所宜有也。乃治天下者，猶分其善惡，而從事於賞罰焉！其欲人之安乎性命亦已難矣！況復重以聰、明、仁、義、禮、樂、聖、知，行於其間哉！不知此八者之在天下，固無益而有害也，乃惑之而不解，爲之而日甚，此世俗之見固然，非所論於君子矣！

君子者，以無爲安其性命者也，貴愛其身，所以寄托天下，於以觀

功，而成其美」

《標註莊子因》：「則大業每坐有心之弊，而不足稱，心之能忘，則推行自多兼濟之功而成其美」由於本章生死部分的討論中，以《標註莊子因》前後文句呼應，意義連貫爲佳。故採《標註莊子因》之句讀。

〔註12〕林雲銘，《莊子因》，白雲精舍本，頁161～162、《標註莊子因》，頁172～175。

〔註13〕林雲銘，《莊子因》，白雲精舍本，頁542。

〔註14〕林雲銘，《莊子因》，白雲精舍本，頁150～151。

物之自化焉！誠有見乎人心，有不可攖者也。試徵之古帝王乎！古
帝王之攖人心也，以仁義開其端，以是非分其際，以刑罰繼其後；
其治天下也，卒以亂天下也，其效可覩矣！乃儒墨尚思所以救之，
亦試問其致此者誰實爲之乎！絕聖棄知，老聃所謂天下治者，亦有
見乎此矣！〔註15〕

《莊子》既已指出「仁義」之害，並在〈在宥〉提出「聰、明、仁、義、禮、
樂、聖、知」此八德，不但無法解惑，反倒是害之更深，因此西仲認爲，莊
子在〈在宥〉後所提出如廣成子對黃帝言「物之質」、「物之殘」道理，其實
就是教導君子者，應絕聖棄知，無爲以安其性命，貴愛其身，才能寄託天下，
故絕聖棄知似的「無爲」，是與坐忘一樣的忘己，以進入性命之情的道境。

忘仁義、捐仁義，都只是第一步罷了，西仲認爲莊子之意，是教人認得
性命之情是在道德，而非仁義，故人應回返本心，找出根源，仁義乃由道德
而出，先識其道德，才是轉化之道。在〈駢拇〉評云：

天下之至正者，性命之情，而道德是也，乃用之而爲仁義，遂有忘
其所始，以成淫僻之行。淫僻者，至正之反也，故聰者聞此，明者
見此，辯者言此。於是有離朱、師曠、楊墨與曾史並稱，而各著其
所長，總之其在性命之情，不過爲駢枝之屬耳！〔註16〕

此段言天下之至正者爲道德，是性命之情，道德之用才是仁義，離朱、師曠、
楊墨與曾史在莊子看來都是以其所長，用其多方聰明，實則擢德塞性，皆駢
枝之屬罷了！下面又說：

夫性命之情，各有固然，自適其適，所以無憂也。彼仁義則殆不然，
仁者憂世之患，其用心也，與饕富貴之不仁者等。而顧曰：不如此，
無以慰天下之心焉！是未審乎天下有常然，無所假於外之故，而漫
以此贅疣乎道德之間，以生其惑也。夫生其惑，則易其性矣！易其
性，則殉其身矣！雖俗之所謂殉者不一途，究之首陽東陵，其殘生、
傷性無有二焉！〔註17〕

若看不透仁義之惑，改變自己之眞性情，最後只是以身殉仁義之名罷了！人
若能如此解惑，則才能跨出自我設限，以及人云亦云，隨物境而轉，不知反

〔註15〕林雲銘，《莊子因》，乾隆白雲精舍本，頁226～227。
〔註16〕林雲銘，《莊子因》，乾隆白雲精舍本，頁185。
〔註17〕林雲銘，《莊子因》，乾隆白雲精舍本，頁185～186。

求自己最眞的性命之情，道德之至，因此西仲認爲《莊子》是貴道德，而輕仁義的。而坐忘之功與無爲之法，即是由仁義轉化到道德，進而道的方法。

三、道德與仁義之別

人們終日奔波勞苦，往往從不加審愼思量：「仁義」、「道德」之間的差異性，是由於別人鼓動後，才努力爲之，還是發乎自身的覺醒，道德的感知後，才產生的力量，對自己有眞正自我提昇、超越群倫、及心靈品質的提高，因爲「仁義」本非天生致之者，是藉外力教導，或標舉其利，而誘使人趨近之，故〈駢拇〉中莊子即言：

夫小惑易方，大惑易性，何以知其然邪？自虞氏招仁義以撓天下也，

天下莫不奔命於仁義，是非以仁義易其性與？故嘗試論之。〔註18〕

因而西仲在〈駢拇〉：「駢拇枝指，出乎性哉！而侈於德。附贅縣疣，出乎形哉！而侈於性。多方乎仁義而用之者，列於五藏哉！而非道德之正也。」〔註19〕指出二者是不同的。他認爲：「此段言仁義本非道德之正也。」〔註20〕仁義只是道德之用，並非道德性命之正。

莊子在〈天道〉及說明「大道」、「道德」、「仁義」之間是有等第差別的，莊子認爲：

是故古之明大道者，先明天而道德次之，道德已明而仁義次之，仁

義已明而分守次之，分守已明而形名次之。〔註21〕

西仲也在〈駢拇〉：「彼正正者，不失其性命之情。」下面三小節說出道德、性命之情、仁義之間的關係：

此段言道德之正即性命之情。性命之情各有固然，不假於外之作爲，

所以無憂也。……

此段言仁義所以非人情者，以其多憂也。……

此段言天下本有常然，以仁義用之，徒滋其疑擾也。〔註22〕

西仲將道德之正與性命之情，畫上等號，而性命之情才是自適之情，是合乎人情的，是本乎自然的，是不假外求的，而仁義則非，仁義是由道德而來的，

〔註18〕林雲銘，《莊子因》，乾隆白雲精舍本，頁182。

〔註19〕林雲銘，《莊子因》，乾隆白雲精舍本，頁179。

〔註20〕林雲銘，《莊子因》，乾隆白雲精舍本，頁180。

〔註21〕《莊子》〈天道〉，見《莊子因》，乾隆白雲精舍本，頁267。

〔註22〕《莊子因》，乾隆白雲精舍本，頁180～182。

西仲在〈知北遊〉：「道不可致，德不可至，仁可爲也，義可虧也，禮相僞也。」進一步說明道德與仁義之間的關係，他說：

> 任其自然，斯不言之教也。致之至之，皆屬造作。故道德之所不取，
> 道德之中有仁、義、禮，仁猶近也，爲之可也，義則過於分別，虧
> 之可也，禮則相助爲僞而已。〔註23〕

人往往在支微末節的名相上打轉，不知那些都不是生命的本眞，都是人可以造假，刻意爲之的，仁、義、禮，無一不是人與人之間可以造作的假相，眞正求道德者，是不取其表相的，《老子》三十八章中亦言：

> 失道而後德，失德而後仁，失仁而後義，失義而後禮。禮者道之華，
> 而亂之首也。〔註24〕

莊子此處直接引用老子三十八章之語，並接著言《老子》第四十八章：

> 爲學日益，爲道日損，損之又損，以至於無爲，無爲而無不爲也。
>
> 〔註25〕

這裡將「道德」之出於《老子》交代清楚，並說明「道德」是歸根究底，且因任自然的。

　　天地萬物原本各有其本然之理，人若有智慧，則知順之即足矣，如果刻意行仁義於其間，其實只是更增加紊亂罷了。可是世上的人，多不解此義，往往疲役以終，仍大惑不解。因此在〈天道〉：「夫道於大不終，於小不遺，故萬物備。廣廣乎其無不容也，淵乎其不可測也。形德仁義，神之末也，非至人孰能定之！」西仲進一步說明：

> 道於沖然無朕之中，而能包羅萬象，形德仁義，不過神之末耳。然
> 非至人不能定其爲末也，蓋至人存神之至，撫世而不累其心，操柄
> 而不與其心，蓋知其有假有眞也，故能守其本。〔註26〕

本與末，所由與所出，是西仲在解「道德」與「仁義」的基本觀點，同時也合乎《莊子》之本意，而道與德之間仍有差異，西仲進一步繼續說明。

四、德與道德之不同

　　以上說明道德爲仁義之宗，爲萬物之根源，就《莊子》而言，「道」是無

〔註23〕《莊子因》，乾隆白雲精舍本，頁420。
〔註24〕王弼，《老子註》，臺北：藝文印書館，民國64年9月三版，頁75。
〔註25〕王弼，《老子註》，頁97～98。
〔註26〕《莊子因》，乾隆白雲精舍本，頁274。

所不在，存於萬物，究竟眞實，卻又絕對超然於萬物之上的形而上的層次，也是所有一切之源本；但是「道德」之意義，從以上〈駢拇〉評中得知，道德是性命之情，是天下之至正，本之爲道德，用之爲仁義。而「德」與「道德」其間不同點又爲何？〈德充符〉評，西仲將《莊子》的「德」解釋如下：

> 有得於己之謂德，德積于中而驗於外，若符契之自合，非形見者所得與也。有德之人，亦遺其體之可觀，遊其心於獨尚，毋論爲何許人，即刑餘醜屬之徒，在世所羞稱駭異者，無不可以爲師，可以爲友，可以爲徒，使人樂與之處而忘其爲形全。或反以形全爲不足與也，豈有他謬巧哉。亦其心有天遊，而不以人之情自累也，有德而無形者尚能如此，況有形乎。篇中曰「無假」，曰「守宗」、曰「和」、曰「保始」、曰「形骸之內」、曰「尊足者存」、曰「成和之脩」，皆德之註腳，皆德充之實理。〔註27〕

西仲將《莊子》的「德」先定義爲：「有得於己之謂德，德積于中而驗於外，若符契之自合，非形見者所得與也。」是發乎內在的一己之德，入乎其中，而發乎其外時，若合符節，泯然合一，自適自然才是眞正的「德」。

因爲心有所屬，上與天遊，因此「有德之人，亦遺其體之可觀，遊其心於獨尚」他與人相處，貴在知心，不在形體外貌，無人不是自己學習之對象，無人不可與之結交爲友，於是天寬地闊，不因外在、人情、世故種種自我設限，自我牽絆。但是，做到德充，尚須有七項，即是「曰無假，曰守宗、曰和、曰保始、曰形骸之內、曰尊足者存、曰成和之脩，皆德之註腳，皆德充之實理。」，「無假」〔註28〕「守宗」〔註29〕「和」〔註30〕「保始」〔註31〕「形骸之內」〔註32〕「尊足者存」〔註33〕「成和之脩」〔註34〕此爲德充之實理，

〔註27〕《莊子因》，乾隆白雲精舍本，頁129。

〔註28〕〈德充符〉：「審乎無假，而不與物遷。」西仲注曰：「審者，知之精。惟此一事實，餘二則非眞。故曰無假，其所以不變不遺者此。」《莊子因》乾隆白雲精舍本，頁114。

〔註29〕〈德充符〉：「命物之化而守其宗也」西仲注：「能使令物之化育，而守其主宰，全不在有形上著力。」《莊子因》乾隆白雲精舍本，頁114。

〔註30〕〈德充符〉：「而遊心乎德之和。」西仲注：「和，即在宥篇之處和，外物篇之焚和，德之至美至樂處也。此言忘其爲身，尚其爲心者。」《莊子因》乾隆白雲精舍本，頁114。

〔註31〕〈德充符〉：「夫保始之徵」西仲注：「萬物之始，受理與氣以生，保而不失，必驗於外。」《莊子因》乾隆白雲精舍本，頁115。

〔註32〕〈德充符〉：「今子與我遊於形骸之內，而子索我於形骸之外，不亦過乎！」

也是德充者行爲舉止，自然而然的風格，不再以形體爲重，故西仲在〈德充符〉評末，又作總結曰：

> 聖人於此知所從事矣。同者人之形，異者人之情，遊之以天，而知約德工不相爲用。自無有好惡內傷，以致益生之擾擾也。以視夫外神勞精于堅白者，爲何如也，而後知德貴忘形。惟忘形者，方能踐形矣，此德充符之微意也。〔註35〕

人人以世人短淺的眼光去看待別人，卻不知以道眼去看出人眞正的品質，如能做到，則不會以別人外在的形貌言語，自傷於己，也不會把精神體力，放諸於堅同白異，是是非非之言論上，勞神傷身，唯有遊心於德，外其形骸，回到人性的根本面，追求德和之境，才不會被事物的表象或細節所迷惑，能從根本處，求得萬物之本知，也能夠在群體中，與人相處而忘其形。唯有忘形者，才能眞正實踐形體之眞義。才能存德，才能修德，才能在人群中識得才全而德不形者，或是德有所長而形有所忘之人，有此智慧，則才能眞正成爲充滿德，而又能自行散發於無形之德充符。

因此西仲特別指出，如吾人身堅體強者，更應珍惜自己，尊重別人，不要辜負上蒼的賜予。故曰：

> 段段雖說重德輕形，卻見得此形原不易得，有人之形，便當遊心乎德，以期無負於天與！〔註36〕

「遊心於德，外其形骸」，是〈德充符〉與人「德」的實證之道，而對「德」的歸納是「有得於己之謂德，德積于中而驗於外」，因此可知西仲以「德」存乎自身而言。

至於「道德」，西仲則以〈山木〉爲主，他認爲〈山木〉全篇是歸本道德，有云「弟子志之，其惟道德之鄉乎！」故本篇評語，以道德爲眼，是全身遠害之理，說出一段議論。他認爲，道德是萬物之祖，人世之患的深淺，則全

西仲注曰：「兀者，以不在形骸之外著意也。同取大於先生在德上著力，出入間又在足上著眼。」《莊子因》乾隆白雲精舍本，頁119。

〔註33〕〈德充符〉：「猶有尊足者存，吾是以務全之也。」西仲注曰：「這個若再輕用，其犯患當不止於亡足，今於猶存時求所以全之，其來猶可及也。」《莊子因》乾隆白雲精舍本，頁120。

〔註34〕〈德充符〉：「德者，成和之修也」，西仲注曰：「和不可滑，則成修此者即爲德。」《莊子因》乾隆白雲精舍本，頁125。

〔註35〕《莊子因》，乾隆白雲精舍本，頁131～132。

〔註36〕《莊子因》，乾隆白雲精舍本，頁130。

在道德之功的深淺所致：

> 人世之患深，由道德之功淺，蓋道德為萬物之祖，順時而化，非猶
> 萬物之貴，人倫之傳，徒以取尤也。〔註37〕

西仲把道德納入人世之患來討論，但是即使明白道德為萬物之祖，因而順應萬物，化諸一切人倫物用，就真的是道德之功深嗎？西仲運用〈山木〉的內容作一個綜合的論述，他說：

> 然而遊之，又必以虛己為端，故刳形去皮，洒心去欲，而後遊乎大莫
> 之國，以成虛船之用，而不至貽豐狐文豹之憂，此市南宜僚之旨，可
> 與材不材之論相發明者也。若北官奢賦斂為鐘，特小術耳，猶能虛己
> 順時，侗乎儻乎如彼，送往迎來如此，則其進此者可知已。顧思可以
> 語此者惟孔子，夫孔子豈非深受世患者哉！大公任謂去功與名，而還
> 與眾人，即虛己以順時，所以遊乎道德，而免乎世患之術也。〔註38〕

遊心於道德是有方法的，第一即是要「虛己順時」，能虛己順時，大的功效，諸如此市南宜僚勸魯侯，挖形體拋外皮，乘虛船去費欲，遊乎大莫之國，如同莊子所言：「處夫材與不材之間」；小的功效，諸如北官奢賦斂為鐘；最著名的例子，即是孔子圍於陳蔡之間，大公任云：「孰能去功與名而還與眾人！」這些都是虛己以順時，遊乎道德的例子。

但是，作到「虛己順時」真的就能夠免於人世之患，得到「道德」的真訣嗎？西仲進一步提出「虛己為己」他說：

> 然能虛己以應世，而不能虛己以定交，則疏者不至以患相加，而親
> 者或至以患相棄，可奈何？抑能順時以待人，而不能順時以待天，
> 則在世本無逆旅之事，而在我反生逆受之情，可奈何！乃子桑戶見
> 及此矣，所云相屬以天，相淡若水，誠有得於形，緣情率之遺訓也，
> 其虛己為己至矣，是親交益疏，徒友益散，無復然矣。即孔子亦嘗
> 言及此矣，所云無受天損，無受人益，誠有見於天人，始卒之相因
> 也。其順時為己至矣！是廣己造大，愛己造衰，無或然矣。不則見
> 利忘真，則為雕陵之異鵲，自賢取賤，則為逆旅之美人而已。何能
> 遊乎道德以免世患哉！〔註39〕

〔註37〕《莊子因》，乾隆白雲精舍本，頁396。
〔註38〕《莊子因》，乾隆白雲精舍本，頁396～397。
〔註39〕《莊子因》，乾隆白雲精舍本，頁397～398。

僅知虛己順世與應世，也無法虛己定交，交到慧眼識英雄之知己，當自己無法避免池魚之殃時，天降災禍，一般的人往往無此慧眼，順利時錦上添花，逆境時無法雪中送炭，甚至親人大難來時也分飛，一個順應萬物之人，一定心中不平，曰：「我何不幸遭此劫難呢？」因此子桑雽有見於此，云相屬以天，人生應「形莫若緣，情莫若率」以淡如水的態度，看待人事相因的變化，故而無受天損，無受人益，這才是「順時為己」之至，能廣己造大，擴大自己心胸，以及人與人的空間，不會如目大不睹的異鵲，只知見利忘真，也不會像逆旅主人之美妾般，自賢取賤。這才是遊於道德而免於世患重要的方法。

由仁義以進於道德，其真正趨往者，是忘己無為，放得而行之天道，因此莊子在〈在宥〉云：

> 賤而不可不任者，物也；卑而不可不因者，民也；
>
> 匿而不可不為者，事也；麤而不可不陳者，法也；
>
> 遠而不可不居者，義也；親而不可不廣者，仁也；
>
> 節而不可不積者，禮也；中而不可不高者，德也；
>
> 一而不可不易者，道也；神而不可不為者，天也。〔註40〕

由物、民、事、法、義、仁、禮、德、道、天，莊子最後歸諸德、道、天，也即是西仲於〈天道〉評中言：

> 惟放德而行，循道而趨，則道德之主，即天地之宗，而無為之常豈有外焉。〔註41〕

由西仲所提「明道德，輕仁義」，說明《莊子》在人間世如何避患，如何不受仁義所劓，而能依照性命之情去作，達到入於世確不傷身，能坐忘、能虛己、能為己，以進入天道之法。

第二節　死生是非之齊一突破

人的存在因為生命主體的感知能力，因而有意識、有感受、有困惑，對生存空間的傾壓爭奪，各執一方的辯爭，往往使人莫知其所由，不知其所往，對《莊子》而言，他以直契道體，齊一生死是非，探究生命本源，破除相對觀點，達到批然日移是的變化之境，而他如何對此現象界的時間、空間、存

〔註40〕《莊子因》，乾隆白雲精舍本，頁 223～224。

〔註41〕《莊子因》，乾隆白雲精舍本，頁 280。

在的意義與價值作釐析與批判？〔註 42〕西仲以他的解讀，認爲《莊子》大旨是「明道德、輕仁義、一死生，齊是非，虛靜恬澹，寂寞無爲而已矣。」「明道德、輕仁義」是社會價值混亂而加以批判，上一節已加以說明。

此節在說明的是「一死生，齊是非」部分，此處已由社會價值，進入到自我覺知的部分，對外在紛紛擾擾的現象、是非之爭，如何明心見性，覓得其樞紐，得以化解，得以自在，因而何爲是，何爲非的明辨，是很重要的，若能看清是非生死，如此眞如〈天下〉所言：

> 獨與天地精神往來，而不教倪於萬物，不譴是非，以與世俗處。其
> 書雖瓌瑋而連犿無傷也，其辭雖參差而諔詭可觀。彼其充實不可以
> 已，上與造物者遊，而下與外死生無終始者爲友。其於本也，弘大
> 而辟，深閎而肆；其於宗也，可謂調適而上遂矣。〔註 43〕

因此，自我生命得以安頓，把握住在此世上存在的定位與意義，如何超越生死藩籬，尋得至樂之境，是生死距離之突破部分；尤其特別的是，西仲把二者合一解之，因此下面由生死是非之關係，到外在世界之是非，再進入內在生命的覺知，最後得以解惑，作一說明。

一、死生是非之關係

《莊子》〈齊物論〉中：「方生方死，方死方生；方可方不可，方不可方可；因是因非，因非因是」西仲提出：「是非之說，即生死之說」他認爲此二者，其理相同，西仲的解釋是：

> 是非之說，即生死之說也。彼出於是者，於無是無非之中，忽然而
> 生彼是，譬之猶方生矣。乃有生則有死，循環無窮，是非之相因，
> 若分別之，何處分別。〔註 44〕

他以爲相同有二方面，一是兩者狀況相同，因物之方生方死，猶如人間言語之是非無定。二是其由來相同，因是非猶如生死，原來同出於無是無非之間，生出彼，就產生此，有是就有非，兩者看似二元背反，確又相互依存，相因

〔註 42〕見柳秀英，〈莊子生命美學思想初探〉，美和技術學院學報第十九期，民國 90
　　　　年，頁 82～93；金谷治〈《莊子》的生死觀〉道家文化研究第五輯；法・莫里
　　　　斯・梅洛・龐蒂（Maurice Merleau-Ponty）《知覺現象學》，北京：商務印書館
　　　　2001 年 2 月第一版。
〔註 43〕《莊子因》，乾隆白雲精舍本，頁 594～595。
〔註 44〕《莊子因》，乾隆白雲精舍本，頁 51～52。

之理在此，有彼就有此，如何分別之。

西仲並與眾不同的指出〈則陽〉：「蘧伯玉行年六十而六十化」一段，作為二者相同的例證，他認為此段是說明生死是非之理，非比尋常，可以總括全書，故特別在段末提出：

> 此段言死生是非之理，可以包括全書，非細心理會，不能遽解，奇文原不易讀。〔註45〕

《莊子》其原文如下：

> 蘧伯玉行年六十而六十化，未嘗不始於是之，而卒詘之以非也；未知今之所謂是之非五十九非也。萬物有乎生，而莫見其根；有乎出，而莫見其門。人皆尊其知之所知，而莫知恃其知之所不知而後知，可不謂大疑乎？已乎！已乎！且無所逃此，則所謂然與？然乎？〔註46〕

在此說明蘧伯玉與時俱化，智慧永遠在不斷的開展中，進入更高闊深邃的境界，而西仲隻眼別具，看出「尊其知之所知，而莫知恃其知之所不知而後知」的深意，西仲言：

> 「化」，謂融化，進德之極也，事變無窮，始以為是矣，而卒非之，又安知六十之所謂化者，非即五十九年之非邪！此皆知之所不知也。言此以起下文之意。

> 人之生死有根有門，第不得而見耳！這個不見處便是人之真主宰，知之所知，如有目能視，有耳能聽之類，此人之所推尊也；但問未有耳目之先，視聽往何處去？既有耳目之後，視聽從何處來？此是無根無門，知之所不知者，人必恃有此而後知也，「疑」，有惑也。

> 「已乎！已乎！」嘆息之詞。誰能逃此所不知者以為知，則人雖有知，亦總歸於不知，而不能獨出也。即此恃其不知之言，亦當付之不可知而已！「然與？然乎？」言其不可致詰也。〔註47〕

西仲將「化」，認為是進德之極，除此之外，他又加以引申，把下面「萬物有乎生，而莫見其根；有乎出，而莫見其門。」引申到生死之源頭，他認為人之生死是有根有門的，人皆無由而見，亦不得而見，沒有人告訴我們，有生命以前究竟是何種型態，也從未親耳聽過，死掉的人到何地方，作何事情。

〔註45〕《莊子因》，乾隆白雲精舍本，頁524。
〔註46〕《莊子因》，乾隆白雲精舍本，頁523。
〔註47〕《莊子因》，乾隆白雲精舍本，頁523～524。

我們唯有知道，我們現在可以倚靠的，就是有目能視，有耳能聽，誰又能回答我們，沒有耳目的人，視聽的功能往何處去？有了耳目之後，又為什麼產生耳目呢？原來生死是「無根無門」的，人是要靠知道自己智力所不及的知識，才可以藉此而後有眞知識。

一般的人，沒有人能免於此不知之知的迷惑，對生死、對人世總總亂相，即使是學富五車，知識淵博之人，歸根究底，也要說不知了！因此生死是非，兩者同源自於無是非之境，且都有相依相存，方生方死之關聯性，要解決其困境，都要有以其所知，養其所不知的養慧之功。

這樣「以其所知，養其所不知」的論點，西仲有許多極爲細膩精采的論述，如莊子在〈寓言〉中談及：

> 天有歷數，地有人據，吾惡乎求之？莫知其所終，若之何其無命也？莫知其所始，若之何其有命也？有以相應也，若之何其無鬼邪？無以相應也，若之何其有鬼邪？〔註48〕

此段，西仲認爲是指出生死之理的重要段落，他說：

> 此言生死之理，本有不可知者，惟以其所知，養其所不知者，斯得之矣！千古疑根，數語說破。奇文！至文！〔註49〕

他的解說如下：

> 天有日月星辰之數，如甘石巫氏之書是也；地有耳目聞見之所及，如禹貢圖經是也，此雖最不可知，而亦有可求者。若生死之間，其所以然之理，將何處求之耶？

> 若以生死之理，求之於命，則終若有所制，既疑於有命矣！而求其始，將不可得，又疑於無命，是命有不可知者。

> 若以生死之理，求之於鬼，則福善禍淫，既似有鬼主之者，而善者或未必福，淫者或未必禍，又似無有鬼主之者，是鬼又不可知矣！

〔註50〕

生死之事，無可解，書中不載，又無人告知眞正答案，求之於命，命又有所限制，求之於開始，開始又不可知，求之於鬼，人生禍福不定，善未必有善報，惡又未必取禍，生死的事，實在難解。人生百年生死玄機誰又能解？「以

〔註48〕　《莊子因》，乾隆白雲精舍本，頁558～559。
〔註49〕　《莊子因》，乾隆白雲精舍本，頁559。
〔註50〕　《莊子因》，乾隆白雲精舍本，頁558～559。

其所知，養其所不知」，是西仲提出莊子解生死之法，他在〈大宗師〉評中，加以論述：

> 大宗師者道也，分見於天人之中，而獨存乎死生之外。所謂物之所不得遯是也，言其所立，故曰卓；言其所存，故曰真；言其所歸，故曰寥天一。人貴有以得之，然欲得之，必以其知之所知，以養其知之所不知，斯兩忘而化其道，以入於不死不生之鄉，是人也，而天矣！〔註51〕

西仲以〈大宗師〉一篇，代表道，見於天人之中，又存於死生之外，廣納宇宙萬事萬物，由於道卓然獨立、真實存在、空虛自然，因此，人人想習得道，就要依照：「以其知之所知，養其知之所不知」，再用兩忘而化的工夫，以進入道體，最後進入於不死不生之鄉，雖是人，卻已進入天道。

西仲所提出的「以其知之所知，養其知之所不知」方法，以及「兩忘而化」的工夫，於下面是非世界的齊一，及生死解惑時進一步說明。

二、外在世界之是非

對於外在世界的是非，人的知覺，在紛亂與紛爭中茫然，誰能看出「怒者其誰邪？」莊子在〈齊物論〉中，說得最充分。西仲也歸納得很清楚，試以其論點說明如下：

（一）如何齊是非

莊子洋洋灑灑的以〈齊物論〉說明齊物之論也好，齊一之物論也好，西仲皆納入明道之言，猶如上所言，西仲認為第一步，即是要「善用其知者，止其所不知者也」方式去理解，因此在〈齊物論〉評中，開宗明義的將其篇章要旨，融會貫通的說明：

> 明道之言，各有是非，是謂物論。物論之不齊，皆起於各自為我之心，然有心則有知，有知反以傷其心，而究無損益乎道之數，徒增紛紜耳。
> 故欲齊物論，必須善用其知。善用其知者，止其所不知者也，通篇以知不知作線，曰「芒」、曰「昧」，為「無知」。曰「明」、曰「照」，為善用其知。曰「滑疑之耀」、曰「葆光」，為止其所不知。〔註52〕

在西仲看來〈齊物論〉原是明道之言，既要明道，就有不同的想法與說法，

〔註51〕《莊子因》，乾隆白雲精舍本，頁157～158。
〔註52〕《莊子因》，乾隆白雲精舍本，頁70。

產生了不同的物論之說。雖然宗旨相同，但是人性之根本，就在私心自用，各自爲我，有私心就有不同的知覺想法，如此反倒容易受到傷害，徒增一些不必要的困擾、紛爭罷了，最後就忘了根本目的是明道。

因此，齊物之第一步，爲善用其知，以其所知，去理解「芒」、「昧」、「無知」、「莫若以明」、「照之於天」等層層之意義，如何從「滑疑之耀」，到「葆光」之境。此齊物之第一步，善用其知，而止於其所不知。既然西仲以「知」作爲眼目去做齊一是非的辨識，因此在〈齊物論〉：「大知閒閒，小知間間；大言炎炎，小言詹詹」開始，就展開一段知與言的是非之爭，西仲說：

> 知與言是一篇之眼。然言又本於有知，故先提此四句立局，極得振裘挈領之法。有知有言，是非之所從出，便是無中生有了。大知謂全體，小知謂一端，大言謂通論，小言謂偏解，一人之身皆有，不必分別優劣。〔註53〕

西仲的論點認爲，〈齊物論〉「知」、「言」作眼目，但「言」又本於有「知」，有知才有言，有言才有是非，所有的造作是非，爭執心鬥，守勝之姿，辯論之勢，皆因此而來。故西仲言：

> 承上言心鬥之害如彼，非明知之，而故蹈也，緣此心司是非，自有無窮之變態，無端忽生，循環相代，猶吹萬不同之籟也。〔註54〕

於是無論寐覺，由於心鬥之不絕，恐懼變態，以致內在之眞宰因此閉藏，如同受到緘縢束縛，竟成爲無水之老洫，完全無法流動，如近死之人，不再有生機了。人於是在紛亂的世間，與物相刃相靡，終身役役，茶然疲役，終日芒然，人不知其所歸，不知其所往，在是非不明、知言紛雜的社會價值中，不知誰爲親，不知誰爲私，不知誰爲主，誰爲輔，最後終於迷失了眞我。

無知的大眾，隨著外在世界而聞風起舞，外在社會的價值與標準，往往是不合乎性情，且因以各自的是非爲主，因此《莊子》認爲：

> 道惡乎隱而有眞僞？言惡乎隱而有是非？道惡乎往而不存？言惡乎存而不可？道隱於小成，言隱於榮華。故有儒墨之是非，以是其所非，而非其所是。欲是其所非，而非其所是，則莫若以明。〔註55〕

有是非之見，就有牢不可破，而日夜相待的成見，儒墨因而互相非議對方。

〔註53〕《莊子因》，乾隆白雲精舍本，頁45。
〔註54〕《莊子因》，乾隆白雲精舍本，頁47。
〔註55〕《莊子因》，乾隆白雲精舍本，頁50～51。

因此西仲的解釋是：

> 則道無不存，言無不可也。因何而有眞偽是非之別乎！……謂狃於私
> 說以相誇，此道與言所以蔽也，儒墨之自是以相非者，非以此歟！自
> 「言非吹」句至此，言是非本自無定，皆成心爲之耳。……儒墨之是
> 非，欲有定論，在用我無成心之明而已！上言物論有齊之法。〔註56〕

由上面的論述得知，言有是非，儒墨之爭論，如欲齊之，就必然要辨識出，
其根本緣由是始於成心。這一點以知做起點，知人性之心理根源，由於各自
爲己，由於成心而來。以此知爲始，但進而言之，就發覺世事變化莫測，但
似如此，卻又用此，人又因此止於所不知，而無法解惑。

（二）如何解無解

以上是善用其知可以解者，但是人世間有許多事情，不是黑白分明，立
見眞章的，往往混淆視聽，以炫人耳目，看似拒絕不要，私下卻蠶食併吞，
因而遇到有所謂彼此、是非之相對立的紛爭之後，卻似是而非，不明所以，
又不知如何應對時，又該如何解惑呢？在此，西仲認爲〈齊物論〉之宗旨與
要訣，則在「因是」，莊子提出「因是」之法如下：

> 物無非彼，物無非是。自彼則不見，自知則知之。故曰：彼出於是，
> 是亦因彼。彼是方生之說也，雖然，方生方死，方死方生；方可方
> 不可，方不可方可；因是因非，因非因是。是以聖人不由，而照之
> 於天，亦因是也。是亦彼也，彼亦是也。彼亦一是非，此亦一是非。
> 果且有彼是乎哉？果且無彼乎哉？彼是莫得其偶，謂之道樞，樞始
> 得其環中，以應無窮。是亦一無窮，非亦一無窮也，故曰：莫若以
> 明。〔註57〕

西仲非常重視「因是」，認爲通篇俱發此義，在「是以聖人不由，而照之於
天，亦因是也。」句下，西仲特別指出，此句最是肯綮，是〈齊物論〉本旨。
他說：

> 「不由」，不從也；「照之於天」，鑑之以自然之天則也；「因是」，因
> 其各自爲是，而不參之以己見也。……此句最是肯綮。「因是」兩字。
> 是〈齊物論〉本旨。通篇俱發此義。〔註58〕

〔註56〕《莊子因》，乾隆白雲精舍本，頁 50～51。
〔註57〕《莊子因》，乾隆白雲精舍本，頁 51～52。
〔註58〕《莊子因》，乾隆白雲精舍本，頁 52。

「因是」如何作為無解之解呢？西仲於篇末說明如下：

> 其所不知將奈何？所謂「因是」也，南郭子綦之喪我也盡之矣。以為
> 人心之有是非，本是無中生有，猶風之吹萬不同，忽成無數變態，誰
> 為為之，是地籟也、實天籟矣！人心由知而有言，無論大小，皆其自
> 造，千頭萬緒，乍起乍滅，自所謂真君者，茫不知取，其不至勞神明
> 以終身，俾心與形俱盡而不已。何也？以其有成心也，夫言等之鷇音
> 之過耳！原無有真偽是非於其間也，乃有所蔽，以生儒墨，彼此紛無
> 定見，是未嘗善用其知，即物之彼，是易地以相觀耳！惟「因是」而
> 照之於天，以虛相應，無窮期也。是豈故為強合哉？〔註59〕

西仲以「因是」之法了解，人間是非原是無中生有；以「因是」之法了解，
這一切原是用以遮蔽真君；以「因是」之法了解，人人形神俱盡，而猶不自
覺；以「因是」之法了解，有成心之後所有的言語，就如鷇音之過往，真偽
是非，完全不明；最後以「因是」之法了解，人應照之於天，去看出真正是
是非非中，彼此對峙，其根源與解決之道，在於天。「因是」的顯現，在所有
是非言論中，西仲故言：

> 此言因是之實，在以彼之是非，即為此之是非，而不見有彼之是，
> 與無彼之是也。
>
> 如是則使彼是無有偶對，而我常操其是非之樞紐，以得其循環之用，
> 不落於邊際之偏，於以順應是非之無窮，所謂以明者此已。〔註60〕

於是，運用「因是」的智慧，體察這一切只是妄作，能莫若以明，照之於天，
那麼任何花樣技巧，都不會令人目眩神迷，得其循環往復之樞紐，最後不落
兩邊，且能順應萬端，在無物不然，無物不可中，取得平衡與協調的智慧，
因此西仲言：

> 然無物不可，無物不然，庸眾之中，不必自用，而愈有以得其用，
> 用而通通而得，有不知然而然，此因是之道。〔註61〕

最終「因是」與言之關係，西仲在「是以聖人和之以是非，而休乎天鈞，是
之謂兩行。」下說明如何以「因是」調和是非，以照之於天。

〔註59〕《莊子因》，乾隆白雲精舍本，頁70～71。
〔註60〕《莊子因》，乾隆白雲精舍本，頁52。
〔註61〕見〈齊物論〉：「用也，用也者；通也，通也者；得也，適得而幾矣！因是已
　　　　已，而不知其然謂之道。」句下。《莊子因》，乾隆白雲精舍本，頁54。

> 「和」，調合也。聖人知其如此，故和之以是非，而止乎天然之則，
> 自無不均，可通爲一，故兩行而無分別也，自以指喻指至此，言道
> 本無不通，無容執滯，所以發明因是之故，照之以天者，心之所及，
> 休乎天均者，道之所歸，物論之所以貴齊如此。〔註62〕

故以因是之法，而照之於天，得其環中，以看出人間世之兩行，乃無所分別。不但如此，自己亦不會爲之昏惑，陷入爭端的迷霧中，或爲任何一方，搖旗吶喊，都是不智之舉，冷靜、超然的以因是之法，執兩而用中，取得物與物、人與人、人與物、人與天的自然和諧，彼此共存共榮之道，才是休乎天鈞，是之謂兩行。

（三）如何達化境

對是非之言的爭論，西仲提供了一個很好的解讀方法，以言併入知，以知其所知，解出人心之爲己之私，進而以成心自是，對錯是非，造成各執一方的困惑，再用因是去理解，以照之於天，作爲歸根究底，根本之道。

以上經由此有解之「知」，到無解之「知」，西仲分判清楚之後，最後就是如何將「言」，由「是非之言」，進入「化境」；「知」如何由已知，到達化境，西仲的觀點，在〈齊物論〉評中，說的很清楚：

> 夫無是非，則無言矣！乃吾試思之：即此無是非之言，亦未始非言
> 也。斯言是歟！則與是類。斯言非歟！則與非類。前以人之言，欲
> 易地以相觀者，此以我之言，亦不妨易地以並處矣！顧無是非之言，
> 何言哉？必遡於無言之始矣！尤有進焉，必遡於無無言之始矣！尤
> 有進焉，大小壽夭，天地萬物，無不爲一，然一即爲言，由此相適
> 於無已，是欲齊是非者，反以增是非矣。〔註63〕

西仲分析中認爲，所謂無是非之言的齊一，也就是無言，不就是一開始無言之狀。如今之言你認爲「是」，就成爲「是」；你認爲「非」，也就是「非」，只是以不同角度去觀察思考，才會產生不同的結果。那麼，又何必說呢？溯源至無言之始不就好了？不然，再進一步回歸到無無言的最初狀況就好了。若進入歸根復命，源頭即是大小壽夭，天地萬物，無不是歸根爲一，一就是言，窮究至極，你會赫然發現，原來要齊是非，反而是增加是非，因爲一旦進入道之化境，其實任何語言的是非，都屬多餘的。

〔註62〕《莊子因》，乾隆白雲精舍本，頁 54～55。
〔註63〕《莊子因》，乾隆白雲精舍本，頁 72～73。

　　無論是與非，由於其根源應是在無是無非之境，亦「無無言」之化境，因此西仲進一層說明，這是知之所不知之處。他說：

> 故不如前所謂因是已者，併此無是非之一言，亦可省也。夫不論、不議、不辯，聖人於有言之時，即存無言之用，亦恐生八德之畛耳！然猶有言之迹者存也，大道大辯則不然，雖不道不及，不爲已甚，亦難語於圓盧。古之人知之所以爲至者，亦惟止其所不知者矣。
>
> 於所不知者而能知，則天府也，所以得環中以應無窮者也，於所知而歸之於不知，則葆光也。所以圖滑疑之耀者也，舜之告堯，亦不過此；他如利害死生，付之不知也，則王倪之告齧缺也；君牧人我，不能相知也，則長梧之告瞿鵲也；至於形影相待，而不知所以然；夢覺相疑，而不知所以分，則知之止於不知，漸入化境矣！尚何不齊之物論哉！〔註64〕

到此境界，其實所謂「因是」之法，進入此化境，亦屬贅言，任何議論，都有其區隔與侷限，都是在一個有形跡可尋的範疇，難以描摹出道的境界，唯有止於其所不知，無無言之境，才可以再進一層，所謂所不之而能知，即天府之境，也就是得其環中以應於無窮之道境。

　　西仲再用〈齊物論〉中的例子作解讀，說明如果明白了不知而能知的環中後，無物不然，無物不可，如遇所知之人或事，則告之、歸之；如遇不知之人或事，則含藏葆光，勿多言語；所以如舜與堯的對話，是說明聖人不會向人炫耀之道；如王倪與齧缺之對答，即以不知利害生死說明；如長梧與瞿鵲之對話，是說人與人之間是君是臣，是不能得知的；形與影的相互等待，只是不知所以然；夢與覺的互相疑惑，是不知如何區分，因此能知止於不知，是進入化境，又何必在意物論之不齊呢？

　　因此至此道境，一切皆止於所不知，所以無言，此不言不道之知，可以得環中、應無窮，自然而然注不滿、酌不竭，這眞是道的極至之境。

三、內在生命之覺知

　　一個孤獨的哲學家，對生死有不同於儒家之見地，有一己獨特的體悟，有對周遭生命的感通，如何說？如何解？在〈莊子雜說〉二十六則中，西仲就提出三項說明，其一如下：

〔註64〕《莊子因》，乾隆白雲精舍本，頁73～74。

　　莊子末篇，歷敍道術不與關老並稱，而自爲一家，其曰：「上與造物
　　者游，而下與外死生無終始者爲友。」此種學問，誠所謂不可無一，
　　不可有二者，世人乃以老莊作一樣看過，何也？〔註65〕

此說明顯示，莊子生在戰國亂世，遭人誤解、誤認、毀謗、混淆是必然的，
他的孤獨只有唯一的朋友惠施可以談談，天地之大周圍之人，猶如學鳩鷽鳩，
竊竊私語，刻薄嘲諷，他能向誰說出心中之大鵬之志呢？他如何告訴別人仁
義的桎梏，而不被別人視作離經叛道之徒呢？他如何解出萬象皆虛幻，而不
以形貌取人之真意呢？

　　因此，他只得以寓言、重言、卮言作爲劇本，在他筆下導演出這些腳色，
作他的代言人，作他心事的傾吐。尼采就曾言：

　　我的時代還沒有到來，有的人死後方生。

　　總有一天我會如願以償，這將是很遠的一天，我不能親眼看到了。

　　那時候人們會打開我的書，我會有讀者，我應該爲他們寫作。〔註66〕

一位孤獨的哲學家，總是在當世時受別人誤解，但是懂得他的人，將在後世
重新理解他在那個時代上所具有的特別地位。

　　因此，〈天下〉會以：「上與造物者游，而下與外死生無終始者爲友。」
說明莊子，莊子的特殊性，他的寂寞造就他與造物者之感知，他的特殊思想，
造成知音在百代之後仍然不絕，故他對後世所產生思想上的啓發與影響，豈
是當時的人所能理解。後世讀者如西仲，亦已看到莊子的與眾不同處，其思
想的獨立性與特殊性，是不能以「老莊」一詞一併言之的，應獨立看待莊子。
故〈雜說〉中又繼續說：

　　莊子另是一種學問，當在了生死之原處見之，其曰「遊于物之所不得
　　遁」一句，即「薪盡火傳」之說，爲全部關鍵，老子所謂「長生久視」，
　　則同而異也，孔子所謂：「未知生，焉知死」，則異而同也。〔註67〕

此處《莊子》所談的是人生根本的源頭，生死之處作一個深入的探討，與老子
所謂「長生久視」之道，看起來相同，但《莊子》的著眼點，並非只在於生命

〔註65〕《莊子因》，乾隆白雲精舍本，頁 15～16。
〔註66〕第一句出自《尼采選集》，1978 年慕尼黑版，第二卷，第 429 頁。第二句轉引
　　　　自伽列維：《尼采的生平》，1911 年俄文版，第 273～274 頁。見周國平《在世
　　　　紀的轉折點上──尼采》，上海人民出版社，1986 年 7 月第一版，2003 年 4
　　　　月第 11 刷。
〔註67〕《莊子因》，乾隆白雲精舍本，頁 16。

軀體的壽夭，而在生命本源的探究，方生方死、不死不生的了解，這與孔子「未知生，焉知死」看似不同，卻對生命本源上，因生命的短暫，生死緣由一概不知，故生命意義在全形以養真，以其所知，養其所不知，此義是相通的。

而且，西仲認為《莊子》對生死源頭的體悟，是薪盡火傳，綿延不絕的，這從他所言〈大宗師〉中：「故聖人將遊於物之所不得遯而皆存」看出莊子的死生觀是變化無窮，雖有人形，卻也不可能行諸永久。西仲解釋說：

> 稟人之形者，亦偶然耳。如人之形，若胎卵濕化，能飛走者，正復
> 變化無窮。何所往而不可，何所往而不樂哉！此形雖變，而真者未
> 嘗變，所以遊於物之所不得遯也。若佛門輪迴之說，必求証果，反
> 多所執著矣！〔註68〕

西仲閱讀出莊子生死觀，與老子、孔子皆不同，他以「遊於物之所不得遯而皆存」證明，莊子是有近於佛家卵生、胎生、濕生、化生的變化之說，確又不執著於物相的解釋，是其特殊性。又說明：

> 莊子大旨說外死生、輕仁義、黜聰明，詞若不殊，而其每篇立意，
> 卻又不一，當于同處而求其異，當於分處而求其合，自有得於語言
> 文字之外，若草草讀過，便是不曾讀。〔註69〕

此段意義在於，西仲已經發現莊子為文的習慣與方式，與一般人並不相同，他雖宗旨相同，但分諸許多章節，西仲就以「知止於所知，以養其所不知」去貫通莊子其他篇章中，所有死生是非之困擾，因此西仲提出自己的解讀方法是：

> 至其文中之理，理中之文，知其解者，旦暮遇之也。〔註70〕

> 惟先求其本旨，次觀其段落，又次尋其眼目、照應之所在，亦不難
> 曉。〔註71〕

他以文理予以解套，以掌握莊子大旨，是外死生、輕仁義、黜聰明，而推究各個篇章立意不同之處，一般讀者往往會引喻失義，草草讀過，未解其同中有異，分處求合的言外之意，西仲特別告知一般讀者應該細心體會的。

（一）死生是什麼

《莊子》對於生死，一向視之如白天黑夜般自然，猶如此扇門轉入另一

〔註68〕《莊子因》，乾隆白雲精舍本，頁140～141。
〔註69〕《莊子因》，乾隆白雲精舍本，頁21。
〔註70〕《莊子因》，乾隆白雲精舍本，頁22。
〔註71〕《莊子因》，乾隆白雲精舍本，頁19～20。

扇門般容易，在他筆下，生死猶如四時寒暑更替般自然，莊子在〈大宗師〉
即言：

> 死生，命也，其有夜旦之常，天也。人之有所不得與，皆物之情也。
> 彼特以天爲父，而身猶愛之，而況其卓乎！人特以有君爲愈乎己，
> 而身猶死之。而況其真乎！〔註72〕

死生猶夜旦，此理是命中注定的，也是猶如自然界日夜遞換，人是絲毫不得
干預與改變的。莊子希望人真正能體悟的是道，在生死這一關，要學會看得
開、解得透，能從此處了脫。因此〈知北遊〉說：「生也死之徒，死也生之始，
孰知其紀！人之生，氣之聚也。聚則爲生，散則爲死。若死生爲徒，吾又何
患？」西仲說明爲：

> 人之最易起分別者，莫如生死不知，生死亦任其自然，出入於造化
> 之機也。故方生方死，方死方生，孰知其綱維是乎？大約盈盈天地
> 間，只是渾芒一氣，以息相吹，或聚或散，頓成生死異觀。如佛家
> 所謂四大假合，死而復散之說也，若不以生死爲異，更相爲始，則
> 未知孰死孰生，俱是聚也，俱是散也，又何患焉！〔註73〕

既然生死一氣，死生自然，皆出於造化之機，人若不以生死爲異，在方生方
死，方死方生之間，更相交替，如此生死聚散，本是自然而然，但是生與死
之間，究竟如何形成？生之前是什麼？死之後有什麼？生死之間又有什麼？
西仲在〈雜說〉中已提出莊子言〈大宗師〉中：「故聖人將遊於物之所不得遯
而皆存」之句中，已然有生命存焉，而變化不已之義。

　　《莊子》又在〈田子方〉中，藉由老聃與孔子的對話，點出遊心於物之
端，是指萬物初始，二氣交感，是人生命之源頭：

> 老聃曰：「吾遊心於物之初。」
>
> 孔子曰：「何謂邪？」
>
> 曰：「心困而不能知，口辟而不能言，嘗爲汝議乎其將。至陰肅肅，
> 至陽赫赫，肅肅出乎天，赫赫發乎地，兩者交通成和而物生焉。或
> 爲之紀，而莫見其形。消息滿虛，一晦一明，日改月化，日有所爲，
> 而莫見其功，生有所乎萌，死有所乎歸，始終相反乎無端，而莫知
> 乎其所窮。非是也，且孰爲之宗？」

〔註72〕《莊子因》，乾隆白雲精舍本，頁139。
〔註73〕《莊子因》，乾隆白雲精舍本，頁421。

孔子曰：「請問遊是？」

老聃曰：「夫得是，至美至樂也。得至美而遊乎至樂，謂之至人。」

〔註74〕

生命由此陰陽相交通，而萬物生焉之後，如何成形？如何盈虛無端？如何變化無窮？誰能知？誰能解？誰又是這一切的主宰呢？

這些疑問，西仲在〈大宗師〉篇末評中，作了一番討論，他先將生與死之前後關係，作解釋：

夫知之所不知，則方生方死之時也；

而知之所知，則有生之後，未死之前也，思有以養之似矣！

但以有生之後，未死之前，而爲之；必待於方生方死之時，而驗之。

若未至乎其期，則天與人之故，尚未有宰，此知之難也，乃眞人眞知無慮此矣！〔註75〕

他先說明，人之成形，在方生方死之時，是一般人的知能，所無法得知的；人只能在有生命之後，未死之前，這一段時間知其所知，亦養其所不知，又要努力作爲，實踐自己所已知的部分；最後又要在生命的結束，方生方死之時，作一番檢驗。如果在生命未完成，也未努力實踐之時，此時天與人之間，尚未形成眞宰，就祈求得知其所不知的天府道境，這是知所難以達成的，但是具有眞人、眞知的人，卻不會憂慮這一點。

一般凡夫俗子，總欲速得效果，速知結果，汲汲營營，不知心之已芒，西仲繼續說明，何以眞人會處之泰然：

眞人之處境也，其窮通成敗，得失安危，爲事之變者，皆其心之所忘焉，此知在，而道在故也。眞人之居身也，其寢覺食息，爲事之常者，皆其心之所忘焉。蓋天機嗜慾之異乎人如此，及進而考其宅心也：

於方生方死之時，無所分焉；

於既生之後，未死之前，無所係焉；

是心也，道也，天也，人也，一而已矣！

眞人之所以爲知，所以爲養者，非以其心之忘哉！唯其心忘矣，即推而出之，由心及身，由身及世，通時宜物，豈有外焉。

〔註74〕《莊子因》，乾隆白雲精舍本，頁404～406。

〔註75〕《莊子因》，乾隆白雲精舍本，頁158。

故心之未忘，則大業每坐有心之弊，而不足稱，

心之能忘，則推行自多兼濟之功，而成其美，

此真人之心，於世無偏用者，其於天、於人，亦無偏勝矣！真人之

爲真知如此。夫然後而死生之故，始可得而詳言也。〔註76〕

西仲以真人行事作風，一任自然，無所分，無所繫，得失安危，如〈讓王〉
言：「古之得道者，窮亦樂，通亦樂，所樂非窮通也。道德於此，則窮通爲寒
暑風雨之序矣！」〔註77〕來說明其天機深，則一切一如平常，此心，是道、
是天、是人，一體合成，其爲道之體矣！

　　這裡西仲已爲吾人說明，方生方死之初，與方生方死之末，都是人所不
可知，不可解的，聖人遊於物之後，即知物之始，原是寓存其形於其間的，
生死造化是不斷變遷的，因此，西仲於〈大宗師〉評曰：

夫死生猶夜旦，勢何必及命也，人所不得而主也，此知之所不知也。

然知之所知者，則有親於父焉，尊於君焉，卓也、真也，又天所不
得而主也，所以貴於養也。而養之又豈有他術哉，仍以其心之忘者，
用之矣。

何也？蓋形生老死，人所同然，雖善於藏者，亦不免於遯，人知人
之形不易得，而不知如人之形者未有窮，惟藏於物之所不得遯，則
無有遯焉者矣。此爲之於有生之後，未死之前，而可驗之於方生方
死之時者也。豈猶善天、善老、善始、善終者，徒以善其形爲養哉！

若是所謂道也。聖人之遊以此，不惟以道本無遯，亦以得道者不一，

人從未始有遯也，然而得此豈易言哉！〔註78〕

此處西仲就理出一個他的生死觀是：死生既是如夜旦，就應如命般無可奈何，
是人知之所不知者；但於知之所知處，如同道在天地之間一般明顯，如父如
君，卓然真實，所以人應貴於養之，又要用心忘之法存養之；因爲人僅知形
貌之產生，是不容易，卻不知形貌是會隨著生命的存在而無窮盡，藏於萬物
而不得遯，只有一旦壽命已盡，才能驗證其所養其不可知者，究竟是何。因
此一個人，首要之事，不在徒勞於尋得不知之究竟，而應善於善形、善始、

〔註76〕 《莊子因》，乾隆白雲精舍本，頁 158～160；此處採用《標註莊子因》之斷句，
　　　　頁 172～173，見第六章注解。
〔註77〕 《莊子因》，乾隆白雲精舍，頁 572。
〔註78〕 《莊子因》，乾隆白雲精舍本，頁 160～161。

善終、善老、善天，這才是所謂的道之意義，不但道無所遯，且亦從未有遯，雖然不同的人去行道，也許得到看似不同的道，但終極處，是全然相同的。

（二）如何解惑

由上所述，西仲把生死之道點明，以所知養不知，重生之意義，因而〈大宗師〉：「夫大塊載我以形，勞我以生，佚我以老，息我以死，故善吾生者，乃所以善吾死也。」西仲在此言：

> 生死原非二理，生者如此，則死者可知，何不可兩忘乎？〔註79〕

生死若兩忘，且能以忘入道體，以忘入道境，人雖存乎此世界、宇宙、空間之中，內在的世界卻能由心所造，將萬事萬物以理看待，而外在的環境無論如何紊亂，亦神色自若，寧靜自得。但是談之容易，真正面對生死大事時，如何能解？如何看開呢？首先是以其所知，作生死之源的了悟，應是第一步驟，西仲在〈列禦寇〉：「達生之情者傀，達於知者肖，達大命者隨，達小命者遭」提出：

> 「達於知」，則能踐形惟肖矣！「遭」，猶有委命之意，有則無容心矣！故有大小之別。達生是了悟生死之原，達命是安遇無求之義，兩者略有不同，不可不知。達生、達知、達命三者，又是府之好處。
> 〔註80〕

人若能達生、達知、達命，是了悟生死之源，也是能在世間覓得豁達的要訣，這第一步的解惑，才能入乎世而無礙於世。

得其達知、達生、達命之後，西仲在歸納〈至樂〉之篇章要旨時，就提出以「知至樂」為「活身之術」，在知止於所不知上，提出一個方向，並說明對生死的態度，見〈至樂〉評曰：

> 天下所貴而不可必得者至樂，活身是矣！顧俗以富貴壽善為尊，以貧賤夭惡為下，誙誙然以求之，大約為形起見，而究不足以為形謀，是其所為樂者，皆所為苦也。就知至樂活身之術，以無為而始存，蓋無為而無不為，天地之化也，人亦當順其自然，任其死生變化，而不必有所動於中，則無為之道，長樂長存胥以此矣。〔註81〕

藉由討論《莊子》篇章，西仲因此衍創了自己的見解，他以「至樂活身之術」

〔註79〕 《莊子因》，乾隆白雲精舍本，頁140。
〔註80〕 《莊子因》，乾隆白雲精舍本，頁577。
〔註81〕 《莊子因》，乾隆白雲精舍本，頁353。

點出生命眞正無爲之道的意義與方向，生死一體，名異而實同，但所謂進入道體，其意義西仲則認爲：生死有根有門，雖無形不見，但確是存在的，可以稱爲人的眞主宰，但是如何解惑呢？當知「知之所不知者，人必恃有此而後知也。」此方法可以開啓對生死之謎的理解，如何作到知之所不知：則在於尋求「至樂活身之術」，其態度是：無爲而無不爲，生活應順其自然，任其死生變化，而不必有所動於中，這才是眞正的無爲之道，眞正的快樂，西仲稱之「長樂」即存於此矣。

既是生死原屬自然，進出於天門之間，生命存在的價值即在於不斷的在知中學習、深入，探求無限的不可知，故而人何須過於在意有限的富貴壽夭，應是忘形去知，走入無爲而無不爲的無形的生命意義的延長，跨出感官享樂之樂，如〈至樂〉所言：

> 今俗之所爲，與其所樂，吾又未知樂之果樂邪，果不樂邪？吾觀夫俗之所樂，舉群趣者，誙誙然如將不得已，而皆曰樂者，吾未之樂也，亦未之不樂也。果有樂無有哉？吾以無爲誠樂矣，又俗之所大苦也。故曰：「至樂無樂，至譽無譽。」〔註82〕

如何作到「至樂無樂，至譽無譽」呢？西仲在〈天地〉：「有治在人，忘乎物，忘乎天，其名爲忘己，忘己之人，是之謂入於天」西仲解之：

> 有自治者在人，當因之而已，忘乎物又忘乎物所從出之天，則忘之至矣！此所謂忘己也。入于天者無我無人，渾然與天爲一也。〔註83〕

西仲又在〈至樂〉評中，提出「忘」之法，以「忘人之死」「忘己之死」「併忘乎齊等」最後「併忘乎生死之名」以達到無爲之道，其言：

> 故有形而變，等之於四時，鼓盆不哭，所以忘乎人之死也；觀化而及，視之爲晝夜，柳生無惡，所以忘乎己之死也；猶未也，生爲人間之勞，死爲南面之樂，髑髏之夢，則有生不如死者焉！是併忘乎齊等之說矣！猶未也，萬物皆出於機，皆入於機，列子之見，則又有未嘗死，未嘗生者焉！是併忘乎生死之名矣！此皆能得乎無爲之道，以成其至樂活身之術者，豈俗之所能識哉！〔註84〕

西仲以〈至樂〉篇中之例子，說明如何對生死看破之法，他以「忘」爲解，

〔註82〕《莊子因》，乾隆白雲精舍本，頁344～345。
〔註83〕《莊子因》，乾隆白雲精舍本，頁243。
〔註84〕《莊子因》，乾隆白雲精舍本，頁353～354。

說明莊子鼓盆而歌，是「忘乎人之死」，把壽命的界線劃破，看到無限的生命上；把滑介叔在左臂長一個瘤，視作自己生命死生的變化，以「生者，假借也，假之而生；生者，塵垢也」〔註85〕的想法，是「忘乎己之死」；把髑髏之夢所言，生爲人間之勞，死爲南面之樂，對現實生活有生不如死之感，看成「併忘乎齊等」的看法；但是西仲自言此皆「猶未也」，最後應作到「有未嘗死，未嘗生者」之境界，是「併忘乎生死之名」，如此才能「得乎無爲之道，以成其至樂活身之術者」，說到此處，西仲自得的說：「豈俗之所能識哉！」看出此論點是西仲獨到的見解。

（二）死生兩忘

生死在生命一始一終之兩端，看似相反，實則相成，看似二理，實則一體，是方生方死之始，亦是方生方死之終，人之所不知者，即在此間所成就的，才是在方生方始之後，得以知之，得以驗證，因此達生、安命、求至樂之活術，忘己而成至譽無譽之人生境界，此是和諧的生命關照。

最後西仲提出，歸本溯源，仍因之以道體，才是對忘物、忘人、忘生、忘死之後，入於天之境，西仲在〈知北遊〉評中，談及生死之究竟時亦說：

> 夫道本一也，聚散生死，氣之適然，臭腐神奇，由人所命，無爲而歸根，所以貴一也。知也，狂屈也、黃帝也，見皆及此，而不能無辯者，則有知不如無知，有言不如無言也。〔註86〕

西仲以聚散生死，氣之適然，說明道由此組成，在天地有物混成，先天地生的情況下，渾然之陰陽兩氣相合相化，此爲道之源頭，本來就是無爲而歸根、不知不言、生死合一之境。

在〈知北遊〉中，仲尼言：「不以生生死，不以死死生。死生有待邪？皆有所一體。」加以解釋，何謂死生一體，他說：

> 即以人之生死言之，所謂不死不生之鄉是也。人之未生，叫不得做死，不以生而生其死；人之既死，未必遂無生，不以死而死其生，死生其來無跡，其往無崖，豈必有所待，而各成其爲體，皆道之物，物從無而之有也。〔註87〕

又在〈知北遊〉評，進一層加強此生死總爲一體的觀點：

〔註85〕《莊子因》，乾隆白雲精舍本，頁347。
〔註86〕《莊子因》，乾隆白雲精舍本，頁443。
〔註87〕《莊子因》，乾隆白雲精舍本，頁439。

大抵道先天地而生，物物而非物，無古無今，無始無終，生死死生，
總爲一體。言有言無，俱屬邊見，體道者，惟外化而內不化。〔註88〕

生死不但合一，而且生生死死，循環不已，因而〈田子方〉：「消息滿虛」段
末西仲云：

成和物生之後，祇見造化運動推遷，似日有所爲，而所爲之功，卒
不可見。……生死所出入之機，與生死相循環之用，所謂無極之眞，
故爲物之和也。〔註89〕

生死循環反覆，遊於形而無所遯，死生生死，本爲一體，又何須對成毀之有
形世界，作過多的區分與繫掛，求諸己而忘於己，日有所功，雖外人不可見，
但是出乎機，又入乎機，此成就自己無極之眞，又成爲萬物之和，這才是入
於大宗師之生死之道的極至。

故以萬物爲客體，以心爲主體，藉由知止其所不知，以看出生命現象是：
成之毀之，常變換莫測，最終通而爲一，有形也罷，無形也好，出入生死之
門，其實只是與道合體，猶如小河進入大海般，走到廣漠無邊之境，走到未
始有無、無有、無無之道境。西仲即於〈庚桑楚〉評：

故論其理之必然，則天光發，斯有天助人舍，而境既由心而造，論
其數之或然，雖萬惡至，以爲皆天非人，而心總不由境而加，知止
其所不知，道盡矣！豈若不券內而券外，昧乎人誅鬼誅之戒者哉！
雖然，道之止於所不知者，何也？蓋道本無可知者也，成毀常通，
無形可見，出入生死，由乎天門，此深眇之極。自非聖人，鮮克藏
於無有一無有之中，與道合體者矣。〔註90〕

由生死兩忘，到與道合體，西仲已將生死推至最高境界。因此，在〈庚桑楚〉：
「道通，其分也，其成也毀也。」段中「故出而不反，見其鬼；出而得，是
謂得死，滅而有實，鬼之一也。」下西仲注曰：

故生死之道本相通也，若各有其備，如人之生不能反乎所未嘗生，
雖生亦見其爲鬼矣！何者？以生而得是不反之道，勢必至於胃（羅）
〔註91〕挂輪網，永失眞性，直謂得死道可也。若乃既死而有不亡者

〔註88〕《莊子因》，乾隆白雲精舍本，頁445。

〔註89〕《莊子因》，乾隆白雲精舍本，頁405～406。

〔註90〕《莊子因》，乾隆白雲精舍本，頁472～473。

〔註91〕「胃」爲《莊子因》，（乾隆白雲精舍本，頁462）上所記載之字；「羅」爲《標
註莊子因》（頁462）上所記之字。

存，是其鬼之能通成毀而爲一，故能劫外獨存也。〔註92〕

惟以有形之物理，取則於無形之造化，是出而知反，而人事定矣！

此段言道體無常，以無形爲極，末一句是結穴。〔註93〕

人若能無法悟得此義，則生猶死矣，生死雖是有形之物理，其最終是進入無形之造化，一個人，若無法體道悟道，則永失眞性，只能說得其死道而已了！

因此西仲最後歸納莊子對生死的看待，在〈至樂〉：「髑髏深矉蹙頟曰：吾安能棄南面王樂，而復爲人間之勞乎？」下面說明是：

此段齊生死之意，當看得活動。《淮南子》曰：「始吾未生之時，焉知生之樂也；今吾未死。又焉知死之不樂也。」即此意。若說莊子有厭生歆死之心，便是癡人說夢矣。〔註94〕

對莊子生死觀，西仲能以生死一體歸諸於道，把莊子其生死之義，說得如此入世而又超世，且駁斥前人所謂莊子是「厭生歆死」，西仲的確有其一己之看法。

西仲能解出「以其所知養其所不知」與「忘」之法解開生死疑惑之法，最後尋求「至樂之活身之術」作以其所知的追尋方向，確實是有一己之見地。

第三節　創造者之虛靜無爲

西仲對《莊子》全書之要旨，提出「明道德、輕仁義、一死生，齊是非，虛靜恬澹，寂寞無爲」六項，除了對社會價値中仁義的批判，個人道德的嚮往，到對週遭人群是非之說的齊一，與對生命意義的覺醒，西仲都提出了自己的一些論點，本節進一步說明「虛靜恬澹，寂寞無爲」的要旨。

在虛靜恬澹與寂寞無爲上，可以看出，西仲對《莊子》一書，能有如此神奇工妙之奇文、至文，提出了他的觀點，若是創造者沒有壹虛而靜的心態，加上外在環境的孤獨與寂寞，是無法迸發出創造的勇氣與意志來的。

無論藝術的創造者，生命意義的創生，科學新知的創見，往往在於能傾聽自己內在的悸動與感情，當外在環境不允許或不接納他的理念時，他會把全副的精神放入自己的創造中，不具有任何目的性的，只爲創造而創造，呈

〔註92〕《莊子因》，乾隆白雲精舍本，頁 462～463；《標註莊子因》，頁 461～462。
〔註93〕《莊子因》，乾隆白雲精舍本，頁 462～463。
〔註94〕《莊子因》，乾隆白雲精舍本，頁 349。

現真正創造之主體：虛靜無爲，即是：

> 藝術家不是具有明顯意圖的道德家，他所關心的只是如何傾聽及表
> 達自己生命內部的景觀。〔註95〕

生命內部景觀的再現，此創生力的產生，往往根據創造者本身已具有的天賦，
加上所從事的領域或學門，再由於外在環境予以創造者的評斷或刺激，都會
激發創作心靈的產生，〔註96〕因此虛靜恬澹，寂寞無爲這兩者，會予以創造
者心靈與環境的激盪，產生創造力。

一、創造者之空間意識

《莊子》書中藉由虛靜恬澹，寂寞無爲之描述，西仲爲讀者解讀出，在
何種空間狀態下，才能體現自然之意義，而進入道體之藝術創作之主體。在
〈天道〉評曰：

> 無爲者，天地之德所以有爲也。故帝道聖道動而有功，莫不本於其
> 靜。蓋以靜則能明，爲天地萬物之所歸照，則措之於事而有成，藏
> 之於心而自適者，亦惟虛靜恬淡，寂寞無爲焉盡之矣！
>
> 是道也，毋論帝王聖人之所休，即凡爲君爲臣，處上處下，退居撫
> 世，無不以此而得其咸宜之用。所謂天地之德也，是所貴乎明之者
> 矣，明之則有獨得其本宗，以與天爲徒；有以獨施其均調，以與人
> 爲徒；天樂、人樂，所由交萃也，乃人樂則本於天樂，惟知天樂者，
> 自有以推於天地，通於萬物，而人樂可不必再計矣！豈非以天地爲
> 宗，以道德爲主，以無爲爲常之明驗哉！夫無爲固所尚矣，然有無
> 爲而用天下，即有有爲而爲天下用。其間上下之道，又各有不易也。
>
> 故君之王天下者，不自用而用人。〔註97〕

有對天地之德的感受，而產生：「無爲者，天地之德所以有爲也」的覺知，對
外在空間的體悟，進而以「無爲」當作天地之德的凝聚，進而在自己的意識
上，成爲有爲的本然之狀態，由一種靜態幽冥之狀，而後產生光明的曙光，
之後能照見萬物，把自己的理念，行諸於事，而事事可成，藏諸於心，則心

〔註95〕見美・羅洛・梅（Rollo May）著，傅佩榮譯，《創造的勇氣》，頁22，臺北：
　　　　立緒出版社，2001年。

〔註96〕參考 Howard Gardner 著，林佩芝譯，《創造心靈》，頁57〜58，臺北：牛頓出
　　　　版社，民國86年6月初版。

〔註97〕《莊子因》，乾隆白雲精舍本，頁277〜278。

中泰然自若，如此才是發揮了「虛靜恬淡，寂寞無爲」予以心靈空間產生極大的境界感受。

這種創造的空間意識，看似無爲、無所用，但是上至帝王聖人，下至退隱江湖之士，都能由無爲中得到人間之樂與自然之樂，並以此無爲面對天下人，反而易爲天下人所接受，可感通萬物，又將自己的體驗，推及於天地之間，這是一種無心而任自然的境界，也是創造之最高境界。

這種自然之宇宙空間，又需與知相結合，才有意義，才會散發出創造者智慧之光，因此西仲又以：「恬者，無爲自然之義」，以「恬」說明此無爲自然之義之功效。在〈繕性〉：「古之治道者，以恬養知；生而無以知爲也，謂之以知養恬，知與恬交相養，而和理出其性。夫德，和也；道，理也。」〔註98〕下，西仲言到：

> 「知」，覺性也；「恬」者，無爲自然之義。不以俗學障之，俗思亂之，
> 則一定之中，自能生慧矣！然其知之生也，亦任其自知而不以知爲
> 事，則雖知無傷於恬之本然，故曰「以知養恬」。此三語通篇之綱。
> 用「知」則不能「恬」，無以知爲，則恬者常自恬矣！即恬之時知在
> 恬，即知之時恬在知，知爲恬交相養而和理出其性，和即德也，理
> 即道也。〔註99〕

具有「知」、「恬」交相養的環境與空間，以定養慧，如此會給予創造者有知性的覺醒，與外在自然、虛靜、寂寞的空間環境之下，自然會激盪出創造的勇氣與展現出各人的特質。

二、創造力之儲備涵泳

一位創造者，沒有醞釀、儲存一些能力、力量，是無法產生創造力的，猶如水擊三千里，去以六月息，如何能讓大鵬鳥搏扶搖而上者九萬里呢？因此下面說明，一個創造者所需儲備與訓練者，一是西仲所稱的「藏神」，如〈達生〉：「聖人藏於天，故莫之能傷也。」下面註解：

> 藏於天，藏其神於無情之天也。上言守氣，此言藏神，藏神所以守
> 也。《胎息經》云：「神行則氣行。神住則氣住。」〔註100〕皆本於此。

〔註98〕《莊子因》，乾隆白雲精舍本，頁311。
〔註99〕《莊子因》，乾隆白雲精舍本，頁311。
〔註100〕見《文淵閣四庫全書》子部，道家類《雲笈七籤》，卷六十：「胎從伏氣中結，氣從有胎中息，氣入身來爲之生，神氣離形爲之死，知神氣可以長生，固守

〔註101〕
如此藏神守氣之狀，又如〈達生〉：「紀渻子爲王養鬪雞。」中雞雖鳴而不聞
其聲，望似呆若木雞，其形有如槁木，西仲說明：「此以爲藏神守氣之喻。」
〔註102〕都是讓一個創造者，在能量全部蓄積到一定的程度，然後展現的前置
性活動。

　　藏神則能稟氣凝神，用志於一，神凝氣虛，故能技進於道，〈達生〉：「仲
尼適楚，出於林中，見痀僂者承蜩，猶掇之也。」孔子對弟子言：「用志不分，
乃凝於神，其痀僂丈人之謂乎！」

　　　　用志於嵩一，則神凝定而不擾，此所以爲有道也。此段言藏神之用。

〔註103〕
藏神到一定的程度，創作者在充滿創造力的直覺與想像力時，自然能將周遭
一切，用最專注最寧靜的心態去觀察、去想像，進入創作之道體狀況。〔註104〕
〈在宥〉中，廣成子與黃帝第二次對話中，言及至道之極說：

　　　　至道之精，窈窈冥冥；至道之極，昏昏默默。無視無聽，抱神以靜，
　　　　形將自正。必靜必清，無勞女形，無搖女精，乃可以長生。目無所
　　　　見，耳無所聞，心無所知，女神將守形。形乃長生。〔註105〕

這種創造境界的產生，顯現了至道無形的特徵之外，創造力源源不絕的產生，
即所謂玄之又玄，眾妙之門之創發，經此抱神以靜的狀態下，展現出來，西
仲在此提出他的看法：

　　　　神爲形之主，無視無聽，所以抱神以靜也。神靜則形自正矣，形正
　　　　則必靜必情，形不勞而精不搖，長生之理，豈有外焉，此言入道之
　　　　法。〈大道歌〉云：「神一出便收來，神返身中氣自回，如此朝朝并
　　　　暮暮，自然赤子結靈胎。」〔註106〕蓋本於此。〔註107〕

　　　　虛無以養神氣：神行即氣行，神住即氣住，若欲長生，神氣相注，心不動念，
　　　　無來無去，不出不入，自然常住。」
〔註101〕《莊子因》，乾隆白雲精舍本，頁361。
〔註102〕《莊子因》，乾隆白雲精舍本，頁369。
〔註103〕《莊子因》，乾隆白雲精舍本，頁362。
〔註104〕參見日・湯川秀樹著，周林東譯，《創造力與直覺》，頁55，河北：科學技術
　　　　出版社，2000年9月出版。
〔註105〕《莊子因》乾隆白雲精舍本，頁215。
〔註106〕見《文淵四庫全書》子部・雜家類・雜品之屬《遵生八牋》，卷一，〈大道歌〉
　　　　曰：「大道不遠在身中，萬物皆空性不空，性若不空和氣住，氣歸元海壽無窮；

－294－

創造者形體的寧靜，感情的充沛，精、氣、神到達收放自如的境界，自然就有如源頭活水般的創造力。

　　作為藝術之創造者，除了要有壹虛而靜，稟氣凝神的專注力外，更需有感通外在，虛己以納萬端的心齋工夫，如〈達生〉：「梓慶削木為鐻。」一段，即需齋以靜心，由齋戒三日忘獎賞爵祿；齋戒五日，不敢存想毀譽巧拙；齋戒七日，忘了自己還有身體四肢，才開始專注為之。

　　因此在〈人間世〉中，《莊子》最著名的心齋大法，由孔子之口說出，原文如下：

　　　　回曰：「敢問心齋。」仲尼曰：「若一志，無聽之以耳，而聽之以心；
　　　　無聽之以心，而聽之以氣。聽止於耳，心止於符。氣也者虛而待物
　　　　者也。唯道集虛。虛者。心齋也。」〔註108〕

西仲在此，就點出一至虛之境，是精神獨往於天地之間，與萬物冥合同體，由己推諸於人的感通能力。西仲說：

　　　　這個道理莫說無以進，即有而為之，豈是易事，若謂容易，終未免
　　　　落於人為，不離端勉，與自然之天，則了不相合矣。……聽止心
　　　　止之後，則氣獨往獨來於吾身，不受一物矣。惟不受一物，方能不
　　　　將、不迎而待物，與太虛同體。……巳上實發不雜、不多之道，欲
　　　　達人心，先理會自己之心，欲達人氣，先理會自己之氣，所謂至人
　　　　先存諸己，而後存諸人者，此也。〔註109〕

　　若無此忘諸外在一切的毀譽、利祿，尋得內在世界的覺知與感通，藉由離形去知，以進入道體，如何能創發一切呢？因而西仲在〈達生〉評中亦曰：

　　　　梓慶所以削鐻疑神也。不然，世累無窮以形精，役役於其間，鮮不
　　　　為東野稷之馬，鉤百以取敗耳！又安望其如工倕指與物化，靈臺一
　　　　而不桎，以機於忘適之適邪！譆！此至人之行也，非至人不足以語
　　　　此。〔註110〕

　　　　欲得身中神不出，莫向靈臺留一物，物在心中神不清，耗散真精損筋骨；神
　　　　御氣兮氣留形，不須藥物自長生，術則易知訣難遇，總然遇了不專行；所以
　　　　千人萬人學，畢竟終無一箇成，神若出兮便收來，神返身中氣自回，如此朝
　　　　朝并暮暮，自然赤子產靈胎。」按：西仲最後一句是「結」靈胎。

〔註107〕《莊子因》，乾隆白雲精舍本，頁215。
〔註108〕《莊子因》，乾隆白雲精舍本，頁92～93。
〔註109〕《莊子因》，乾隆白雲精舍本，頁92～93。
〔註110〕《莊子因》，乾隆白雲精舍本，頁376。

稟氣凝神，心靜氣全，才能全神灌注，忘卻外在世界之滑亂無緒，而進入到創造的主體上來，因其所創之物，而全力以赴，這才是創造的本源，是不離自然之道的，這才是至人的行為啊！更是一個創造者所需學習涵詠的境界啊！

三、創造力之個人展現

創造力是一種生存於世間的智慧，它毋須為任何人服務，它可以是一個人自我生活上，智慧風格之展現，依個人而言，《莊子》所描述的「無為」，應是無所為而為，如〈逍遙遊〉之「今子有大樹，患其無用，何不樹之於無何有之鄉，廣莫之野，彷徨乎無為其側，逍遙乎寢臥其下。」一種無目的性的狀態，因而「芒然徬徨乎塵垢之外，逍遙乎無為之業。」是人生之大業，是生命存有的最高境界。

因此，在此無為之狀態下，能容攝乎道體而又悠遊自在，所以〈大宗師〉說：

> 夫道，有情有信，無為無形；可傳而不可受，可得而不可見；自本自根，未有天地，自古以固存；神鬼神帝，生天生地；在太極之先而不為高，在六極之下而不為深，先天地生而不為久，長於上古而不為老。〔註111〕

西仲對「無為」，亦補充說明為：「無為之業，不為乎世俗也。」〔註112〕是一種無營利、無目的，不為功利服務的人生志業；而且「無為」，又是一種至虛的狀態，在〈應帝王〉中描述：

> 無為名尸，無為謀府；無為事任，無為知主。體盡無窮，而遊無朕；盡其所受乎天，而無見得，亦虛而已，至人之用心若鏡，不將不逆，〔註113〕應而不藏，故能勝物而不傷。〔註114〕

此段西仲說明其至虛之境的狀況：

> 無為而無不為，故眾美交集於至虛之中，非禁止之詞也。…未為之先，體盡天下之紛紜，而惟置心於寂靜。…既為之後，不過盡其天

〔註111〕《莊子因》，乾隆白雲精舍本，頁141。

〔註112〕〈大宗師〉：「芒然彷徨乎塵垢之外，逍遙乎無為之業。」下。《莊子因》，乾隆白雲精舍本，頁150。

〔註113〕近人所注如，《新譯莊子讀本》、《莊子今注今譯》、《傅佩榮解讀莊子》此處皆「不將不迎」，迎與逆，其義實同。

〔註114〕《莊子因》，乾隆白雲精舍本，頁174。

理之所固有，亦不自見其所得。〔註115〕

一切世俗的紛紛擾擾，在此無爲風格之下，顯得渺小，因爲無爲而無不爲，是一種至虛之美，不自以爲得，行其所當行之理，其最終目的，只在於無爲而歸根，只是一種可以全形，可以保眞，可以進入到不知不言之化境，因此西仲在〈知北遊〉評云：

知之即多此一知，言之即多此一言也，故體道者，惟無爲而歸根，
以進於不知不言之境而已矣！〔註116〕

這種無爲而無不爲，歸根於道的用身之術，即《莊子》所謂衛生之經，能藏身於深眇之境，而無所傷害，行乎所當行，止於所不得不止，不管你稱他作至人、眞人、神人、天人、全人，其所至之道境其實相同。因此在〈徐無鬼〉：「故無所甚親，無所甚疎，抱德煬和以順天下，此謂眞人」西仲言道：

惟無心於天下，而無所親疎，抱德養和，以任天下之來去，得以全
吾之眞，故曰眞人。眞人、神人，無二義也。眞者，言其無假；神
者。，言其不測。〔註117〕

西仲又在〈庚桑楚〉評中又說及，若能體會道之衛生之經，而藏身於深眇之境者，無爲而無所不爲，止於所不知，動乎不得已者，是達到聖人、至人、全人、天人等最重要之方法，曰：

大道所以衛生，而藏身深眇是也。故在外則爲人物利害之不攖，在
內則爲生死出入之無有。所謂無爲而不爲者此矣，止乎所不知，動
以不得已，無二義也，聖人、至人、全人、天人，無二教也，此老
聃之旨也。〔註118〕

能無爲者，其創造力的煥發，已然能眞正行乎人間之世，又不爲外在是非評論之影響，也不至於扭曲自己的本眞，任何事以能合乎自己之眞性情，合德合天以進道體，才是眞正虛靜恬淡，寂寞無爲之創造主體之產生，故西仲於〈刻意〉評：

人之好尚不同，而咸歸於一，曲聖人則無爲，因無所不爲焉！何也？
以其恬澹寂漠，虛無無爲，本天地以立道德也。

〔註115〕《莊子因》，乾隆白雲精舍本，頁174。
〔註116〕《莊子因》，乾隆白雲精舍本，頁442～443。
〔註117〕《莊子因》，乾隆白雲精舍本，頁449。
〔註118〕《莊子因》，乾隆白雲精舍本，頁471。

故其居心也，無憂患邪氣之侵焉！及出而應物，則生死動靜，無非天矣！然豈強爲合哉？蓋道德之中，本無一物，其所謂悲樂喜怒好惡者，皆幻相耳！靜虛澹粹，所以爲德也，形勞精用，於何有焉？則似乎一靜而不容動者矣！孰知有動有靜，而常動常靜，在天所以爲德者，在人所有爲神也，未養之先，稱爲同帝，既養之後，名爲合天，則純素之眞人，其愼無輕用於越之劍也哉！〔註119〕

恬澹寂寞，虛無無爲，是本乎天地之道，以應乎人世之道德完足之人，能守身養氣，看淡生命之悲歡喜怒，不勞神務求，以靜觀萬物，人有此德則可稱神，未養以前如同帝王般，已養之後，此無爲之道，可以合天德，猶如干越之劍般，要謹愼收藏，以養護全神，就可以稱之眞人了，這種眞摯不妄的人，不是藝術生命創造所追求的求眞、求善、求美的境界嗎？

四、創造力之入世應用

創造力行諸己，是一種無所爲而爲的風格展現，若是應用在治理天下方面，西仲則歸納出無爲而治者，是尊重情性，不徒增困擾，有智慧的行世風格。如〈在宥〉評曰：

天下之不治也，以有治天下者也。有治天下，則不能無爲；不能無爲，或使天下之爲樂爲苦，皆性命之情所不受。治術雖多，徒滋亂耳！何者？以其攖人心也。〔註120〕

而無爲而治，雖運用在世間法上，但其智慧應屬天德，西仲在〈天地〉評曰：

無爲者，天德也，所謂道也。君天下者之所爲，莫不由是出焉，故就道而推其所爲，則有歷見其分，就所爲而返之於道，則又遞見其合，此無爲而稱治。〔註121〕

所以，「無爲」在人世上實務之運用，應是順乎人性之無爲而治，西仲說得最清楚而完整的部分，是〈應帝王〉篇末西仲歸納無爲之義，先說明應帝王所治者爲何，他說：

帝王所以爲治者也，爲治而自我爲之，不若忘乎爲我以順乎人之自治，是雖爲也而無爲，乃無爲也而無不爲矣。「應者」彼來而此應之，

〔註119〕《莊子因》，乾隆白雲精舍本，頁 307～308。
〔註120〕《莊子因》，乾隆白雲精舍本，頁 225。
〔註121〕《莊子因》，乾隆白雲精舍本，頁 256。

謂當彼未來之先，與彼既去之後，而此仍立于至虛之地，若未始有
攖也，此應帝之說也。〔註122〕

西仲總結〈應帝王〉之旨義爲，帝王之治，與其管教之後，讓人民學到如何自
我實踐，還不如順其性去治理，雖是無爲，但實則無所不爲，以人民之作爲順
應而爲，不必強加干擾約束，自己處於至虛之地，才是應帝王之義。接著，西
仲以〈應帝王〉篇中例子綜合歸納，其〈應帝王〉中所述治理之方法如下：

夫爲治者詎不欲使天下從我，而我有及于天下者哉。乃使天下從我
者，則有蒲衣子，所謂其知情，信其德，甚眞者焉。彼經式義度，
徒成欺德耳！無以爲也。狂接輿曰：「正而後行，確乎能其事」。是
使天下從我，不如使天下自爲從矣。使我有及於天下者，則有無名
人所謂「遊心於淡，合氣於漠者」焉，彼嚮疾彊梁，物徹疏明、學
明不勌，徒爲勞形怵心耳，無以爲也。老聃曰。「立乎不測，而遊於
無有」。是使我有及於天下，不如使我自忘其爲我矣！〔註123〕

西仲認爲，如蒲衣子、狂接輿、無名人、老聃等所言，皆屬於若能治理天下，
何不讓天下萬物自得自適。接著說：

然則爲治之要可推己，善哉壺子之於季咸。其有得於帝王之用乎？
示以地文、示以天壤、示以太沖莫勝，而卒歸於未始出吾宗，是此
之應者未有窮，而彼之來者反自廢也。亦惟無爲之故也，且人亦知
爲爲之爲乎？名之尸、謀之府、事之任、知之主，舉於是乎取之故
於未爲之先，體備乎萬有而不存其迹，既爲之後，適合乎本來，而
未見有加。〔註124〕

如壺子對季咸看相之種種，及無爲名尸等義，都在說明治理之要則，應是推
己以治人，不傷萬物之情。又說：

至人之用心，惟虛若鏡，不將不逆，固有善於應者存也。其勝物無
傷，豈顧問哉！夫然，則不必使天下之從我，自無不從者矣，不必
使我有及於天下，自無不及者矣。若夫鑿竅以自傷，是未應物而先
敗也，於帝王夫何有。〔註125〕

〔註122〕《莊子因》，乾隆白雲精舍本，頁175～176。
〔註123〕《莊子因》，乾隆白雲精舍本，頁176。
〔註124〕《莊子因》，乾隆白雲精舍本，頁177。
〔註125〕《莊子因》，乾隆白雲精舍本，頁177～178。

最後，說明眞正治理者之內心，應像至人用心般，如盧鏡一樣，不將不迎，若是鑿竅以自傷，就是還未應物，就先自取其敗了。

總言之，盧靜恬澹，寂寞無爲，給予吾人很多的啓發，不但在人生境界的提昇上，修養智慧的方法上，做人處世的展現上，它都是一個很值得人終身學習的創造智慧的無尙法寶。

第四節　形上存在又超越之「道」

本章一開始即提出〈莊子總論〉：「三十三篇之中，反覆十餘萬言，大旨不外明道德、輕仁義、一死生，齊是非，盧靜恬澹，寂寞無爲而已矣。」〔註126〕說明西仲對《莊子》的重要旨意，則先就實存意義的「道德仁義」而言，由此社會價值之批判轉化，再專注於個人生死是非之齊一突破，接著才能走入生不息的永恆生命，擁有盧靜恬澹，寂寞無爲的創生之中，看似無爲，卻又無所不爲，這就是「道」。

西方在「道」方面的論述認爲：人與存在（Sein）以相互引發的方式而相互歸屬，這種相互歸屬含著兩種性質，既是讓渡（Vereignen）的存在，也是被人的本性所佔有（Zueignen），讓我們去經歷這相互具有的構成，和特有的緣起與發生，人在此種情形中看到自身如何被召喚和被佔據，又如何因思想上的需要而理解自身又是如何因此緣起發生的。〔註127〕

在討論緣起發生的根源性中，以中國（Tao）、希臘「邏各斯」（logos）是代表緣起與發生的重要名詞，因而產生所謂具有之自身（ereignet），在這方面論述，德·馬丁·海德格（Martin Heidegger）曾對中國的「道」加以推崇，他說：

> 「途徑」這個詞，很可能是語言的一個最初的詞，它是進行思維的
> 人所具有的，「道」，是老子詩性思維中，佔主導地位的詞，它的根
> 本意思是「途徑」，「道」，很可能就是那種，使所有那些我們由此
> 才能思考的東西，活躍起來的途徑，根據什麼我們才能思想，這也
> 就是理性、精神、意義、邏各斯本來所想說的意思，在「途徑」亦

〔註126〕《莊子因》，乾隆白雲精舍本，頁11。
〔註127〕張祥龍，〈海德格論「道」與東方哲學〉《道家文化研究》，第六輯，1995年6月，頁381〜392、熊偉，〈道家與海德爾格〉《道家文化研究》，第二輯，1992年8月，頁130〜133。

即「道」這個詞中，也許隱匿著思想進行得説的所有的秘密的秘密，
如果我們讓並能夠讓這些稱謂，回到它們沒有被説出的東西去的
話」〔註128〕

以上所述，與《莊子》由〈人間世〉的入世，與〈大宗師〉的出世之道，其
面對社會、個人，「道」的生發與意義是不謀而合的，「道」爲不二法、爲大
乘佛教之秘旨，明・陸西星《南華眞經副墨・序》即言：

故予嘗謂震旦之有南華，竺西之貝典也。貝典專譚實相，而此則兼
之命宗，蓋妙竅同玄，實大乘之秘旨，學二氏者，烏可以不讀南華。
〔註129〕

因此《莊子因》雖言：道德、仁義、死生、是非、虛靜恬澹，寂寞無爲是全
書宗旨所在，但經細部討論後，即會發現，西仲雖未直呼「道」名，但以上
論述無一不直指道心、道體與道用，最終極的目的還是「道」，其義分析如下。

一、形上意義氣蘊之道

西仲在詮釋《莊子》之「道」義時，「道」體的存在，他認爲「道」是先
於萬物，即〈大宗師〉所言：

夫道有情有信，無爲無形，可傳而不可受，可得而不可見。自本自
根，未有天地，自古以固存，神鬼神帝，生天生地，在太極之先，
而不爲高，在六極之下，而不爲深，先天地生而不爲久，長於上古
而不爲老。

道的本體是「唯道集虛」、是「道本於未始有物」，此道是充塞於天地之間，
是天地之氣，是「六極五常」他說：

六極五常，諸解俱未妥，陸方壺謂即《內經》所云：「五運六氣」。
頗爲近理，天惟有此，故居無事而有功也。〔註130〕

天既有五運六氣，主要是由陰陽二氣組成，因此，他說：

老子曰：萬物負陰而抱陽，沖氣以爲和，合二氣爲一氣，不相勝
也。……陰陽二氣既平，屈伸往來，有不可執非生非死之道，此不

〔註128〕鄭湧，〈以海德爾格爲參照點看老莊〉道家文化研究，第二輯，上海：古籍出
版社，1992年8月，頁154。轉引自海德格爾《在通向語言的途中》全集第
十二卷187頁，德文版。

〔註129〕陸西星，《南華眞經副墨》，頁6。

〔註130〕《莊子因》，乾隆白雲精舍本，頁282。

與世亢之又一機也。〔註131〕

既然「道」在萬物之先，卻又五極六常無所不包，因而在詮解「道體」時西仲對「道」的敘述爲：

> 即所謂信而不見其形。有情而無形也。……古今傳而宅之·莫能受而有之。……道本在未始有物之先。而能包羅天地萬象也。到此痛發道之所在，即爲物之所不得遯者也，此段言道之所在。凡得之者。皆不至遯于物也。〔註132〕

西仲以「道」之無形與玄妙言道體，在「至道之精，窈窈冥冥，至道之極，昏昏默默」下云：

> 至道本無形，所謂玄之又玄，眾妙之門，是言道之體。〔註133〕

此「玄之又玄，眾妙之門」語出老子第一章，西仲認爲即是「道」之體，以吾人今日之言是宇宙之形上的本體，「道」既是先天地而生，又能引動陰陽二氣以及人的至和之氣，因此「道」即是「大宗師」，其實就是宇宙的主宰，亦即是自我生命的主宰，人唯有見得透，才能踏入道境，也才是知其所知，西仲說：

> 「道」，即大宗師也。上數語俱是見得透，方克有此。故曰「知之」，能登假于道，所謂「知其所知」，惟此而已。〔註134〕

對此玄之又玄，本於未始有物之「道」，西仲認爲「道」有其功能，它是可以啟動天地之氣，啟動人心之和的，西仲說：

> 熊經若熊之攀樹而引氣，鳥申若鳥之伸頸而運體。「道」引導氣令和，引體令柔也，五等之士皆有所好，其心便已偏用，故爲無方聖人所羞稱也。〔註135〕

當「道」有引氣與引和時，人人即加以運用，引氣的部分，但是「道」應是無所偏執的，一般人動輒以「道」名之，是聖人所不爲的·西仲於「至彼至陰之原也，天地有官，陰陽有藏，愼守女身，物將自壯。」說：

> 然道有陰陽，不可不知也，吾爲汝遂於大明之上矣，則見至陽，其赫赫乎而至彼至陽之原，則赫赫發乎地；吾爲汝入於窈冥之門矣，

〔註131〕《莊子因》，乾隆白雲精舍本，頁172。
〔註132〕《莊子因》，乾隆白雲精舍本，頁141～142。
〔註133〕《莊子因》，乾隆白雲精舍本，頁215。
〔註134〕《莊子因》，乾隆白雲精舍本，頁134。
〔註135〕《莊子因》，乾隆白雲精舍本，頁304。

則見至陰，其肅肅乎而至彼至陰之原，則肅肅發乎天，故太極判而
兩儀分，則陰主靜，陽主動，而天地有官矣！陰中有陽，陽中有陰，
而陰陽有藏矣！此即坎離交媾之說。然惟慎守汝身，如慎內閉外等
語，則吾身之藥物將自壯矣！〔註136〕

西仲將「道」由陰陽之氣形成，陰中有陽，陽中寓陰，赫赫發乎地。肅肅乎
天，成為吾等入於窈冥之門的途徑，陰陽之氣化於人，則人應慎守其身，因
陰陽亦是性命所出，其中有「精」、其中有「神」所有的形體於焉產生。

　　故西仲〈知北遊〉注：「夫昭昭生於冥冥，有倫生於無形，精神神生於道。
形本生於精。」中云：

四句俱是無中生有，精神之精，即道家所謂先天之精，清通而無象
者也，是性所自出也，形本之精，即《易·繫》所謂男女媾精之精，
有氣而有質者也，是命所出立也。〔註137〕

「道」之體，化為陰陽之氣，流遍五運六氣，化為精、氣、神，形諸人與物
之間，無形者之「精」，是性之根源，有形者之「精」是命之根源。

　　由於「道」在天地，化諸萬物而無所不在，故〈知北遊〉中云：

東郭子問於莊子曰：「所謂道，惡乎在？」

莊子曰：「無所不在。」東郭子曰：「期而後可？」莊子曰：「在螻
蟻。」

曰：「何其下邪？」曰：「在稊稗。」曰：「何其愈下邪？」曰：「在
瓦甓。」曰：「何其愈甚邪？」曰：「在尿溺。」東郭子不應。

「道」在萬物，而其中的變化，西仲解說所謂「物物者非物」時言：

以物論道，是未知道之所以物物耳！物物者非物何以有際，謂其無
在而無不在也，其物之有際者，所謂物際，非物物者矣！……不際
之際，道散而為物也。際之不際，物全而歸道也。謂其盈虛衰殺，
道與物相為循環耳。乃道能為盈虛，而盈虛非道，能為衰殺，而衰
殺非道，本末積散亦猶是也，是道主乎物之中，而仍出乎物之外，
期而言之，其可得乎。〔註138〕

西仲以「道」雖形之於「物」，卻又不限於物，所為「無在而無不在」說明「物

〔註136〕《莊子因》，乾隆白雲精舍本，頁216。
〔註137〕《莊子因》，乾隆白雲精舍本，頁426。
〔註138〕《莊子因》，乾隆白雲精舍本，頁433。

物者」「道」可產生盈虛消長，其功能又不限於此，可以入乎其中而出乎其外，是「道與物相爲循環耳！」此「物物者非物」，日·池田知久認爲：

> 「物物者」是表示讓所有存在者作爲存在者存在，變化的終極根源的本體之意，「非物」是表示可能進行這些事情的不是普普通通的存在者，而是超越它的「道」之意。〔註139〕

「道」在萬物，是所有萬物的存在的本源，既是存在其間，卻也超越其上，更是西仲所謂「道與物相爲循環」，彼此出入無不自得。既然「道」能受天地之氣而成就「人」，故在「莊子曰：『道與之貌，天與之形，惡得不謂之人。』」下云：

> 得道之用，而爲視聽言動，受天之氣，而爲五官百骸，既具此形貌，則與木石異矣，欲不謂之人得乎！〔註140〕

就物理性而言，萬物皆得自於「道」，但是人之所以爲人，並非徒具形貌，與萬物相同而已，對於人而言，得此天地之氣，也要善於以「虛者，心齋也。」去修養，即是：

> 發不離不多之道。欲達人心，先理會自己之心，欲達人氣，先理會自己之氣。〔註141〕

由「心齋」的工夫入手，「道」由引氣到引人之功效，於焉完成，又產生與物相與循環之性質，因此「道」如何統攝了「生死」、「氣」、「命」，西仲在〈知北遊〉評中云：

> 夫道本一也，聚散生死，氣之適然，臭腐神奇，由人所命，無爲而歸根，所以貴一也。〔註142〕

雖然道體是無所不在，行之於人與物之間，相互爲用，相互循環，但是道體如何眞正的展現，則不僅僅是心齋，更應一門精進，貴於一端，才能展現，才能創發。

於是「道」又創生萬物、寓於萬物，自始自終無絕期，相與循環不已。人生若能悟此道，則與物相迎而不傷，遇到所不知不能的部分，即化作生命修道的方向與目標，此其道之意義，故西仲言：

> 大抵道先天地而生，物物而非物，無古無今，無始無終，生死死生，

〔註139〕日·池田知久著黃華珍譯，《莊子──「道」的思想及其演變》，臺北：國立編譯館，2001年12月，頁206。

〔註140〕《莊子因》，乾隆白雲精舍本，頁128。

〔註141〕《莊子因》，乾隆白雲精舍本，頁93。

〔註142〕《莊子因》，乾隆白雲精舍本，頁443。

　　總爲一體。言有言無，俱屬邊見，體道者，惟外化而内不化。與物

　　將迎，而物不能傷焉！其所不知不能者，任之而已。此無爲歸根之

　　要旨。〔註143〕

因此，西仲論及《莊子》之「道」其爲宇宙最終之本根，在萬物卻超乎萬物，相與循環又無窮無盡，體道者明白此理，自然能作到行無爲無言，西仲說：

　　道立乎天地之先，物物而非物。所謂本根者也，以爲有既非有，以

　　爲無又不盡於無。知之即多此一知，言之即多此一言也，故體道者，

　　惟無爲而歸根，以進於不知不言之境而已矣！〔註144〕

因此道是形上存在的，是存於萬物卻又不依附萬物，是本根的，既不能說有，亦不能解無，因爲它是「不盡於無」的，懂得此理者，就多了一種智慧，能說出其中的道理者，就多了一項見地，因此體悟眞道者，是「無爲而歸根」走入「不知不言之境」而已的。如此自然「實現以道靜觀萬物，以無爲而爲無爲的萬物齊一的絕對自由的境界。」〔註145〕故而美‧葛瑞漢（Graham Angus Charles）《道》這本西方著作，縱論中國哲學家孔子、老、莊、管子、公孫龍子等先秦諸子所論述的「道」，就明白指出中國之「道」其中特質是：

　　會歸諸於天人之路（Heaven and Man Go Their Own Ways）〔註146〕

行於所當行，知止其所不知，因是自然，而以心齋之工夫去與天合德，這是西仲在解莊時，雖言句讀，亦講求精神，務求文理兼具，「至其文中之理，理中之文，知其解者，旦暮遇之也。」〔註147〕如何行之，西仲則以現象、生死、創生之義舉出實證，以下說明之。

二、人生現象齊一之道

　　人活於世間，對存在現象的是是非非，總是無窮的苦惱，西仲則是在〈齊物論〉中就把全書要旨「因是」之道，提出來作「照之以天」的消化融通。西仲說：

　　言道本無不通，無容執滯，所以發明「因是」之故，照之以天者，

〔註143〕《莊子因》，乾隆白雲精舍本，頁 445。

〔註144〕《莊子因》，乾隆白雲精舍本，頁 445。

〔註145〕張斌峰，〈試論莊子的辯學思想及其影響〉《道家文化研究》，第八輯，1995年 11 月，頁 177。

〔註146〕Graham, A. C. "Disputers of the TAO" Illinois: Chicago and La Salle,1989 年。

〔註147〕《莊子因》，乾隆白雲精舍本，頁 22。

心之所及，休乎天均者，道之所歸，物論之所以貴齊如此。〔註148〕
能以「因是之道」觀天地萬物，自然是無物不然，無物不可，故西仲言：「有
不知然而然，此因是之道。」〔註149〕因此〈天地〉在談以「道」觀言、觀
分、觀能，泛觀天下一切萬物，皆具備「道」，因為「道」是散在萬物之中，
故西仲注解曰：

> 見「道」、「器」原無上下精粗也，「技」為事之所必資，「事」為義
> 之所必行，「義」為德之所必施，「德」為道之所必具，「道」為天之
> 所必合兼者，合而一之謂。〔註150〕

由於「道」在「器」中，由「器」中看出「道」中有「義」、有「德」，最後
由德再生出「道」來，故西仲言：

> 從「德」字而生出「道」字來，言「天德」即「道」也。然道不能
> 不散而為器，故以「道」觀言，則稱謂「定」，而人君之名正矣；以
> 「道」觀分，則上下位，而事使之義明矣；以「道」觀能，則大小
> 異職，而天下之官治矣；以「道」汎觀，則無獨有對，而天下之應
> 備矣。凡此皆從道之自然流出，非添設也。〔註151〕

西仲並將道德性命之學視為「當然之理」，他說：

> 「道德」二字而分別言之，「德」者，性命之正，故通於天地，「道」
> 者，當然之理，故行乎萬物。〔註152〕

生存也好，生命也罷，其真正要面對的並非外在世界的紛擾與爭執，而是「真
實的自我」，如何面對「自性心」，在莊子而言，雖名為「道德」，其實是「性
命之正」，此「道」是形諸萬物的當然之理。

　　如果看得懂，看得透的人，自然了悟於心，眾口悠悠，如瞎子摸象，又
如何能解出「道」的真正意涵呢？因此西仲言：

> 為道、為物，不論有言、無言，在於言之足不足耳！若論道物之至
> 極處，既不在有言，又不在無言，於非言、非默上自有極處。〔註153〕

不言、無言是因為，現象世界所產生種種，皆是一切萬物之自然現象，若一

〔註148〕《莊子因》，乾隆白雲精舍本，頁54〜55。
〔註149〕《莊子因》，乾隆白雲精舍本，頁54。
〔註150〕《莊子因》，乾隆白雲精舍本，頁232。
〔註151〕《莊子因》，乾隆白雲精舍本，頁231。
〔註152〕《莊子因》，乾隆白雲精舍本，頁232。
〔註153〕《莊子因》，乾隆白雲精舍本，頁532。

定要解個清楚透徹，在「名相」中執著，那就不是眞正的「道」，只是假「道」之名罷了！故西仲云：

> 言之「無」則與物同理者。蓋以道本不可「有」。若「有」則沉著於名相。欲歸於「無」難矣。究竟看來，不論「有無」連「道」之一字亦安不上，不過假之以爲名耳，況或使莫爲，在物一邊說者，又胡足以與於大方邪！〔註154〕

言「道」在於所言之「道」，是否適用與適當，明‧陸西星〈讀南華眞經雜說〉即言：

> 然以性空眞體而言，清靜之中一物不著，「道」亦強名而已，安有仁義定了名相，是爲太虛生閃電也，論大道者，不作是解。佛語說：「金屑雖貴，著之眼中，何殊砂土」，意蓋如此。〔註155〕

因此，「道」是至大無外，至小無內，無精粗之分，眞正懂得此理者，也不會講求或攀緣於精粗之分，而無視於「道」的眞正內在意義，故西仲言：

> 道之大，本無窮極，在世界中所爲自多者，皆自小耳，不足稱也。〔註156〕

> 大道本無精粗，大人體道，亦惟於不期精粗之極而求之也。〔註157〕

生命存在的一切課題，只是入道之法，行道的工夫罷了，了透於心者自然言無言，其言如果不能顯現出眞正之道，那麼言語只是一種障礙，反倒傷害自身。因此，西仲云：

> 當任其道之自然，無容其有爲、有不爲於其間也。〔註158〕

當人生體悟到因任自然之道，自然看破名利，自然以修道、行道作爲生命的方向與意義，因此外在世界種種現象，只是鍛鍊與成就我們的行道的工夫，一切博知辯慧，至此都需放下、捨棄，安住於「道」中，則外在的一切紛擾視之爲考驗，又何需多言，因爲多言無益，更何況「夫道，窅然難言哉！」（〈知北遊〉）西仲在此以佛教的觀點闡述，他說：

> 形者，色身也、幻相也、假合者也；不形者，法身也、實相也、無假者也，以是而論，亦眾人之所同知。然卻非將至者之所務，何也？

〔註154〕《莊子因》，乾隆白雲精舍本，頁532。

〔註155〕陸西星，《南華眞經副墨》，頁32。

〔註156〕《莊子因》，乾隆白雲精舍本，頁322。

〔註157〕《莊子因》，乾隆白雲精舍本，頁325。

〔註158〕《莊子因》，乾隆白雲精舍本，頁330。

> 以眾人皆能論乎此也，彼至則不論，論則不至，若待擬議商量，尚
> 在日耳上討分曉，猶非道妙，故欲明見乎道，則不能庶幾一遇，是
> 言不如不言也，道本不可以言聞，是聞不如不聞也，默然塞焉，方
> 爲大得乎道矣！〔註159〕

人的一生一路走來，常常在外在世界糾葛不清，在有形的世界追求，西仲則
以「形」爲色身，是幻相，是因緣總總聚合而成，能夠看透這個物質的外在
世界總會逝去，如同金剛經所說：「因無所住，而生其心」，所謂內在的精神
世界，猶如尼采的「衝撞的意志力」（The power of will）就會產生，外在世界
只是會消逝死亡的「死名」、「死利」而已，人追求的應是「法身」是眞正的
「實相」，是無假合的，知「道」者即使說出來，別人也不見得理解，也許只
會大笑不已：「不笑不足以爲道」（老子四十一章），因此「默然塞焉，方爲大
得乎道矣！」西仲又言：

> 言不以外物以傷其身，如死名、死利之數包括甚廣。……
> 不以害爲害，故莫之能害也。卻說出實理來，不過是素位而行，不
> 怨不尤工夫，何曾一字荒唐。〔註160〕

人若看得清眞相，知道如何把握住內在的「絕對精神」，〔註161〕知其生命的
根本之道，順其理，而應乎天，這就是一個人眞正應追求的「德」，也就是「道」
的表現。故西仲言：

> 天在內而主張焉，人在外而幹旋焉，此定理也。故人之德，順理而
> 在乎天者，方知天人之所行，有如此矣！苟能根本於天，以定位乎
> 德，是所謂德在乎天者也，則蹢　屈申之間，皆能反乎道之要，而
> 語乎理之極矣！道要理極，即上文大義之方、萬物之理者。此段言：
> 知道者害不能加於身，以其中有所主也。〔註162〕

〔註159〕《莊子因》，乾隆白雲精舍本，頁430～431。
〔註160〕《莊子因》，乾隆白雲精舍本，頁330～331。
〔註161〕此語出自黑格爾，《精神現象學》敘述人由理性，包括觀察的理性、實踐的理
　　　　性、自在地和自爲地實在的個體性，此三者由客觀的觀察到主觀的實踐，通
　　　　過自己的行動，在客體中體現自己，達到主客體的統一，成就一自我實踐的
　　　　歷程，見張世英《自我實現的歷程——解讀黑格爾精神現象學》濟南：山東
　　　　人民出版社，頁27～35，2001年1月、德·黑格爾（Hegel,Georg Wilhelm
　　　　Friedrich）著，賀自昭、王玖興譯《精神現象學》（Phänomenologie des geistes）
　　　　臺北：里仁書局，1984。
〔註162〕《莊子因》，乾隆白雲精舍本，頁331。

因而人間世所有相刃相靡之仁義、道德、是非，都可以「反其眞」，立足於「眞」的自然，作爲「入道之法」。西仲說：

> 故者，有心而爲之謂；命，天命也；得，謂己德；殉名，喪於爲名也。反眞，入道也。此段言入道之，不可安排造作，以人勝天也。〔註163〕

如此一來所有世間種種，皆可以生命課題視之，言說之不如行動爲之，在所有物象上取得共相，了解眞諦之所在，在「素位而行，不怨不尤工夫」中，自我實踐，不求精粗，無論名利，行其所當行，止於所不得不止，因任自然，才是入世卻又超世的自然之道，這才是人之所以爲人，返樸歸眞的自然之德。

　　眞正了透「道」的眞義者，就能「用心不勞，應物無方」（〈知北遊〉）任何人、事、物皆能以因任自然的心境去看待，自然能夠無可無不可，逍遙而自在了。

三、生死存有生命之道

　　人生除了存在於社會之中，汲汲營營以終其生之外，最重要也是人人都必須面對的生命課題，即是「死生」之大事。

　　西仲對此的解讀則是死生如一，物有生死，但是「道」是無終始，如白駒過隙，瞬間千息萬變，無終無始，所以有形跡的身體只是虛幻，人生當看透此我執，看到生命本根循環不已之「道」，西仲言：

> 夫道固無終始也，乃物則有生死焉！不能恃以爲常，惟見其一虛一實，不可守其定位於形跡之間，何也？四時之序，成功者退，去而不可追者年也，流而不可止者時也，天地之化，消息盈虛，如循連環，終則有始也，大義即大理。〔註164〕

人往往只著眼於表象上，生命光鮮耀眼處，在多采多姿的日子中存活，哪一個人看得到生與死，猶如道之有成與毀，生命的成住壞空，原本是眞實不妄的，因此西仲提出「生死之道本相通也」。

> 故生死之道本相通也，若各有其備，如人之生不能反乎所未嘗生，雖生亦見其爲鬼矣！〔註165〕

〔註163〕《莊子因》，乾隆白雲精舍本，頁331～332。
〔註164〕《莊子因》，乾隆白雲精舍本，頁330。
〔註165〕《莊子因》，乾隆白雲精舍本，頁462。

「生死相通」如同道亦有「有形」、「無形」，二者相互依存，互為生滅，這是實理，是生命的秘密，陸西星所謂「大乘之秘」，何者為本，何者為末？一般芸芸眾生哪裡會知曉，只知道追逐短暫的快樂，速成的名利，誰真正願意實心實意的走一條艱苦的、緩慢的、又走不到究竟、雖有方向有目標，卻沒有盡頭，沒有終點，無生死界線，無名又無利，綿延不絕的修道之路？因此西仲言：

> 欻然而生，非有根柢而出，欻然而死，非有空隙而入。生死本有實理也，而未生之前，既死之後，果在何處安著，生生相續而無已，惟日見長，而不知何所生者為本，何所生者為末也。此言道之有形者皆無形也。〔註166〕

人若是走入「道」的路途，則生生死死都已不再是生命的終點與障礙，不用知，也不必知，任生死之來去，走自己應走之路，死生來來去去，如同通衢般四通八達，但只要心中有「道」，則任我獨行，亦無出入之門，任你來去，全貴乎一心。

> 有生矣，則因而生生，既生生則不能無死，然其生而來也，不知何自，其死而去也，不知何止，無出入之門，無徃（往）宿之房，任其死生來去，如通衢四達之大，是道之物物有如此者。〔註167〕

明白此生死只是有形的物理現象，無形的造化，如「道」常無形體，了透此理，化除生命中不必要的罣礙，則真正的智慧，於是生焉。故西仲曰：

> 惟以有形之物理，取則於無形之造化，是出而知反，而人事定矣。此段言道體無常，以無形為極。〔註168〕

人的生命由道觀之，並無古今之分，唯有看明白肉體生命的有限，才會明白道體的無窮無盡，也就不會役於生死的限制，沉溺於身體感官的享樂，而昏昏然終其一生，故西仲言：

> 有實而無處，所以成個上下四方之大也，有長而無本剽，所以成個往古來今之遠也。造化之本於無形如此，故其中之生死出入，莫不由之，而欲求其形，則了不可得，是之謂天門也。〔註169〕

對「生死」，莊子是看破的，「死生，命也。其有夜旦之常，天也」（〈大宗師〉）

〔註166〕《莊子因》，乾隆白雲精舍本，頁463。
〔註167〕《莊子因》，乾隆白雲精舍本，頁427。
〔註168〕《莊子因》，乾隆白雲精舍本，頁462。
〔註169〕《莊子因》，乾隆白雲精舍本，頁463。

一再以「聖人將遊於物之所不得遯而皆存」（〈大宗師〉），知道死生之兩忘，才是眞正逍遙，也是西仲所稱「至樂活身之術」，[註170] 將生死等同於道體，才能超越生死所予以人莫名且無法預期的恐懼感，去走一條眞正的屬於自己的「道」之路。

況且生命的決定不在於生死的限制，「思想」則更爲強大，如法·貝爾特朗·韋熱里（Traduit par Li Jianying）談及：

> 如果死亡因承載著能夠思考死亡的思想家並能思考的話，實際上只有思想才能思考死亡問題，對死亡提出質問。因此，思想包括死亡，而不僅僅是死亡包括思想。[註171]

吾人存在之意義與價值，肇端乎自己之價值觀，生死只是有限生命的界線，「道」的生命卻是無限的，決定於理解，決定在思想、決定在意識、決定在自己如何選擇「道」的無限性。

四、無限創生意義之道

西仲在以「道」觀物時，以其無限創生之義來解讀，他認爲道是超越形體物象而獨存的，因爲人之生命是有限的，無法體會道的無限，在生生不息，方生方死之間，得到永恆的意義，他說：

> 蓋道超形器而獨存，不受變滅。世人不知以爲此生有涯，皆不知道者也。得道者，爲皇爲王，以其神明之用不測也；失道者，見光爲土以其形不出於照臨覆載之間而已。[註172]

生有涯而道無涯，得道者知神明之不可倚賴，失道者卻受限於有形的物質世界罷了！

西仲認爲道是感通之本，是無所壅滯的，一般的人會以「本性」爲理由，以「命定」爲說辭，設限自己，但是以道演觀之，任何事物都無法侷限「道」的感通，無論得道、失道，它是永續其中，無可無不可，自然而然生發創生的，故「道不可壅，苟得於道，無自而不可，失焉者，無自而可。」下注解：

> 若是者凡以性殊而不可易，命定而不可變，時行而不可止。故道亦

[註170]《莊子因》，乾隆白雲精舍本，頁 353、354。
[註171] 法·貝爾特朗·韋熱里（Traduit par Li Jianying）著，李建英譯，《禁止死亡》（La mort interdite）轉引自弗拉迪米爾·亞凱勒維奇所言，深圳：海天出版社，2004 年 5 月，頁 306。
[註172]《莊子因》，乾隆白雲精舍本，頁 216～217。

貴於通而不可壅滯也。是所貴於得道者矣，得道則爲感通之本，何
所不可哉。〔註173〕

因爲「道」是如此生機蓬勃，因此除非由內在的覺知去感通，否則人往往視
爲平常而忽略它，聖人之所以爲聖，即在於他有「自得之道」，以壹虛而靜，
寂寞恬淡之心，發乎於內心，體會「道」理，而終身實踐，無爲而無不爲的
體現道。於是西仲說：

言道之不可傳，貴乎自得。……中心無受道之質，則雖聞道而過去
也。……在外無就正之功，雖聞道而不知行也。……由中出者，聖
人之道，非外有能受者，則不出而示之也，此言教者。……由外入
者，假學而成性者也，內無所受之資，則無以藏聖道也，此言學者。。
〔註174〕

西仲一一點出其對社會是非、個人生死、生命意義，都可以化諸於道，但是所
有此種種全貴乎一心之自得，無論學者、教者若不能由內在的體悟以入「道」，
則所言亦非眞正之道，只不過是「假學而成性」罷了！如何行之，西仲曰：

其裁成輔相，以成物曲之利者，則在君子之道，不過外著之端耳。
必其無心於運量，而萬物皆徃（往）資始資生，而無有終窮，方爲
道之至極。此言道之體。〔註175〕

道體是無窮盡的，是無終極的，它並無時間與空間的限制，看似空闊寂寥，
既無邊際亦無盡頭，不知從何而來從何而往，因此西仲言：

當此之時，吾之志寂寥無感，本無一物也。……若吾志常徃而無所
徃，亦不知所徃至於何處。……若吾志有所徃而復來，亦不知止宿
在於何處。……若吾志既徃而來之後，亦不知其徃徃來來，究竟歸
於何處。……。
吾之志惟逍遙於馮大閎曠之中，雖有絕頂聰慧入於其中，總不知其
何所窮極，是道之無際，不可定指如此。〔註176〕

只有志於道者，才能於其中享受孤寂，享受寂寞，在無究竟、無終始的情況
之下，不至於迷失方向，有定見又逍遙的走自己一條空曠、卻恢弘的修道、

〔註173〕《莊子因》，乾隆白雲精舍本，頁300。
〔註174〕《莊子因》，乾隆白雲精舍本，頁292～293。
〔註175〕《莊子因》，乾隆白雲精舍本，頁428。
〔註176〕《莊子因》，乾隆白雲精舍本，頁432～433。

行道之路。因此西仲說：

> 故以道爲無者，謂之冥冥，則道似多一冥冥之名，既道之所不受，
> 以道爲有者，謂之可貴、可賤、可約、可散，則道又分一貴賤約散
> 之數。又道之所不居，必如無始所云，道無問問無應，方爲不知之
> 知，不言之言者矣！〔註177〕

由於「道」的幽微是不可見、不可知，可成就大小精粗貴賤約散，因此它生
機盎然，無遁於物，又化諸萬物，問亦無法答覆，似乎知道，卻又無法用具
體的名相言之，因此它蓬勃的擴展，無所不在，是充滿生機的，更是永無止
境的。

〔註177〕《莊子因》，乾隆白雲精舍本，頁445。

第七章 《莊子因》之影響與評價

第一節 《莊子因》之詮釋理論建構

一、因之以作品

在作品之形式技巧方面，西仲以評點為方法，用符號作提示與說明，能將文句中能指涉之意義，說明清楚外，其內涵中所指涉之蘊含旨意〔註1〕、聯絡照應之處，藉由評點符號的標示，提醒讀者細讀，讀出章法埋伏之處，讀出美學意境，由用心體會玩味，上下文脈的琢磨中，領會作者之旨意，及全文之深義。

在作品之敘事技巧方面，他以「奇」字，說明莊子在用字用語上的特色，有押韻奇妙、字詞新闢、文有變化等效果，而形成莊子之千古奇文；在文章段落所運用之技巧，是以「層」字，說明其跌宕波折、層層擊出、映照呼應、抑揚頓挫的文章層次特色；在章法所運用之「法」的部分，以提挈挈領、文字埋伏、格法、文法、針線等說明謀篇章法之運用。

在篇章結構方面，西仲非常重視脈絡，以「相因之理」說明內外雜篇，

〔註1〕 在符號學（Semiotics）的解釋，我們所面對的不僅是物態的世界，同時也是記號（sign）的世界。法·羅蘭巴特（Roland Barthes）舉「玫瑰花」為例，玫瑰花若轉化為送給女士，當作愛情的表達，「玫瑰花」轉化成為記號，1. 玫瑰花 2. 愛情的表達，前者為記號具（signifier）（有稱「能指」）；後者為記號義（signified）（有稱「所指」）。此借符號學中，符號意義的指涉，以解釋評點在使用時的功能意義。見古添洪〈記號與文學〉《記號詩學》，臺北：東大圖書公司，民國77年6月，頁1～2。

其中謀篇佈局之關聯性，以脈絡分明，條理明暢，相因相承之前後加以系聯，推就作者之意，使人讀之豁然貫通，最後再辨析雜篇寄理與贋手之作，釐析出莊子之原來形貌。

最重要的是，相因之理不侷限於語言文字，表面上的文字相關性，或意義相關性，對文學之言與意，西仲提出寓言、重言、巵言，三樣說話，皆是種種幻相；立言之意，在因是也，此因是要擴及：意在言外，得意忘言，進而言意無用，不言之言之明道之境。這才是以「因」為名，以「因」為是，臻於全書要旨之所在。

二、因之以讀者

在此「讀者」的定義，可分兩個層次說明，一是以林西仲這位註解者，以詮釋者的讀者角度，對《莊子》所作的種種評論；一是西仲提出的讀者閱讀所需注意事項與要訣，針對讀者所作的種種解說與方法的說明。

對西仲而言，1627 年出生，即是明末熹宗七年，皇太極（清太宗）立帝位時。年少時候，都是在國家正遭兵燹，朝代替換的不穩定日子中渡過，二十一歲，就開始注莊，他把一切的心力，放諸讀書之中。可以看出他對外在世事的態度，不似民遺民般激烈，而是默默的把心力放在注《莊子》中，晚年完成《楚辭燈》在序中即言：

> 余少癡妄，不達時宜，私謂用世可以得行其志；及筮仕後，所見所
> 聞，皆非素習，以故動罹譴訶；每當讀騷，輒廢書痛哭，失聲什地，
> 因取蒙莊，齊得喪忘是非之旨，以抑哀憤。〔註2〕

由以上所述得知，三十一歲中戊戌進士，任職官徽州府通判，在閱畢官場人事種種險惡之後，於三十六歲時出版《莊子因》。其間心中對為官得以行其志的期望，到動輒遭譴訶指責的難堪，因此心中的憂憤，全在解莊中，「齊得喪忘是非之旨，以抑哀憤」，做官時一再為人所害，人事之失望，是非齊一之不可得，才會讓他把全部的餘力，傾注於著書的天地中。

因此，西仲注莊時，不但以自己是讀《莊子》的讀者，讀出莊文之特色，更是用自己人生的困頓，對時代、歷史作一深刻的反思，以莊子、屈原皆是憤誹之士，此種心理基準以解讀莊子，在莊子行文奇宕，義理之雋永中，道

〔註 2〕清・林雲銘，《楚辭燈・序》，遼寧大學圖書館藏，清康熙三十六年挹奎樓刻本，《四庫全書存目叢書》集部二，集 2-157。

破莊子性格透脫之處，可說是用生命注解莊子。

　　另一個層面是，西仲以以指導者的身分，告訴初學者，如何讀莊、解莊，因此運用明清在評點上的經驗，運用評點符號以提示讀者；再則以古文章法之眼識，引導讀者如何由《莊子》入手，看出古之重要文學家，諸如蘇軾等大家，如何借用莊子之文句技巧、曲折筆法以作文章，並釐清前人注解中不明白通暢之處，並寫出篇章之藝術境界。

　　再於書前之〈莊子總論〉與〈莊子雜論〉中，西仲提出閱讀者，如何解莊之方法論，如篇章以相因之理去看出其承接脈絡，內容上以看地理之法、觀貝之法、讀五經之法、讀傳奇之法讀之，依此不同眼光與角度解莊，自會看出一片天地，在意在言外的把握上，他提出要以和盤打算法與進一步法以深入文義，探求本心。

　　加上西仲在形式上，學習經學上當句註解之方法，及篇末總論的形式，對篇章要旨，內容相因之理，如同八股文解釋起承轉合般，說明章法相因之理，是以一位古文析論家之姿，轉化其古文造詣與學養，注入註莊的內涵中，予以莊子另一番有血有肉、文理兼具，達於雙美之「以文解莊」詮釋。

　　西仲能作如此有系統解莊，並建立自己一套詮釋理論，經由對莊子深切的體會，到引導讀者具有解讀《莊子》之能力，由認識莊子之方法論，進而至道體渾一的美感意識，西仲是一位優秀的讀者，更是最好的詮釋者，帶領後學由他的批評中，進入到文學、藝術、思想之境界。

三、因之以作者

　　西仲以傳奇法讀之《莊子》，看出莊子：「論一人、寫一事，有原有委，鬚眉畢張，無不躍躍欲出，千載而下可想見也。」西仲別具隻眼的看出莊子本人的傳奇風格，雖然「狀得肖，罵得狠」，但也是罵盡天下機警之人，不可與入道。更是因為莊子本身之性格，才能筆下顯出種種離合悲歡之態，因此莊子既是一個「絕不近情的人」，也同時是「心細如許」的人。

　　西仲以傳奇之眼破解出莊子生命底層，一個憤世嫉邪的靈魂，一個冷臉熱心腸的人，一個千古之後仍躍躍愈出的特別人物，雖是冷極之語，也透出一種憤世血淚，對現實環境的憂匡之思，對社會的期許，寄予其憤世嫉邪的情懷，他說「絕聖棄知」、「掊斗折衡」等語，應是「本於憤世嫉邪之太甚！讀者不以詞害意可也。」這樣的理解，如上面所述，自然是與他自己的際遇

與背景息息相關。

西仲理解莊子之方式，誠如於《楚辭燈》所言，是：

> 若知世風遞降，而樹立存乎其人，去流俗之見，以意逆志，則各篇
> 中，層折步驟，恍覺有天然位置，不啻爲後人寫意中事，是以尚友
> 古人，貴論其世也。〔註3〕

他以「以意逆志」的角度看莊子，以時代憂患，心理之困頓，觀察莊子後，自然發現，莊子是具有另一番學問的獨特之人，娓娓道出後人心中之感受，因此西仲能藉時代的感同身受之同理心，理解何以莊子會嚮往恬淡無爲之風。

有如此的了解，自然看出莊子獨立自主性，「或以老解，或以儒解，或以禪解，究竟牽強，無不如還以莊子解之」，言莊子之思想早已融攝了儒道各家，已然成爲渾然合一的理念，因而莊子是卓然獨立的，「與老子同而異，與孔子異而同」，老子、孔子、佛教，都不足以涵蓋全部的莊子，故應還一個莊子眞面貌。

西仲解莊之目的，希冀以客觀有條理脈絡之法，讀莊之書，但又直觀的以意逆志，求合莊子之意而止，他雖爲代言人，但自己期許自己，文章千古事，得失讀者知，如何在解讀之時，猶如手持火炬，讓讀者具有觀火之洞見，得《莊子》之旨，解《莊子》之文章條理，最後還一個有首有尾，有端有續之《莊子》，因此他說：

> 評註古人書，如丹青家寫照，或好、或醜、總要還他一副眞面目。
> 南華變幻不測，好醜原無實相，所以先輩稱爲文字中鬼神。諺云：
> 書人難，書鬼易。以鬼無人見可以臆寫，非如書人必求還他眞面目
> 也。〔註4〕

所以，西仲在論述《莊子因》時，藉由欣賞奇文，如見其人入手，再由文寄託處，見出莊子之眞精神之所在，還他一個眞正的原貌，解他用傳奇之筆描摹世人，亦寄文以自現，解他對現象界之憤悱之情，最後體悟其根本之思維，乃卓然而不群，最終還一個莊子本來面貌。

四、因之以道

《莊子》使用「因」字，見於〈齊物論〉中談到儒墨之是非部分：

> 故有儒、墨之是非，以是其所非，而非其所是。欲是其所非而非其

〔註3〕 《楚辭燈‧序》，集 2-157。

〔註4〕 〈復仇滄柱〉，見《挹奎樓選稿》，卷九，集 230-126。

> 所是，則莫若以明。物無非彼，物無非是。自彼則不見，自知則知
> 之。故曰：彼初於是，是亦因彼。彼是方生之說也。雖然，方生方
> 死，方死方生；方可方不可，方不可方可；因是因非，因非因是。
> 是以聖人不由，而照之於天，亦因是也。

「因」之意義，在「是亦因彼」句中，郭象註曰：「彼是相因而生者也」〔註5〕
表示「彼是」兩者相互依存，而同時存在。

在「因是因非，因非因是」此句中，「因」之意義，如成玄英所言：

> 故知因是而非，因非而是。因是而是，則無是矣；因是而非，則無
> 非矣。是以無是無非。〔註6〕

成玄英的說法以「因是因非」，視作一切因任自然，有「順」之義，如王叔岷：
「因猶順也。此謂之順是、非之自然耳。」〔註7〕除了順其自然而然，亦有是
非之爭彼此相因，而滋生不已之義，如王先謙《莊子集解》：

> 有因而是者，即有因而非者；有因而非者，即有因而是者。既有彼
> 此，則是非之生無窮。

因此《莊子》言曰：「是以聖人不由」，而應「照之於天」；故解釋下一句「亦
因是也」，如林希逸、馬驌則以省文解之：

> 前說因是因非，此又只言因是，省文也。（林希逸）〔註8〕
>
> 因是者，因是因非。省文耳。（馬驌）〔註9〕

認為文義是承接上面「因是因非」之省文；亦有學者，認為此句是承接上述
「因任自然」之義者，如明·藏雲山房主人：「亦因是也，因其各自為是，而
不參之己見也。」；〔註10〕有的學者則連接「而照之於天」之句解之，另以因
之於「神」或「天」言之，如清·劉鳳苞云：

〔註 5〕 晉·郭象，《南華真經注》，藝文印書館據北宋南宋合璧本影印。嚴靈峰，《無
　　　　求備齋莊子集成初編》，第 1 冊，頁 42。

〔註 6〕 唐·成玄英，《南華真經注疏》，藝文印書館據清光緒十年刊古逸叢書本影印，
　　　　嚴靈峰，《無求備齋莊子集成初編》，第 3 冊，頁 82。

〔註 7〕 王叔岷，《莊子校詮》《中研院史語所專刊之 88》，民國 83 年二版，頁 59。

〔註 8〕 宋·林希逸，《南華真經口義》藝文印書館據明刊正統道藏本影印，嚴靈峰，
　　　　《無求備齋莊子集成初編》，第 7 冊，頁 68。

〔註 9〕 清·馬驌，《莊子之學》，藝文印書館據清康熙九年刊本影印，嚴靈，峰《無
　　　　求備齋莊子集成初編》，第 20 冊，頁 34。

〔註10〕 明·藏雲山房主人，《南華大義懸參註》，藝文印書館據本影印明刊本，嚴靈
　　　　峰，《無求備齋莊子集成初編》，第 15 冊，頁 112。

　　　　所謂通也，道通爲一，則彼此相忘，適合乎環中之理，而大道得矣！

　　　　然非有心於得也，適然得之，並其所得而化之，則庶幾與道渾合焉。

　　　　然則因之爲用，神矣！〔註11〕

又如方以智引李湘洲曰：「不用寓庸，便是因，因便是天，天便是喪我。」
〔註12〕以「因」之於天，所用神矣，以言「因是」之道。

　　　綜合上面而歸諸《莊子》之因是之道，含有無可無不可之自然之義，更
有因之於天，「因之爲用神矣」之義，婁世麗在〈莊子「因」字義理試詮〉則
提出，「因」具有「轉化、超越」之義，並言：

　　　　這種用超越的路超越過去的「因」，不僅不會聽天由命，反而是具有

　　　　自主性意義的。〔註13〕

以上由「因」的自然意義轉化爲超越意義，是歷代詮釋者之解讀情形。而西仲
對「因是」之解，則言：「因是兩字是齊物論本旨，通篇俱發此義。」〔註14〕

　　　西仲以「因是」之理，解全篇「齊是非」之要旨，最終歸之「因是之道」
在於：「天地與我並生，而萬物與我爲一」之無是非之言，他說：

　　　　由一而生言，由言而遁生，是無窮期矣！以其從此適彼故也，若欲無

　　　　適，則所謂「因是」而已。今且有言至此，以無是非之言，即爲有言，

　　　　不如併此一言而去之也。齊物論者，亦不待我出言以齊之矣！〔註15〕

西仲以〈齊物論〉通篇要旨在「因是」，而因是之道則在於併有言爲無是非之
言，達到不待出言以齊之的地步，最後總結爲：「惟止於所不知，所以『無言』
眞齊物妙訣。」。〔註16〕

　　　「因是」在西仲的詮釋下，成爲言而無言，一切是非，消弭於無形之自
然齊一的狀況，不知所以分則，知之止於不知之化境，亦即「道」境。這是
西仲在〈齊物論〉對「因是」之討論。〔註17〕

〔註11〕清・劉鳳苞，《南華雪心編》，藝文印書館據清光緒二十三年晚香堂刊本影印，
　　　　嚴靈峰，《無求備齋莊子集成初編》，第 24 冊，頁 68。

〔註12〕方以智，《藥地炮莊》，藝文印書館據民國 21 年，成都：美子林排印本影印，
　　　　嚴靈峰，《無求備齋莊子集成初編》，第 17 冊，頁 65。

〔註13〕婁世麗，〈莊子「因」字義理試詮〉，臺灣體育學院學報，第 10 期，民國 91
　　　　年 1 月。

〔註14〕《莊子因》，乾隆白雲精舍本，頁 52。

〔註15〕《莊子因》，乾隆白雲精舍本，頁 59。

〔註16〕《莊子因》，乾隆白雲精舍本，頁 61。

〔註17〕詳見本論文第六章第二節〈死生是非之齊一突破〉

　　西仲以「因」爲書名，以「因」解莊子脈絡關係，明末注莊者憨山亦言
內七篇之相因次第影響，如：

> 莊子著書，自謂「言有宗，事有君」，蓋言有所主，非漫談也。其篇
> 分內外者，以其所學，乃內聖外王之道。謂得此大道於心，則內爲
> 聖人，迫不得已而應世，則外爲帝、爲王，乃「有體有用」之學，
> 非空言也。〔註18〕

對西仲而言，憨山內七篇之間相因之理，對西仲內七篇解爲分著之義，與外
雜篇義各分屬，而理亦互寄，彼此具有相因之理的觀點，自然有所影響。

　　又如焦竑在《莊子翼》中提出「因」之義，〈齊物論〉「亦因是也」一段下
引《筆乘》云：「因之一字，老莊之要旨。」〔註19〕焦竑又言引《筆乘》之文：
「總之只是因之一字盡之也。」〔註20〕焦竑以「因」字，可以全盤理解莊子的
思想。至於「因」之義爲何，焦竑曰：「因人之是非以爲是非。」〔註21〕又言曰：

> 雖聖人於是非亦不廢者，乃世之所是，因而是之，世之所非，因而
> 非之。〔註22〕

焦竑以人應有無所執，應以超越得觀照，肯定人我皆存在的意義，人既存在
於天地之間，就稟受於天，自有存在之意義與價值，何須執著於我是而彼非
的偏執，即需因之於天，並存於世，如《筆乘》所言：

> 乘物遊心，則忘己；託不得已，則忘物，斯則因其命而致之，我無
> 心也，何必有所作爲以還報哉。〔註23〕

人如何存於人間世，又能因之而無礙，則需有「忘己」、「忘物」之無爲的精
神，才能遊於是非之間，能執其兩行，又能和以天倪。

〔註18〕　明・憨山，《莊子內七篇註》〈大宗師〉，頁369。陳榮波將憨山「以內聖外王
　　　　之道爲中心，展開一套相因次第」是：立言之本（逍遙遊）→立言之旨（齊
　　　　物論）→入道之工夫（養生主）→處世之道（人間世）→學道之成效（德充
　　　　符）→得道之人（大宗師）→化道之終極（應帝王）見陳榮波《哲學、語言
　　　　與管理》桃園：逸龍出版社，民國81年2月初版，頁72。李懿純則進一步繪
　　　　成圖表，見《憨山德清註莊之研究》淡江大學中文系碩士論文，民國92年6，
　　　　頁131～138。

〔註19〕　明・焦竑，《莊子翼》，藝文印書館據月明萬曆十六年長庚館刊本影印，嚴靈
　　　　峰，《無求備齋莊子集成續編》，第11冊，頁77。

〔註20〕　《莊子翼》，《無求備齋莊子集成續編》，第11冊，頁83。

〔註21〕　《莊子翼》，《無求備齋莊子集成續編》，第11冊，頁91。

〔註22〕　焦竑，《莊子翼》《無求備齋莊子集成續編》，第11冊，頁77。

〔註23〕　焦竑，《莊子翼》《無求備齋莊子集成續編》，第11冊，頁151～152。

　　焦竑此種「因」之看法，完全被西仲汲取後，加上憨山內篇相因次第觀，進而以文字的相因之理，段落的相因之理，到內七篇的相因之理，與外七篇之相因之理，最後從言的相因，層層推擴至意的相因，得意而忘言，而用「莫若以明」的洞見與體悟，進而行不言之言的明道之境。

　　言意可入於道，社會價值的仁義亦可轉化進入道德之道；死生、是非也是走入齊一之道境；創作觀亦是壹虛而靜的無為而因任自然的「道」的展現，，人生於陰陽一氣之化，生死乃因是而成，道體的渾然天成，也就在此「因是」之觀念下，存在於宇宙之間，最後道無所不在的存於其間。

　　這是西仲《莊子因》環環相扣，層層相因的解莊之法，且得其環中，以應無窮，和以天倪，全部《莊子》一以「因」字道盡其千變萬化，因之以讀者、因之以作家、因之以作品、因之以道，因是因非以處於無為之境，最後化諸自然道境。試就西仲《莊子因》之詮釋理論之建構，附圖說明如下〔註24〕：

《莊子因》文學詮釋理論建構圖（同第一章：表一）

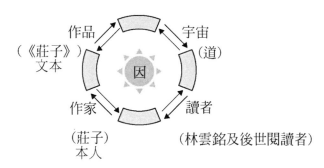

　　《莊子因》一書，有其解莊之獨特看法，此書以「因」為名，對《莊子》作整體層層相因的歸納，在詮釋上考量了《莊子》在讀者、作家、作品、道等各角度，並結合西仲當時的時代背景、學術素養，由其文想見其人的方式，對《莊子》作周延、全面的建構，建立《莊子》「以文解莊」之詮釋系統。

第二節　《莊子因》「以文解莊」之影響

　　《莊子因》在清初承接了宋明「以文評莊」的方法，加上學習陸長庚《南

〔註24〕在本論文第一章即言，將艾布蘭斯，《鏡與燈》與劉若愚《中國文學理論》加以改變，宇宙部分改成道，中間加「因」，說明本書以「因」為名，並以「因」理解之核心。詳見第一章第三節。

華眞經副墨》「以文解莊」之體例與亂評之優點，有系統又全面的作一個「以文解莊」的文體建立者，由評點體例完備、當句、當段說明清楚，修辭技巧的說明，篇末章旨、脈絡、藝術化境的分析，呈顯出「以文解莊」規模的完成。在莊學史上，受其體例影響者，有下面五家，其中在註解中直接徵引林西仲者，有吳世尙《莊子解》及劉鳳苞《南華雪心編》二家，茲依時代先後，列於下面：

1. 吳世尙《莊子解》（1713 年）
2. 宣穎《南華經解》（1721 年）
3. 胡文英《莊子獨見》（1751 年）
4. 孫嘉淦《南華通》（1752 年）
5. 劉鳳苞《南華雪心編》（1877 年）

下面並依其對「以文解莊」的匡正、引申、集大成等分論之。

一、匡正《莊子因》者

繼西仲《莊子因》後，最近的一部以文解莊之著作，即是清吳世尙〔註25〕《莊子解》〔註26〕三卷，康熙五二年（西元 1713 年）之作，雖然在形式上，無圈點評析，嚴靈峰指出是「引莊子附之儒家」，〔註27〕可知吳氏是根據西仲文義之不足而增加義理的論述，與宣穎《南華經解》同爲文學哲理兼具之作，共收二十九篇，無〈讓王〉、〈說劍〉、〈盜跖〉、〈漁父〉四篇，又將〈列御寇〉與〈寓言〉合爲一篇，共計十二卷。〔註28〕但在內容上，其實也承襲許多，如《莊子解》內容上，內七篇，有篇首題解、篇末總評。外、雜篇無題解，有篇末總評。在評論和注文中，除論述《莊子》的思想內容外，且有藝術分

〔註25〕吳世尙，貴池人，字六書，又號犖玉。少肆力於六經子史，自鈔覽至腕脫，以左手作字，名其居曰：易老莊山房。性剛介，不阿於時，未貢而卒。著作除《莊子解》外，尚著有《易經註解》、《老子宗指》、《禮記章句》、《楚辭疏》等。

〔註26〕見《清史稿・藝文志》、《四庫總目》、《清朝文獻通考》並著錄。今書收於嚴靈峰編《無求備齋莊子叢書集成初編》，第 22 冊。

〔註27〕嚴靈峰，《老列莊三子知見目錄》，頁 154。

〔註28〕《四庫提要》謂：「所說止莊子內七篇」，是否未見其餘篇歟？在此作爲補正。此書前有〈貴池縣志人物志文苑傳〉採錄之吳尚世（案：蓋爲世尙誤倒）、章永祚〈莊子解序〉三篇、〈南華子目錄〉下說明篇章看法、〈內篇大意〉、〈莊子本傳〉書末又附〈莊子解跋〉二篇，一是宛陵、湯奠邦（我正）跋、一是後生劉世珩謹跋。

析，亦不乏精到之見。由於世尚聰明過人，嗜學不倦，手抄十三經，以致脫腕，著書又多，因此閱讀前人解莊，定有許多自己的想法，其注書之動機吳世尚〈自序〉為：

> 余於莊，少而習之，久而不忘，而覺從前諸家略者過半，間有詳者，往往首尾衝決亦不自知。不揣鄙陋為之疏箋，務令理明氣貫，文從字順，俾閱之者有脈絡可循，有意味可咀嚼而止。而〈齊物論〉以下更加詳焉，則以向解此俱未免不得其解故也。〔註29〕

對前人的不滿，是其註解的動機，尤其書中屢次提出對西仲之不滿。他於目錄下附錄說明，特地指出早於他五十年所出《莊子因》（1663）是「不盡洽乎文義者」。因此舉出「定乎內外之分」、「歸休乎君」二處，說明西仲的註解是文氣不順、語意不通，他說：

> 近世解莊者林西仲《莊子因》，頗清楚而有不盡洽乎文義者。姑舉一二，如「定乎內外之分」四句，大意謂此譽之不加勸，非之不加沮之人，不過內重則外自輕耳！彼其於世之非譽，未必一一較計也。而西仲解為世間之人，如此者不多見，則於「彼其於世」四字，及上下文，反有格閡矣！其「列子御風」一段，亦同此病。〔註30〕

此段言西仲在文義上不完足者，諸如以「定乎內外之分」說明前後語義不連貫，又說「列子御風」亦是如此，另外又言：

> 又如「歸休乎君」四句，大意承上鷦鷯偃鼠來。謂回去休了念也，君不必以天下讓我，我原用天下不著也，且君縱必以天下讓人，余決不受君之天下也。乃西仲則解「休」為美名，以「致祭」喻治天下，見而許由有其實，是治由許由致也。上文許由何曰：「子治天下？天下既已治也，而我猶代子」乎！無其實而以實自處，而又外以名歸人，天下豈有此情理？古人言語斷不如此乖僻也。此類非一，不能枚列。夫西仲於莊，自以為不留毫髮剩義，而瑕類若此甚矣！解書之難也。〔註31〕

其實細讀即知，他豈止舉出一二而已，另一例「歸休乎君」以美名言「休」，

〔註29〕 見吳世尚，《莊子解》〈序二〉，藝文印書館據民國9年劉氏刊貴池先哲遺書本影印，《無求備齋莊子叢書集成初編》22冊，頁8。
〔註30〕 吳世尚，《莊子解》《無求備齋莊子叢書集成初編》，第22冊，頁19～20。
〔註31〕 吳世尚，《莊子解》《無求備齋莊子叢書集成初編》，第22冊，頁19～20。

更是不合邏輯，言下之意，西仲之書文義不合者甚多，其書中註解中，駁斥西仲之處，亦比比皆是。

但是，議論愈多，其愈見讀的熟悉，如〈逍遙遊〉評，以「大」字作線索，曰：「活潑潑所以爲大也，故一篇以大字作線索。」〔註32〕與西仲以「大」字作綱領，其實是如出一轍的，又如〈逍遙遊〉篇末總評曰：「莊子之文，不惟意遠理足、力厚味腴；其句中字眼，亦無不高新警變。」〔註33〕此處亦可以看出吳世尙學習西仲評點之痕跡。

吳世尙對作文鍊句、鍊字之訣，亦時時在篇中提醒、說明。〈則陽〉篇末章法的評語，則完全抄自《莊子因》，並言：「此篇西仲看得極有條理，仍之。」〔註34〕可以看得出對《莊子因》，他閱讀得極爲熟悉，註解時亦以其書爲參考，才會處處駁斥之，全書學西仲甚爲明顯，而註解內容豐富，不因外雜而有差等之見，他以義理爲尙，認爲「或又都無甚語，止圈濃點密，以爲贊嘆，段落句讀，一切混過。」〔註35〕因而全書未加圈點，意見亦未突出於前人之上，因此曲高和寡，後人的評價不如《莊子因》及《南華經解》。

二、以文解莊之開拓

「以文解莊」之開拓者，有宣穎《南華經解》、胡文英《莊子獨見》、孫嘉淦《南華通》等，說明如下：

（一）清‧宣穎《南華經解》

清‧宣穎〔註36〕《南華經解》〔註37〕康熙六十年（1721年），篇首有張芳〈序〉及宣氏〈自序〉，並有〈莊解小言〉。內容包括評注、篇首總論、段落分析、眉批、篇末總評等部份，內容上，以總論方式說明內篇、外篇、雜篇三者的不同，對各篇的思想內容，緒構層次，和寫作技巧，闡述詳盡，尤其偏重藝術技巧的分析。只是對雜篇的注釋甚簡略，尤其是〈讓王〉等四篇。

宣氏對《莊子》的處理，即是如西仲一般，析文理，導大竅。尤其對郭

〔註32〕吳世尙，《莊子解》《無求備齋莊子叢書集成初編》，第22冊，頁29。
〔註33〕吳世尙，《莊子解》《無求備齋莊子叢書集成初編》，第22冊，頁41、42。
〔註34〕吳世尙，《莊子解》《無求備齋莊子叢書集成初編》，第22冊，頁401～403。
〔註35〕吳世尙，《莊子解‧序二》《無求備齋莊子叢書集成初編》，第22冊，頁8。
〔註36〕宣穎，清康熙間句曲人，字茂公。順治十二年（1655年）拔貢。
〔註37〕有半畝園刊本、懷義堂藏版刊本、經綸堂梓行本，現有廣文書局、宏業書局、藝文書局印行

象以義理解莊，亦有微辭，曰：「郭子玄竊據向註，今古同推，要之亦止可間摘其一句標玄耳。至於行文妙處，則猶未涉藩籬。」，〔註38〕並於〈自序〉曰：

> 予此本不敢於莊子有加，但循其竅會，細爲標解，而不以我與焉。
>
> 庶幾《莊子》本來面目復見於天下，不致覿面旁猜而已。

由此看出他亦是標揭莊子文章奇緻，分段評騭的以評莊部分的。其書以評點《莊子》之藝術化境，其所運用詩話的語言，最爲特別，如云〈逍遙遊〉曰：「古今橫絕之文，筆勢跳脫無比。」〔註39〕又說莊子之文是：

> 莊子之文，長于譬喻，其玄映空明、解脫變化，有水月鏡花之妙。
>
> 且喻後出喻，喻中設喻，不啻峽雲層起，海市幻生，從來無人及得。
>
> 〔註40〕

宣氏以優美的評點文句，分段論莊文奇致，其中地籟一段，更是爲後人所津津樂道：

> 初讀之拉雜崩騰，如萬馬奔趨，洪濤洶湧；繼讀之，希微杳冥，如
>
> 秋空夜靜，四顧悄然。〔註41〕

宣穎對《莊子》藝術技巧與境界之分析，是細膩而獨到的。解莊時說明莊子爲文是「紅爐一點雪」〔註42〕、「勞攘沸騰中，惠一卷冰雪文也」〔註43〕、「眞大爐錘手」〔註44〕處處點出莊文之妙處。

宣穎另一特色即是「以儒解莊」，認爲：

> 予謂《莊子》之書，與《中庸》相表裏，特其書用處少，而又多過
>
> 於取快之文，固所謂養之未至，鋒芒透露，惜不及親炙乎聖人者。
>
> 〔註45〕

看得出宣穎亦是就純粹之儒者看莊子，以《莊子》一書與《中庸》相表裡，並讀出莊子的「直從明眼慈心，流出一副血淚來也。」〔註46〕一種儒者的風範，因此才說，可惜身不逢時，否則也會投入孔子門下。可以見得《南華經

〔註38〕宣穎，《南華經解》〈莊解小言〉，臺北：宏業書局，民國58年6月，頁5。
〔註39〕宣穎，《南華經解》，臺北：宏業書局，頁9。
〔註40〕宣穎，《南華經解》〈莊解小言〉，臺北：宏業書局，頁5。
〔註41〕宣穎，《南華經解》，臺北：宏業書局，頁20。
〔註42〕宣穎，《南華經解》，臺北：宏業書局，頁35。
〔註43〕宣穎，《南華經解》，臺北：宏業書局，頁74。
〔註44〕宣穎，《南華經解》，臺北：宏業書局，頁40。
〔註45〕宣穎，《南華經解‧序》，臺北：宏業書局，頁4。
〔註46〕宣穎，《南華經解》，臺北：宏業書局，頁23。

解》之基本立場在於「以儒解莊」，而其行文風格，表現形式則是「以文解莊」。

綜合而言，「以文解莊」是綜合文學與義理之雙美於一身者，〔註47〕因此宣穎會說：「愚謂聖賢經篇，雖以意義爲重，然未有文理不能曉暢而意義得明者。」，〔註48〕這與西仲重視識其眼目，得其要旨，明白意義分屬，而理亦互寄，文理相因之理，以文解莊之方法上是相同的，只是西仲著眼重在文章相因之理，脈絡分明，而宣穎運用詩話語言，將《莊子》文學意境，推至極至，這一點是略勝過西仲的，影響所及，後來劉鳳苞《南華雪心編》更是以宣穎解莊形式、內容作爲學習之標竿；因此錢穆言其「活趣盎然」〔註49〕吳康認爲：「與林雲銘、胡文英相伯仲」，〔註50〕都足以解釋「以文解莊」在宣穎筆下，有進一步推闊之功。

「以文解莊」在清初，以文藝美的感受，解讀《莊子》之文學技巧，又能應現實需要考量，對莊子作一精簡、有藝術美的解讀、引導之效，王先謙《莊子集解》引用《南華經解》處頗多，足見有其可取之處。

（二）清・胡文英《莊子獨見》

清・胡文英〔註51〕《莊子獨見》〔註52〕三十三卷，乾隆一六年（西元 1751年）全書內容有簡注，另有眉評、旁注，並加圈點，文理並熏，首題：「晉陵胡文英繩崖評釋，雲中武啓圖羲民同訂」武啓圖〈序〉，胡文英〈自敍〉，題：「莊子獨見箋註」並附〈莊子略論〉十條及〈讀莊針度〉八則，〈莊子針度〉內論述《莊子》的思想內容，以及講《莊子》的讀法，內七篇和〈天下〉篇有篇末總評。

此書闡釋每篇宗旨外，其重視對藝術特色的分析，頗有獨到之見解。書中注釋不多，偶有評點。有少量眉批，指示詞意、句意、段意、及其藝術技巧。如〈逍遙遊〉篇末評曰：

〔註47〕詳見筆者《宣穎南華經解之研究》，臺北：萬卷樓出版，民國 89 年 5 月。

〔註48〕宣穎，《南華經解》〈莊解小言〉，臺北：宏業書局，頁 5。

〔註49〕錢穆，《莊子纂箋》，臺北：東大圖書公司，1968 年 1 月，頁 4。

〔註50〕吳康，《老莊哲學》，臺北：商務印書館，1877 年 2 月九版。

〔註51〕胡文英，隆中晉陵人，字繩崖，官端州（廣東・肇慶）。

〔註52〕清史稿藝文志、清朝續文獻通考並著錄，又見八千卷樓書目，東海藏書樓書作三卷，端州原刻本，聚文堂藏板，分元亨利貞四冊。今《莊子獨見》有藝文印書館據清乾隆十六年三多齋刊本影印，《無求備齋莊子集成初編》，第 21冊。

「逍遙遊」三字是莊叟造端託始之意，一經說破，不過棗兒甜一著，
議論已落架子裡。因借鯤鵬翻空而入，用「去以六月息」句，在雲
煙有無中，略影一筆，層層翻跌，筆筆盤旋，直追至以無窮。〔註53〕

胡氏先以整體討論，其議論是在雲煙之筆意架中，卻層層翻跌而上，又言其
後：

趨勢點醒「逍遙」二字。前段如煙雨迷離，龍變虎躍；後段如風清
月朗、梧竹瀟疏。善讀者要須撥開枝葉，方見本根。千古奇文，原
只是家常飯菜也。〔註54〕

看他大筆一揮，如庖丁般目無全牛，眞是有其獨到之處。所以後人評曰：「此
書雖曰評釋（書首題晉陵胡文英繩崖評釋），實以論文爲主」〔註55〕「此書以
論莊子文章爲主，多談字法、句法、文章結構。見解以多淺薄。」〔註56〕可
以看出以閱讀者的眼光看《莊子》，是胡文英稱之爲「獨見」，但顯然不受後
世學者之重視。

但由其〈莊子論略〉十條及〈讀莊針度〉八則，明顯地看出胡氏受林雲
銘《莊子因》之影響，會以不同角度閱讀莊子，〈莊子論略〉所言，皆以莊子
爲主，說明莊子之人品、德性、學問、見識，另有一種出人頭地處；莊子具
有全副才情、才學醇正，只是眼界太高，眼極冷心腸極熱，最是深情之人，《獨
見》在莊子之個性、思想上以意逆志，專對莊子其人，作一番評論。〔註57〕

〈讀莊針度〉則完全就如何讀莊子爲主，說明讀莊子須是窮理、須把心
收得細如游絲、擅用照法、眼界放活、如演雜劇一般生旦淨丑，各各還他神
氣。〔註58〕

以上兩篇看出註解家對《莊子》的論點，已由過去純就義理爲出發點，
而改爲用讀者的視野去閱讀莊子，看莊子這位作家的所見所思，看莊子這本
巨著，已具有讀者接受反應之理論，也是受到西仲《莊子因》〈莊子雜說〉所
謂：「莊子是另一種學問」、「以傳奇法讀之」〔註59〕等影響。胡文英之《獨見》

〔註53〕胡文英，《莊子獨見》《無求備齋莊子集成初編》，第21冊，頁26～27。
〔註54〕胡文英，《莊子獨見》《無求備齋莊子集成初編》，第21冊，頁27。
〔註55〕見吳康，《老莊哲學附錄》《老莊哲學》，臺北：商務印書館，1877年2月九版。
〔註56〕關鋒，《莊子內篇譯解和批判》，頁389。
〔註57〕胡文英，《莊子獨見》〈莊子略論〉，頁513～517。
〔註58〕胡文英，《莊子獨見》〈莊子針度〉，頁513～521。
〔註59〕林雲銘，《莊子因》〈莊子雜說〉乾隆白雲精舍本，頁15～24。

後來在日本亦受到重視，如和刻本《標註莊子因》之中，日・秦鼎就放入大量的胡文英之資料，以作爲補充，足見其以文解莊，仍有其獨到之處，只是未被人發掘出眞諦來。

（三）孫嘉淦《南華通》

清・孫嘉淦〔註60〕《南華通》〔註61〕七卷（西元 1752 年），孫氏以內七篇爲討論主軸，他認爲可以以言逆其意，知其旨，所以解莊首先要通其文：

> 古之人原無意作文，而不免作文，此蓋其胸中若干日月以來，有不能自秘之一二語焉，而借筆墨以傳之也，顧以爲舉此一二語而直然書之，如鳥之戛然一聲而遂已。〔註62〕

孫氏言古之人原來無意於作文，又不免作文，實在是「胸中若干日月以來，有不能自秘之一二語焉，而借筆墨以傳之也。」因此解莊首要在把握要義，以通其文，故曰：「凡以言通也，文章之體，變化萬千，一言以蔽之，曰「通」而已。」〔註63〕其書眞正意義在於通《莊子》之意，希望後學者，不至於解莊時只能云：

> 南華之文，天下之至奇也，來不知所自來，去不知所自去，忽而如此，倏而如彼，使人迷而不得其指歸。〔註64〕

故全篇用章法謀篇的方式去解，其目的是藉由文字、文句、脈絡、章法，一一破解之後，最終在通其指歸。《南華通》中如「大知閒閒，小知間間」下評曰：「知言形心一齊總出，有提綱挈領之勢。」在〈齊物論〉篇末評曰：

> 須看其通篇大勢，前半順提，中間總鎖，後半倒應。千變萬化，一線穿來，如常山之蛇，擊首尾應，擊中則首尾皆應也。〔註65〕

可以知《南華通》亦重視其章法格式，但於義理處亦有討論，如「惟道集虛，虛者心齋也」下言：

> 惟虛能受，惟虛能靈，惟虛能感，惟虛能應，故曰：道集虛也。周

〔註60〕 孫家淦，興縣人，字錫公，號懿齋，康熙癸巳進士，官至史部尚書、協辦大學士，乾隆十七年卒，諡文定，卒年七十一。清朝《文獻通考》作孫嘉淦撰。

〔註61〕 《清史稿・藝文志》著錄。今見於《四庫全書存目叢書》子部二五七冊，北京圖書館分館藏清乾隆刻本。

〔註62〕 孫嘉淦，《南華通》《四庫全書存目叢書》，子部二五七冊，子 257-507。

〔註63〕 孫嘉淦，《南華通》，子 257-508。

〔註64〕 孫嘉淦，《南華通》，子 257-507。

〔註65〕 孫嘉淦，《南華通》，子 257-526。

子《通書》曰：「聖可學乎？」曰：「可。」曰：「有要乎？」曰：「有，一為要，一者無欲也；無欲則靜虛動直。」與此可相發明。凡內篇中所引孔顏之言，類皆精粹，似有所本。〔註66〕

可以見得重視文學角度之「以文解莊」，亦須有其註解之觀點見地，往往與「以儒解莊」相表裡。故《四庫全書總目提要》評論曰：

南華通七卷（陝西巡撫採進本），國朝孫嘉淦撰。嘉淦有春秋義，已著錄。是編取莊子內篇，以時文之法評之，使起承轉合提掇呼應一一易曉，中亦頗以儒理文其說。〔註67〕

由上述知，《南華通》兼具形式之美與義理之思，由文入理，對莊子作一己之詮釋，可以看出「以文解莊」之發展情形。

三、以文解莊之集大成

清‧劉鳳苞〔註68〕《南華雪心編》八卷（光緒三年 1877），可說是承襲以文解莊之優點，而集大成者。劉氏〈凡例〉中即言，是按照宣穎《南華經解》義例來分段的。形式上包括評注、篇首總論、段落分析、眉批四部分。以〈讓王〉、〈盜跖〉、〈說劍〉、〈漁父〉四篇附於〈天下〉篇之後。

內容上注釋，先引郭象注文，後引諸家批注。或往往不援引前人注釋，直書個人見解。夾行評注，對前人意見，未能悉載者，列於頂格之上作為眉批，以示眾美兼收。所引前人意見，兼採宋、元、明、清各家說有十餘家。總論和段落分析，能夠折衷諸家之長。在評注中，作者認為宣穎分肌析理，論文最詳，故引證頗多。此外，對林雲銘、胡文英、陸樹芝、陸方壺等諸家的高論卓識，亦有較多吸取。他在〈凡例〉中即言：

南華空靈縹緲，絕妙文心。郭注雖精，而文法則為屐齒所不及。後來註解，惟宣茂公，分肌析理，論文最詳。故篇中證引頗多。此外如林西仲、胡繩巖〔註69〕、陸樹芝高論卓識，曠若發矇，參匯諸家，始窺見南華妙境。〔註70〕

〔註66〕 孫嘉淦，《南華通》，子 257-534。
〔註67〕 《四庫全書總目提要》，卷一百四十七。
〔註68〕 劉鳳苞，湖南武陵人，同治乙丑進士翰林散館後改知縣曾任教城南書院。
〔註69〕 胡繩巖指胡文英，字繩崖，非「巖」。
〔註70〕 劉鳳苞，《南華雪心篇》〈逍遙遊〉，見劉鳳苞，《南華雪心篇》〈凡例〉，藝文印書館據清光緒二十三年晚香堂刊本影印。嚴靈峰，《無求備齋莊子集成初

由以上論述，即看出其欲解《莊子》之文心，欲明其書之脈絡文理之意，極為清楚，對《莊子》評價是：

> 老子論道德之精，卻只在正文中，推尋奧義；莊子闡逍遙之旨，便都從寓言內，體會全神。同是歷劫不磨文字，而縹緲空靈，則推南華為獨步也。〔註71〕

除了形式、內容之義例全根據，西仲、宣穎而來，但內容與說明則更加詳盡，即使〈讓王〉等篇，亦不偏廢，附之於後，亦加以註解，就「以文解莊」的立場而言，專就《莊子》之文學性而言，不論真假亦有其文學意義，這一點是值得肯定的。

劉鳳苞的《南華雪心編》，編撰於光緒初年，成書較晚，但總結前人「以文解莊」之優點，析理清楚，層次分明，研究細膩，形象生動，富有文彩。陸永品認為：

> 是莊子散文研究的集大成者，成就最大，水平最高，可謂前無古人，未見來者。〔註72〕

以「以文解莊」之體例而言，其書是完備又豐富，每一段都說明意義，意境，細細分析，言其集大成者，是不為過，不過承於前人之規模下發揮，有推擴充實之功，無推陳出新之意。

從「以文評莊」到「以文解莊」，以莊學詮釋史的角度來看清初，它已具備從宋、明以來，由詩文援用《莊子》、詩話批評《莊子》、散文角度看《莊子》，由評他人注本，到自成一家之言，清初《莊子因》的規模建立，以影響後學，是顯而易見的。

清朝「以文解莊」的風氣，雖不是解莊之主流，但清初林雲銘《莊子因》、宣穎《南華經解》，為世人所重視、鍾愛，除了以文理進入義理的解莊方式，易為後人接受之外，純然以文學角度出發的「以文解莊」，這一脈的出現，易為世人接受，又合乎多數人對文學美的欣賞與學習，此隱含的力量與效用，是不容忽視的。

且清初「以文解莊」，也為後來考證訓詁之學，提供了文字脈絡與呼應的

編》，第24冊，頁2。

〔註71〕藝文印書館據清光緒二十三年晚香堂刊本影印。嚴靈峰，《無求備齋莊子集成初編》，第24冊，頁7～8。

〔註72〕陸永品，《老莊研究》河南：中州古籍出版社，1984年11月。

方法學，也是由義理闡釋過渡到字句訓詁的轉換時期，莊學在詮釋上另類的表現。下面就西仲《莊子因》在清初影響各家，作一圖表補充說明：

表二十四：清代「以文解莊」注家內容概要表

清　代　以　文　解　莊　注　家　內　容　概　要　表										
著　　作	時間	目的	圈點	章法	藝術境界	章旨	總評	注釋	眉批
吳世尚《莊子解》	1713	諟正者		∨	∨	內七篇	∨	∨	
宣　穎《南華經解》	1721	引　申		∨	∨	∨		∨	
胡文英《莊子獨見》	1751	引　申	∨	∨	∨		內七篇讓王·天下	∨	
孫嘉淦《南華通》	1752	引　申		∨	∨	∨	∨	∨	
劉鳳苞《南華雪心編》	1877	集大成		∨	∨	∨	∨	∨	∨

第三節　《莊子因》對日本漢學之影響

一、和刻本《標註莊子因》之組成

　　吾人今所見蘭臺書局印行之《標註莊子因》〔註 73〕六卷，是源自日本·泰鼎〔註 74〕補義與東條保〔註 75〕標註，但其書在日本是從江戶中後期，一直受日本學者之重視與研究的。先說明其成書的情形。

　　今日所見之《標註莊子因》有〈標註補義莊子序〉（明治乙酉 1885 仲秋，

〔註73〕清·林雲銘注，日·秦鼎補義，日·東條保標註，臺北：蘭台書局，民國 58年 6 月初版。

〔註74〕秦鼎（1761～1831），尾張人，愛知縣士族。屬古文辭學派。見嚴靈峰，《老列莊三子知見目錄》，頁 257，北京：中華書局，1993 年 4 月；連清吉，《日本江戶後期以來的莊子研究》，頁 21，臺北：學生書局初版，1998 年 12 月。

〔註75〕東條保（1795～？），字淡齋，琦玉縣武藏園兒玉郡人。見嚴靈峰《老列莊三子知見目錄》，頁 257，北京：中華書局，1993 年 4 月，連清吉，《日本江戶後期以來的莊子研究》，頁 23，臺北：學生書局初版，1998 年 12 月及施錫美《焦竑莊子翼研究》，頁 138，逢甲大學碩士論文，民國 84 年；其父東條弘曾著有《郭註莊子標註》（未見）（1852 年）。

省軒龜谷行撰。清分・田中嬰書）、〈補義莊子因序〉（寬政八年丙辰 1789 秦鼎）、
〈標註莊子因序〉（明治丙戌 1886 三島毅〔註76〕）、〈增註莊子因序〉（康熙戊辰
1688 林雲銘）〈莊子總論〉〈莊子列傳〉〈莊子雜說〉〈凡例〉〈莊子篇目〉。

　　內容根據林雲銘《莊子因》本加標註、補義，眉欄分二格，上格是東條
保標註，下格是泰鼎補義。上格注〔東條保標註訓點〕，引其父東條弘〔註77〕
（一堂）注、東條保注、郭象注、唐・成玄英、宋林希逸、呂惠卿（吉甫）
注、明・褚伯秀注等各家雜說，下格爲秦鼎補義，引郭象、明・楊愼、李卓
吾、朱得之、沈一貫、陸西星、羅勉道、焦竑；清・胡文英等各家註解，以
明、清註家爲多。有日文訓讀、漢文圈點，秦鼎又加上亦有《公孫龍子》〈白
馬論〉、〈指物論〉於〈齊物論〉後，並將《增註莊子因》後來補進之資料，
全部放入，非常完整，是《莊子因》目前所見，較完整之版本。

　　其版本是是和刻本，明治二十三年（1890）十月二十日大松村九兵衛刊浪
花溫古書屋線裝本，此書在日本，是放入《和刻本諸子大成》第一輯至第十二
輯中，日本長澤規矩也輯昭和五十年、五十一年。東京汲古書院景印本。〔註78〕

〔註76〕 三島毅著有《莊子內篇講義》一卷（未見）（1911 年），伊豫人，字遠叔，
　　　　號中洲齋藤拙堂門人文學博士，東京帝國大學教授，大正四年卒，年九十。
　　　　《目錄大成》著錄，見嚴靈峰《列子莊子知見目錄》，頁 313，民國 50 年 10
　　　　月香港無求備齋出版。明治十年（1877）東京大學創設，當時文學院第二科
　　　　設置了和漢文學科，後又於民治十五年（1882）五月，以附屬於文學部的形
　　　　式，新設講授國學的「古典講習科」，其中三島毅爲漢文學教授，講授的課
　　　　目以四部、即經子史集與法制爲主。講課以討論的方式，一方面由教授講授
　　　　漢籍，一方面則由學生輪流研讀。每個月提交一篇漢文的作文。見町田三郎
　　　　著、連清吉譯《明治的漢學家》，頁 144～148，臺北：學生書局初版，2002
　　　　年 12 月。
〔註77〕 東條弘（1778～1857）曾著有《郭註莊子標註》（未見）（1852 年），《目錄大
　　　　成》著錄，《莊子道德字義並性命》（存）藏於東北大學狩野文庫。東條弘，
　　　　上總人，字子發，號一堂，又號瑤谷閒人，屬江戶時期折衷學派，安政四年
　　　　卒，年八十一。見嚴靈峰《列子莊子知見目錄》，頁 307，民國 50 年 10 月香
　　　　港無求備齋出版，連清吉《日本江戶後期以來的莊子研究》，頁 22，臺北：學
　　　　生書局初版，1998 年 12 月。筆者案《標註莊子因》中，東條保引用時，就引
　　　　其父的號，以「一堂曰」稱之。
〔註78〕 見《京都大學人文科學研究所漢籍目錄》，頁 317 上：「明治二十三年十月二
　　　　十日松村兵衛刊浪花溫古書屋線裝本」嚴靈峰，《老列莊三子知見目錄》，頁
　　　　257 記載「明治二十三年浪花溫古書屋松村兵衛刊本」兩本應是相同。今依照
　　　　《京都大學人文科學研究所漢籍目錄》所記更正，此《目錄》日本京都株式
　　　　會社同朋舍出版，昭和五十六年十二月十日發行。

根據版本記載，對林雲銘《莊子因》的翻刻，最早的文獻記錄是寬政四年（1792）源暉辰〔註 79〕《校訂增註莊子因》〔註 80〕六卷，翻刻林雲銘《莊子因》之「增註」本，加中日文標點、斷句、眉欄署附音註、首有源暉辰〈刻莊子因題言〉。題曰：「清・林西仲先生評述，日本羅洲松井先生校訂」寬政壬子夏源暉辰序，末附〈莊子闕誤同異考〉。

其後寬政八年（1796）有秦鼎《補義莊子因》六卷，〔註 81〕是單行本，今未見。

再來則是秦鼎、東條保《標註補義莊子因》〔註 82〕六卷，同據林雲銘「莊子因」本加「標註」「補義」，用中日文標點，眉欄上格為「東條保標註」，引各家雜說，下格秦鼎「補義」引各家注解，首有寬政八年丙辰三月秦鼎〈補義莊子因序〉而末附寬政八年二月（1796）伊藤謨跋，並同年服部世猷跋，明治十八年（1885）乙酉仲秋省軒龜谷行撰〈標註補義莊子因序〉，明治丙戌十九年（1885）歲晚三島毅〈標註莊子因・序〉，為明治二十三年（1890）刊本，得知本書當係秦鼎《補義莊子因》與東條保《標註莊子因》二書合刊而成。

但今所見台北蘭台本《標註莊子因》，其中日文訓讀、秦鼎、東條保、龜谷行、三島毅資料皆有，而未見伊藤謨〈跋〉、服部世猷〈跋〉，留待其後再作詳考。

秦鼎（1761～1831）、字士鉉、號滄浪。父峨眉是服部南郭的弟子，即徂徠學派的儒者。秦鼎承繼家學，尊奉徂徠學。又從學細井平洲、其後入學尾張（名古屋）藩校明倫堂。寬政四年（1792）成為明倫堂的教授。天保二年沒，享年七十一。根據《近世漢學者著述目錄大成》的記載，秦鼎博學多聞，好古書校勘，「文章不襲古人、成一家之言」。著述有《周易解》十二卷、《春秋左氏傳校本》三十卷、《國語定本》二十一卷、《補義莊子因》六卷。

《補義莊子因》六卷完成於寬政八年（1796）。連清吉《日本江戶後期以來的莊子研究》認為此書：

〔註 79〕源暉辰，大阪人，本名松井甚五郎，一名暉星，字苗賓，稱七郎，又號羅洲讀耕園。文政五年二月卒，年七十二。見見嚴靈峰，《列子莊子知見目錄》，頁 295，民國 50 年 10 月香港：無求備齋出版。

〔註 80〕寬政四年（1792）平安風月庄左衛門大阪泉八兵衛合刊本。

〔註 81〕此書未見，據嚴靈峰，《老列莊三子知見目錄》記載《標註補義莊子因》本有「秦鼎《補義莊子因・序》」是寬政八年，乃單行本刊行者，備此待考。

〔註 82〕日本寬政八年大阪積玉圃柳原喜兵衛刊本及明治二十三年浪花溫古書屋松村兵衛刊本（1890 年）。

是江戶時代的《莊子》研究書中，唯一以《莊子因》爲底本的《莊子》注本，即根據林西仲《莊子因》的解釋以探究《莊子》思想內容。至於《莊子因》的注解有不明白的地方，則參考其他注釋而增益補足。秦鼎所參採的注釋有晉郭象的《莊子注》、唐成玄英的《莊子疏》、宋林希逸的《莊子口義》、明楊慎的《莊子解》、陸長庚的《南華眞經副墨》、沈一貫的《莊子通》、焦弱侯的《莊子翼》、李卓吾的《莊子內篇解》、清胡文英的《莊子獨見》。特別是胡文英的《莊子獨見》引用最多。﹝註83﹞

東條保（1795～？），字淡齋，爲琦玉縣武藏園兒玉郡人，《標註莊子因》中引用其父東條弘（一坐）《郭註莊子標註》（1852 年）之資料甚多，東條保自己註解亦多，又加上晉郭象注、崔譔《莊子注》、司馬彪《莊子注》唐・成玄英《莊子疏》、宋・林希逸《莊子口義》、呂惠卿（吉甫）《莊子義》《莊子解》、褚伯秀《莊子義海纂微》、明・焦竑《莊子翼》、陸西星《南華眞經副墨》、羅勉道《南華眞經循本》、李卓吾《莊子內篇解》方以智《藥地炮莊》等各家雜說，顯然所運用資料範疇較秦氏更多，時代亦更久遠。

秦鼎與東條保乃日本江戶後期（1603～1866）的學者，二人在日本屬於古文辭學派，即是由研究林希逸《口義》進而轉研究明清之莊學著作。其研究《莊子因》的動機及目的，是運用實證方式，作經典的詮釋與辨僞。以下繪成表格說明《莊子因》在日本傳沿情形：

表二十五：《莊子因》日本傳沿表

《 莊 子 因 》 日 本 傳 沿 表		
書　　名	內　　容	書 籍 情 形
《校訂增註莊子因》 六卷 源暉辰	1. 最早的文獻記錄是寬政四年（1792） 2. 翻刻林雲銘《莊子因》 3. 題曰：「清・林西仲先生評述，日本羅洲松井先生校訂」寬政壬子夏源暉辰序 4. 首有源暉辰〈刻莊子因題言〉。 5. 末附〈莊子闕誤同異考〉。	寬政四年平安風月庄左衛門大阪泉八兵衛合刊本
《補義莊子因》 六卷 秦鼎	1. 寬政八年（1796），是單行本，今未見。 2. 秦鼎〈補義莊子因序〉	未見

﹝註83﹞ 連清吉《日本江戶後期以來的莊子研究》，頁 231 台灣：學生書局初版，1998年 12 月。

《標注莊子因》東條保		未見
《標註補義莊子因》泰鼎 東條保	1. 寬政八年丙辰 1789 秦鼎〈補義莊子因序〉 2. 末附寬政八年二月（1796）伊藤謨跋， 3. 並同年服部世猷跋 4. 明治乙酉十八年（1885）省軒龜谷行撰〈標注補義莊子因・序〉 5. 明治丙戌十九年（1886）三島毅〈標注莊子因序〉	爲明治二十三年（1890）刊本，得知本書當係秦鼎《補義莊子因》與東條保《標注莊子因》二書合刊而成。
《標註莊子因》（蘭台書局）泰鼎 東條保	1. 明治乙酉十八年（1885）省軒龜谷行撰〈標註補義莊子因序〉 2. 明治丙戌十九年（1886）三島毅〈標注莊子因序〉 3. 寬政八年丙辰 1789 秦鼎〈補義莊子因序〉 4. 內容根據林雲銘《莊子因》本加標註、補義，眉欄分二格，上格是東條保標註訓點，下格是泰鼎補義。	1. 爲明治二十三年（1890）刊本，得知本書當係秦鼎《補義莊子因》與東條保《標注莊子因》二書合刊而成。 2. 明治二十三年（1890）十月二十日大松村九兵衛刊浪花溫古書屋線裝本

二、《莊子因》在日本傳播之情形

漢籍傳入日本根據日本《古事記》記載，約是應神天皇時（270～370）百濟國（朝鮮半島）王仁所帶《論語》十卷、《千字文》一卷，其後藉由當時留學生、學僧、遣唐使、商人等傳遞漢籍至日本，如吉備眞備、玄昉、空海等。漢學研究則以江戶時代（1603～1867）最盛，二百六十多年間，其中分八派，[註84] 其中與莊子書籍的引進，最有關聯者，應爲由伊藤仁齋古義學，主張古學，到荻生徂徠復古學，主張以六經爲中心的古文辭，對引進《莊子》由莊子研究作爲一觸發點，影響最鉅。

在江戶時代漢學流衍，根據牧野謙次郎、町田三郎之說，[註85] 分三期，第一期家康將軍——吉宗（1603～1731），是朱子學勃興的受容時代，第二期吉宗——家治（1735～1788），是諸學隆盛的批判受容時代，第三期慶喜以下（1789～1867），是朱學一尊，諸學大成時代。第一期以林羅山朱子學爲幕府

〔註84〕 有程朱學、陽明學、敬義學、古義學、復古學、古注學、折衷學、考據學。見黃師錦鋐，〈日本的漢學研究〉，斯波六郎著黃師錦鋐、陳淑女譯，《文選諸本之研究》，臺中：法嚴出版社，民國 92 年 11 月。
〔註85〕 江戶漢學的分期，參考牧野謙次郎，《日本漢學史》與町田三郎先生之說。

官學，第二期古義學派抬頭，從伊藤仁齋到復古學荻生徂徠，對古文辭開始重視，第二期已是中國乾隆年間（乾隆元年是 1736 年），第三期是（乾隆五十四年～同治六年）由於與中國乾嘉考證學同時，故日本之學風亦重考證學，以清代考據學爲學問研究的新方法。同時亦對表達心靈感受、富饒文采之文藝創作，亦盛極一時。〔註86〕

開日本莊學最早之著述爲岩維肖〔註87〕（1360～1457 約我元末明初）《莊子口義抄》十卷（1530），此書以林希逸《莊子口義》爲主，是「嘗聞莊子於耕耘老人明魏（耕耘之法號），而後維肖始讀《莊子希逸口義》」，由此日人展開對莊子學的興趣，其《口義》之所以被五山禪僧垂青而風行日本，其一是捨郭象舊註，轉《口義》新註之需要，加上《口義》較平淺，又揉合禪宗（尤其臨濟宗）、論語、孟子、大學、中庸解莊、又以宋儒觀點釋莊亦多，能符合江戶初期學術尊朱子學之學術風氣，加上岩維肖是室町時代（1336～1573 年）五山臨濟宗禪僧時代重要人物之一，莊子書籍原不易得，得之自然「占畢之」，而後江戶初期林羅山（1583～1657 約明末到南明）以日文訓點林氏《口義》後，《口義》即廣披流傳。〔註88〕

故江戶初期，日本學術皆籠罩在五山三教合參之學風之下；而《莊子翼》因取郭象以下數十家之旁徵博引，其註間采各家，有以儒解、以道解、以佛解之三教解莊之特色，故與《口義》同時爲江戶學者接受而大量引進。〔註89〕

故當時出版《莊子》者，皆以《口義》爲主，其次《莊子翼》根據應慶大學斯道文庫所編《江戶時代書林出版書籍目錄集成》所載，希逸《口義》從寬文十年（1670）到明和九年（1772）注本出版一共有一百一十本，《莊子翼》亦有一百零八本，一直到明和九年（1772）江戶書林所出版《莊子》注本，僅清《莊子因》而已，不具冊數，且《口義》《莊子翼》亦付之闕如。這個現象，看出《口義》開始式微。

〔註86〕江戶第三期文風見連清吉《日本江戶後期以來的莊子研究》轉錄中村幸彥〈近世の文人意識の成立〉（《中村幸彥著述集》，第十一卷，漢學者記事，頁 375～407，中央公論社，1982 年 10 月出版）之文。

〔註87〕岩維肖，《莊子口義抄》岩維肖號得嚴，五山南禪寺沙門，爲耕雲和尚之弟子。

〔註88〕武內義雄著、連清吉節譯，〈日本老莊學〉鵝湖 193 期，1991 年 7 月，頁 41～45。

〔註89〕見簡光明，《林希逸莊子口義研究》，頁 137～139，逢甲大學中文研究所碩士，民國 80 年 1 月、施錫美，《焦竑莊子翼研究》，頁 134～138，逢甲大學中文研究所碩士，民國 84 年。

　　再根據大庭脩氏所主編《江戶時代における唐傳持渡書研究》，〔註90〕期間《莊子因》傳至日本者有：

寶永二年（1705）	增補莊子因〔註91〕	一部四本（據《商舶載來書目》）〔註92〕
享保十年（1725）	莊子因	一部一套（據《商舶載來書目》）
寬延三年（1750）	莊子因	一部六本（據《唐船持渡書覺書》）〔註93〕
寶曆四年（1754）	莊子因	一部一套四本（據《舶來書籍大意書》）〔註94〕
寬政十二年（1800）	增註莊子因	四部一套（據《外船齎來書目》）〔註95〕

　　此時由外船運至日本之書，反見《莊子因》的量，明顯的比《南華經解》、《莊子解》《莊子獨見》都只有一部一套，看出《莊子因》開始受到重視。

　　加上江戶時期《莊子》研究書目中以書目著錄情形，看江戶莊學研究，江戶初期，仍有承襲五山〔註96〕的風尚，對郭象的《莊子注》及成玄英的《莊

〔註90〕 大庭脩氏所主編，《江戶時代における唐傳持渡書研究》，關西大學東西學術研究所叢書之一，1967 年出版。書分研究篇及資料篇。前者敘述江戶期輸入書籍之概觀、唐船持書之資料說明、唐船持渡書之出版及價格之考察，後者則分齎來書目、大意書、長崎會所記錄帳目及分類編輯書目等。引自連清吉《日本江戶後期以來莊子研究》，頁 12。

〔註91〕 筆者案：此《增補莊子因》與《增註莊子因》是否爲同一版本，今已不得而知。據連清吉先生表示，可能一字之差，其間有所訛誤，因爲在日本，並未見到《增補莊子因》之版本。

〔註92〕 《商舶載來書目》今藏日本國立國會圖書館。輯錄元祿六年（1693）至享和三年（1803）輸入書目，以日文字母之音讀歸類群書，各類之書則按年代先後排列（參《唐船持渡書の研究》的〈資料篇〉所錄《商舶載來書目》凡例），引自連清吉《日本江戶後期以來莊子研究》，頁 13。

〔註93〕 《唐船持渡書覺書》，宮內廳書陵部藏《舶載書目》，第十三冊所收（「覺書」者備忘之類的記載）。

〔註94〕 《舶來書籍大意書》，內閣文庫藏（「大意書」者，猶目錄的解題，大抵著錄輸入書的作者及書目的篇卷）。

〔註95〕 《外船齎來書目》，長崎縣立長崎圖書館渡邊文庫藏。

〔註96〕 五山爲官寺的代稱，是南宋官寺制度，日‧鎌倉時代（1192～1333）末期，由於學僧將宋學傳入日本，後來日人倣此名稱，於建長五年（1253），稱建長寺爲五山第一寺，後移轉於京都，列南禪寺、東福寺、建仁寺、建長寺、圓覺寺爲五山。在幕府的保護下，禪林導入漢文學，開創五山文學成爲鎌倉時代傳授學問的中心所在，當時五山的禪僧，開啓講授《朱子集註》，南禪寺僧得嚴（岩維肖）捨郭象註改據林希逸，《口義》寫成《莊子口義抄》，加上江戶初期林羅山訓點《口義》，研究老莊者皆以林希逸，《口義》爲主。見連清吉，《日本江戶時代的考證學家及其學問》〈前言〉，頁 3 及《日本江戶後期以來的莊子學研究》，頁 1，臺北：學生書局，1998 年 12 月。

子疏》加以眉批標點，絕大多數重視《莊子鬳齋口義》；〔註97〕江戶中期，因荻生徂徠提倡古文辭學，一方面直探中國古典原義，一方面主張本土文化的抬頭。此時的《莊子》研究，有回復郭象注，荻生徂徠又主張除了沿襲已久的「俚諺抄」、「俚諺解」〔註98〕外，也應當用「國字」（即日本字）解詁中國的經傳諸子，以普及教學，進而在本土生根，形成日本化的漢學，因此有《國字解》〔註99〕的產生；江戶後期，雖然仍有訓點，考校郭象注之研究，但開始針對新傳入之林西仲《莊子因》，作校訂、補註的工作。但明顯的是已經不以《口義》爲主，而轉向較有本土性，或具個人見解的著作，連清吉認爲：

> 然則，就整體研究而言，此一時期，但日本漢學家於《莊子》的研究，其所傾注心力的是，如何有自己的詮釋系統，故此時所見的《莊子》研究，泰半以上，皆是標舉自有見地的著述。換而言之，此一時期的《莊子》研究，是中國學問之攢繼與遠紹較少；而東瀛自身學術建立的色彩較濃。如龜井昭陽《莊子瑣說》，帆足萬里《莊子解》等即是。〔註100〕

此時期即是源暉辰《校訂增註莊子因》（寬政四年，西元 1792，即乾隆五七年）秦鼎《補義莊子因》（寬政八年，西元 1796 年，即嘉慶元年）東條保《標註補義莊子因》（明治二十三年，西元 1890 年，即光緒十六年）陸續出版時期，反觀印書情形、船舶傳入書籍、加上研究書目，看出江戶中晚期莊子學，約十八世紀中葉，宋・林希逸《口義》已進入衰微期，當時所重視者，主要以林雲銘《莊子因》爲最多，其餘尚有明・焦竑《莊子翼》、朱得之《老莊通義》、陳孟常《老莊精解》、清・胡文英《莊子獨見》、宣穎《南華經解》等，以明、清注莊爲主。

由其三次翻刻《莊子因》的情形，可以觀察出《莊子因》從江戶後期一

〔註97〕時代區分蓋據出版年代而言者。如岩維肖《莊子口義抄》（1530）、小野壹《莊子口義棧航》（1660）刊行於十七世紀中。又渡邊操（蒙庵）《莊子口義愚解》（1739）則刊行於十八世紀中葉。

〔註98〕所謂「俚諺抄」、「俚諺解」，是以俚俗諺語解釋漢籍的一種解釋方法。流行於江戶初期。

〔註99〕直接以日文訓詁《莊子》的字義和疏解《莊子》的義理，江戶後期代表作有，服部南郭的《校訂郭注莊子》、千葉芸蘭的《訓點郭注莊子》、荻生徂徠的《莊子國字解》、本居宣長的《莊子摘腴》。

〔註100〕連清吉，《日本江戶後期以來莊子研究》，頁 24。

直到明治第三期，已繼《口義》之後，備受學者青睞，何以林希逸《莊子口義》沒落，轉重視明清之注本，根據連清吉的看法，原因是：

> 或林氏《口義》在日本已出版流傳甚久，無需再由中國輸入。也或
> 許中國傳統治《莊子》所根據的《郭注‧成疏》與日本江戶初期以
> 來，研究《莊子》之主要根據的《林氏口義》，由於長久以來的引用，
> 成為研究《莊子》的俗套，又在「批判受容」的學術風尚下，乃輸
> 入中國本土新刊《莊子》注本，期望有後出轉精的「新註」可資參
> 考，進而刺激更新的《莊子》詮釋產生。〔註101〕

除了尋求更新的詮釋以外，學術環境的改變、學術思潮的影響、尋得解莊的其他方法，突破原有解莊之窠臼，都是可以詳加探討的原因。

三、《標註莊子因》之增補

由以上《莊子因》的流傳，已清楚知道，今所見之《標註莊子因》傳入與刻印之詳細情形。唯一遺憾之處，由於《標註莊子因》與《增註莊子因》之間，已有多處增補，雖然秦鼎序言提出：

> 於是讀莊，欣然有會於心，心會意樂，遂取林氏因訂之，次第治之，
> 終補其闕矣。〔註102〕

但是「次第治之」，是否指篇目前〈凡例〉的位置更動；「終補其闕」者，是否指〈齊物論〉後《公孫龍子》之〈指物論〉、〈白馬論〉他補附的部分，並說明：

> 莊叟指馬之說，或曰出於公孫龍，或曰否，諸說紛然，各言其所欲
> 言也，要之學者當循其本耳！姑校二論而附之。秦鼎云。〔註103〕

其餘部分與乾隆年白雲精舍本，所增加之內容部分，如〈讓王〉等四篇，是否是根據他所見之《增註莊子因》或是 1705 年傳入之《增補莊子因》，還是享保十年（1725）所引進《莊子因》第一版，因書中未說明清楚，年代湮遠，許多版本今已無法見到，只有流存疑慮，供後學者繼續作漢籍在異域傳入、發展、刻印、增補、及其版本上之研究，並可以於中國大陸圖書館中之藏書，覓得其他版本，以供對照。

〔註101〕連清吉，《日本江戶後期以來莊子研究》，頁 15～16。
〔註102〕《標註莊子因》，頁 1～2。
〔註103〕《標註莊子因》，頁 84。

就今日筆者在二版本，比對與檢覈的結果，作以下的初步分析，更動凡例等部分，可由秦鼎〈自序〉中推論，應是他所改；而增加的部分，《標註》比《增註》所多的部分：

（一）其上二格，秦鼎、東條保所增加之補注，包括明清及日本注家。

（二）內容部分，直接說明「秦鼎云」、「秦鼎再識」，一是《公孫龍子》兩篇，一是〈天下〉篇末，西仲評後，秦鼎又降一格，說明全書著作之緣由：

陸之副墨以二年成，沈之通以二月成，余豈敢望二氏。顧余治莊，
原由於病，方其劇也，猶不能自言我病，況能言莊乎。右軍之癲，
預於盛德，習鑿之性理錯著漢晉春秋，余豈敢比二賢，唯是校正之
役，服藤二子焉，依是其所以不日成之，而二子跋獨歸重於余，譆！
二子謙矣。

秦鼎再識〔註104〕

（三）未明言是誰所補者，凡四現

1. 〈讓王〉等四篇，及其篇末評語，說明贋手部分

2. 其他篇篇末有補者，惟〈養生主〉加上兩段，用小字書寫成兩行者。
   內容一是徵引焦竑《莊子翼》「薪盡火傳」，佛教的典故，如何解之。
   一是說明文章藝術評點部分。

3. 題目下有補者，僅〈寓言〉題目下，加上兩行小字，說明寓言是明道
   之言等。

4. 段落下有補者，有許多，皆以「＿＿＿」黑欄區分，下面多加明清註解。

考訂究竟爲秦鼎所補，亦或可能是其他人補，還是《莊子因》有其他版本，而未見著錄，則需逐條考察。

經筆者逐一考訂，發覺幾項：

1. 〈齊物論〉「故昔者堯問於舜曰」段下有與白雲精舍本完全相同之註解
   外，下面加上有「＿＿＿」並加上幾句補注：

   《獨見》：喻辯者卑鄙之甚，不足與較，惟修德以臨之，彼將自愧，
   而廢然而返矣！〔註105〕

此語經證實，出自胡文英《莊子獨見》〔註106〕第42頁，胡文英《獨見》

〔註104〕《標註莊子因》，頁652～653。

〔註105〕《標註莊子因》，頁71。

〔註106〕嚴靈峰編，《無求備齋莊子集成初編》，第21冊

為乾隆十六年（1751 年）出版，故推論，所有段落下加欄之注解，可能皆屬後人補之，但不知是否為秦鼎所補。

2. 〈寓言〉題下所增加兩行小字，經查證出自胡文英《莊子獨見》第 411 頁

3. 〈養生主〉下兩段，一出自焦竑《莊子翼》〔註107〕第 127 頁一出自胡文英《莊子獨見》第 55～56 頁，皆非西仲之語。

4. 唯一存疑而無法查證者，為〈讓王〉等四篇，因為行文體例，與前面諸篇皆同，可能是秦鼎所見版本原是如此，即照著刊刻。

筆者因此查遍宋、明、清注莊諸家，有討論外雜篇者：

林希逸《口義》、褚伯秀《微纂》、陸長庚《副墨》、朱得之《通義》沈一貫《莊子通》等，但所用語句，僅林希逸、陸長庚有幾句與西仲《莊子因》相同。

有著錄解說，未評者：如胡文英《莊子獨見》宣穎《南華經解》因贗篇不置釋，未著錄者，如王船山《莊子解》、劉鳳苞《南華雪心編》

總結：下加小字者，皆後人增補；〈讓王〉等篇印製與前面相同，可能為秦鼎等所見《莊子因》初版，由於筆者已查遍手邊宋、明重要注莊書籍，無所收穫，目前只有存疑，有極大的可能是西仲第一版之《莊子因》，由於書成時年三十六，意氣風發，把贗手不部分，大肆評論；及六十一歲時，凡事圓融，故隨眾議，於《增註莊子因》中，將此四篇刪除，因為無其他版本證實，故仍存疑，極有可能是第一版之《莊子因》。

四、重視《莊子因》之緣由

林雲銘《莊子因》從 1792 年源暉辰校訂、1796 年秦鼎補義、1890 年東條保標註，前後共九十八年，從江戶後期，一直到明治第三期，何以歷久而彌新，究竟是具有麼特色，吸引學者願意不斷探究，又加入新解呢？

從江戶後期開始，即享保（1716～1735）到幕末（1850～1886）的一百五十年。〔註108〕從思想史的觀點來說，重心在批判傳統學術，接受蘭學（即西洋

〔註107〕嚴靈峰編《無求備齋莊子集成續編》，第 11、12 冊，11 冊從〈逍遙遊〉到〈秋水〉。

〔註108〕時代的文化論，參照源了圓〈江戶後期の比較六化論的考察〉（《江戶後期の比較文化研究》，頁 1～9，ぺりかん社，1990 年 1 月）。及牧野謙次郎《日本漢學史》與町田三郎之說，引自連清吉《日本江戶時代的考證學家及其學問》

文化）的主張。對傳統中國學，除了仍重視宋明理學外，開始對五經正義之經
學傳承加以重視，漢唐注疏也成爲研究的對象，因此對明清最新的研究成果，
加以重視，自是必然，因此中國本土的明清的注釋，便經常被引用。江戶時代
的《莊子》研究，在荻生徂徠古文辭學派的大力提倡下，就有極大的發展。

　　重視經學傳承，對考證開始研究，江戶時代的考證學家，有兩項值得注
意，一是古學派的學者，由研究朱子學轉向，提出應捨宋學，而就漢唐注疏
之學，主張從字義訓詁，來理解孔學眞義；進而衍生出本土學問意識，即以
「國字」（日本字）訓解中國古典的著述，使初學者皆能廣泛閱讀，促進漢學
的研究。

　　再者，由於重視考證，逐漸產生疑古意識，認爲儒家經典中，存在眞僞
的問題，而提出獨自的見解。如「古義學」的伊藤仁齋，以爲《論語》二十
卷，依文章的形式體例，宜分爲前論與後論各十卷。而「古文辭學」的荻生
徂徠則主張《論語》不僅是行之於身、用之於世的根據所在；更是與《周禮》
《荀子》般，同爲探究先秦典章制度的重要依據。

　　江戶末期，考證學鼎盛，即以清代考據學爲學問研究的新方法，專注於
訓詁考據之研究。學術界亦推崇窮究經術的學者，如安井息軒即以經傳的鑽
研有成，而拔擢爲昌平黌的教授；而荻生徂徠雖然接受李攀龍、王世貞的「古
文辭學」，主張實際寫作漢詩文，才是理解古文辭的重要法則，才能掌握古文
辭的眞義。

　　但是，荻生徂徠的「古文辭學」並非僅止於詩文的創作，更重要的是其
進而提出以古文辭探究聖人之道的眞義所在。荻生徂徠以爲中國古典的眞髓
在於先王聖人之道，即《六經》與《論語》。而《六經》與《論語》都含藏著
先王聖人之道，也是爲政的方法。

　　於是江戶時期後期，形成一個經學考證的特色，運用的方法，是透過嚴
密的字句考證，分析文章的構造，辨明全書的體例，致力於章節段落的整合，
企求恢復經書的原貌。不但要重視字句異同的個別性，更著眼於文章全體的
前後關連性。

　　明治雖只有四十多年，對「漢學」的推移轉變，可分四期，第一期：明
治元年──十年初（1867～1877 即清‧同治六年～光緒三年），是漢學衰退
與啓蒙思想的隆盛期；第二期：明治十年初──二十二、三年（1877～1890

〈前言〉，頁 2。

即清同治六年～光緒三年），是古典講習科〔註109〕與斯文會的活動；第三期：明治二十四、五年～三十五、六年（1891～1903 即清・光緒十七年～光緒二十九年），東西哲學的融合與對日本學術的注視；第四期：明治三十七、八年（1904，即清・光緒三十年）以後，中日學術的總合《漢文大系》〔註110〕與其他。可是在強大西學衝擊的情況下，崇尚古典之學者，勢必要在學術環境中另闢一新天地，加上此時中國早已於乾嘉時期，展開經學考證之學，向中國取經，吸取新方法、新知識，成爲必然的結果。

《標註莊子因》秦鼎（寬政八年、1796）寫序，龜谷行、三島毅（東京大學古典講習科教師授漢文學）就是在明治十八、十九年（1885、1886）寫序，即明治第三期，可以看出，《標註莊子因》從江戶末期到明治第三期，一直受到學者的關注與重視。

《莊子因》的受重視，從以上論述，已見端倪，是與日本江戶後期「古文辭學派」，息息相關。由於古文辭派是江戶古義學之嫡生系統，研究的範疇，先是由文學入手，藉詮釋經典之文學脈絡，以理解經典，他們批評宋明程朱之學，是以後人的著書，以解先秦之作，如《論語》即是用《孟子》的看法解孔子，他們提倡回歸原典，以六經等與《論語》時代較接近者，相類比以理解孔子。

其理論方法是先以文辭賞析入手，再放入歷史時空作比對，再以宋、明、清之學者論述爲重點。故研究目的先由文學訓詁、考證、註解入經，再經由六經，加上後學之註解作爲佐證，如伊藤仁齋，就主張以明代唐宋學派王世貞、李攀龍的論點爲主，而近世學者京都大學之內藤城湖考證，則認爲當時學者應是由楊愼的論點，引發成爲此學派之先聲者。〔註111〕江戶末期學風如此。

〔註109〕明治十五年五月於東京大學文學院文學院新設「古典講習科」。同年十一月又設置專攻漢文學的講習科。前者稱爲甲部、後者稱爲乙部。古典講習科的教師陣容有教授中村正直、三島毅（漢文學）、島田篁村，副教授井上哲次郎。秋月韋軒、南摩羽峯、信夫恕軒、內藤恥叟爲兼任教授。講授的課目以四部、即經子史集與法制爲主。講課以討論的方式，一方面由教授講授漢籍，一方面則由學生輪流研讀。每個月提交一篇漢文的作文。町田三郎著連清吉譯《明治的漢學家》，臺北：學生書局，頁 11～12，2002 年 12 月初版。

〔註110〕叢書《漢文大系》於明治四十二年（1909）至大正五年（1916）八年間逐次刊行。以介紹中國古代基本典籍爲目的，選具有權威性的原注刊行，總編輯爲服部宇之吉，老莊方面收錄焦竑《老子翼》與《莊子翼》取其「廣舉眾說，以便學者之鑽研」（服部宇之吉）〈老莊解題〉見町田三郎著，連清吉譯《明治的漢學家》，臺北：學生書局，頁 209～219，2002 年 12 月初版。

〔註111〕此論點除了參考連清吉《日本江戶時代的考證學家及其學問》與《日本江戶

　　而在明治時期，受到西學的衝擊之下，加上強大訓詁考據學術風氣下，古典學者爲了尋求新的出路與註解方式，以文學角度、文章章法、修辭照應、說明眞僞以論證莊子之《莊子因》，與取其「廣舉眾說，以便學者之鑽研」〔註112〕之《莊子翼》會脫穎而出，取代十八世紀中葉《口義》沒落、郭象註抬頭後，至十九世紀，詮釋莊子之重要註書，形成郭象、《口義》、《莊子因》《莊子翼》在莊學上重要意義與地位。如岡松甕谷《莊子考》喜歡引用明清注本，及相關資料作引證，已看出日本漢學的轉變，與中國乾嘉學術的影響，使得日本學者汲汲尋求新注本、新方法，而學習運用《莊子因》的論證方式。

　　另一個角度來看，西仲《莊子因》在清朝的販售，與發行的傳播流通，一定相當廣，加上清朝出版業最盛的地方是江蘇和浙江，換言之，書籍是江浙特產，如日・文政九年（1826）漂流至駿河的得泰號的清朝客人朱柳橋，和日・野田笛浦的筆談中，朱柳橋曾說清之出版物，十之七八渡至日本。〔註113〕可見得西仲《莊子因》在當時一定刊刻量大，閱讀者眾多，才會引起日人注意，在採購或選取明清注莊選本時，以此書易讀、易解、有新詮釋方法、清代學者必備書、當時發行量又大，作爲納入傳進日本，並加以翻刻以便廣爲流傳之重要指標。加上引進之後，一來合乎古文辭派學風，二則是《莊子因》以文解莊，由章句、段落、章法論證，與乾嘉考據而辨《莊子》眞僞方法，不謀而合，於是日本學者遂特別加以重視。

五、運用《莊子因》之詮釋

　　日本漢學《莊子因》的重視，不但由江戶後期的傳入、源暉辰、秦鼎、東條保等作的校訂、補義等，再從文獻目錄資料看，日本學者注莊時直接引用《莊子因》者有：巖井文《莊子集解》（1825）〔註114〕、中山鷹《城山手批

　　　　後期以來的莊子研究》並經連先生綜合解說，僅此註明並致謝意。
〔註112〕服部宇之吉〈老莊解題〉：「老莊二子之注釋者甚多。今取焦竑《老子翼》，以廣舉眾說，以便學者之鑽研。但所舉之說因章所取異，通全篇不得見一家之說，有所遺憾；然一家之說有所偏勝，得失可得相償。焦竑自身之說，章末之注及自家所著筆乘之說，可以窺知。」引自町田三郎著，連清吉譯《明治的漢學家》，頁219。臺北：學生書局，2002年12月初版。
〔註113〕見大庭脩作，黃師錦鋐譯〈漢籍傳來日本的經過〉，頁238，見《文選諸本之研究》斯波六郎著黃師錦鋐、陳淑女譯《文選諸本之研究》，臺中：法嚴出版社，民國92年11月。
〔註114〕巖井文，《莊子集解》十卷文政七年（1825）書前題：「莊子增註日本巖井文輯註，門人內藤長儀同校」，並加入〈莊子列傳〉，是漢文著述，日文標點，

莊子》（1837）〔註115〕、倉田貞美、藤原高男《城山先生手批本莊子書之研究》
（1936）。〔註116〕其中對《莊子因》加以引申或諟正者如龜井昭陽《莊子瑣說》
（1836）、宇津木益夫《解莊》（1848）、岡松辰（甕谷）之注疏《莊子考》（1907）
等，下面說明之。

（一）因是其說

　　龜井昭陽（1772～1836）〔註117〕《莊子瑣說》三卷。據昭陽《空石日記》
的記載，是教學十七年間，經五次講授、三次會讀後，以三個月的時日，解詁
考校而成。此書徵引前人注疏，除了中國治莊者，所引用之郭象注、成玄英疏、
陸德明音義及日本沿用林希逸《口義》外，昭陽對明清的注疏頗爲留意，尤其
清‧林西仲《莊子因》及日人秦鼎（1761～1831）的《標義莊子因》，引述尤多，
及明朱得之《通義》、陸長庚《副墨》、沈一貫《莊子通》、清‧胡文英《莊子獨
見》、對古注不棄捨，對近人注疏成果又用心，是昭陽值得推崇之處。

　　　　是根據郭象注本，採呂吉甫、林希逸、林西仲，各家說法以爲集注，書首有
　　　　〈凡例〉、文政乙酉冬十月〈自序〉。版本有：文政七年弘升館刊本、明治二
　　　　十六年東京二書房排印本、明治二十七年再版排印本。見嚴靈峰《老列莊三
　　　　子知見目錄》，頁 261，北京：中華書局，1993 年 4 月。

〔註115〕中山鷹，《城山手批莊子》十卷（1837）中山鷹，讚岐香川郡人，字伯鷹，號
　　　　城山，幼名才八通稱麈，生於寶曆十三年，天保八年四月二十三日卒，年七
　　　　十五。內容爲漢文著述，依元文四年版《莊子》，以朱青墨三色加以批注，引
　　　　陸德明、成玄英、林希逸、林雲銘各家說法，校定字句，並附己見，全書分
　　　　成三冊。今有手稿本（日本香山松平賴明家藏）見嚴靈峰《老列莊三子知見
　　　　目錄》，頁 263，北京：中華書局，1993 年 4 月。

〔註116〕倉田貞美（香川大學學藝部教授）藤原高男（高松工業高等學校助教授）《城
　　　　山先生手批本莊子書之研究》一卷昭和三八年（1936）[存]日文著述，依松平
　　　　賴明家中所藏，中山鷹手批元文四年服部南郭校訂本莊子書，加以研究。分十
　　　　卷分卷研究，並參考陸德明、成玄英、林希逸、焦竑、林西仲、郭慶藩、王先
　　　　謙諸本，以明其見解。分由藤原高男、間慎一、北原儀、明矢代善、已森本隆、
　　　　治中原肇、小林久麿、三好則明、藤川正數諸人分別担任。前有倉田貞美〈前
　　　　言〉，藤原高男〈序說〉，及原書照片。末附藤原高男〈結論〉，並藤川正數〈後
　　　　語〉。昭和三十八年日本香川大學學藝部漢文學研究室排印本。見嚴靈峰《老
　　　　列莊三子知見目錄》，頁 285，北京：中華書局，1993 年 4 月。

〔註117〕龜井昭陽，名龜井昱。筑前（今福岡）人，字元鳳，號昭陽。爲福岡藩儒龜井
　　　　南冥的長子。綜觀其生平事蹟，蓋以講學著述，飲酒賦詩終其一生。昭陽於《莊
　　　　子》之注疏，有《莊子穀音》三卷、《莊子瑣說》三卷。據前引《萬曆家內年
　　　　鑑》所記，《莊子穀音》寫成於文化五（一八○八）年，昭陽三十六歲時。《莊
　　　　子瑣說》則成於天保六（一八三五）年，六十三歲時，即死前一年撰述的。《日
　　　　本江戶後期以來的莊子學研究》，頁 65～75，臺北：學生書局，1998 年 12 月。

　　昭陽很重視《補義莊子因》於〈齊物論〉篇之「是兩也」下曰：「余災後，特藏秦氏所訂《補義莊子因》，西仲所得不贅。」〔註118〕由於昭陽於寬政十、十二年二度遭祝融之災，宅院且付之一炬；而「特藏」秦氏之書，能使林西仲《莊子因》得以不廢，可以見得昭陽珍視秦鼎之《補義莊子因》。

　　其注疏形式，如內七篇，加上〈駢拇〉〈天下〉九篇，有篇旨解題、文體論旨，對篇章段落的照應關係，由章節組成的分析，指出各章的關聯性，進而說明脫衍誤亂之處，這樣精細地分析篇章結構，闡明文體的旨趣，辨明各章節的關聯，如此具有分析性與結構性的開展，應得自西仲《莊子因》的啟發頗大。

　　在注疏內容上，如〈逍遙遊〉：「遊無窮出」下面注文間，又加兩行小字夾注，以標出處，或補原注之闕：

　　　振於無竟，振即洸洋自恣之意，無竟猶無窮也。此句上屬（西仲不了了）〔註119〕

說明《莊子》此句與連面句義連屬，而「西仲不了了」則批評西仲注釋的不清楚，另外還在〈人間世〉中言「山木自寇也，西仲僻」說明西仲闕誤之處；對西仲意見，有深獲其心者，亦說明之，如〈天地〉：

　　　此章非莊文，其力弱，下章亦同。西仲得之。〔註120〕

這其間章法修辭技巧之運用，辨識贋手之眼力，都看到西仲的痕跡。

　　在義理疏解上，昭陽則以「大自在」解〈逍遙遊〉，而西仲說「大」是〈逍遙遊〉一篇之綱，其中文句中「大」的點化而出，其方法脫自西仲，不言而喻。另外在〈齊物論〉：

　　　因是因非，因是則亦因非也。物理從然如是。〔註121〕

而西仲在〈齊物論〉：「何謂和之以天倪？曰：是不是？」下面西仲言：「物理」「然不然？」下言「物論」，都有相似的會意與詞句。

　　因此，當學者以其如此致力於分析，盡力於篇章字句，而予以極品的評價，認為昭陽雖未必有建立明確的考證方法，但誠為日本漢學的特色時，吾人則應知，其學習之師，乃西仲《莊子因》之脫胎換骨之大法也。

〔註118〕連清吉，《日本江戶後期以來莊子研究》，頁84。
〔註119〕連清吉，《日本江戶後期以來莊子研究》，頁86。
〔註120〕連清吉，《日本江戶後期以來莊子研究》，頁88。
〔註121〕連清吉，《日本江戶後期以來莊子研究》，頁93。

（二）引申形音義

岡松甕谷（1820～1859）之注疏《莊子考》，頗留意《莊子》文章的章法、辭藻及用字。其以辭藻之優劣判別《莊子》篇章的眞僞，如前文所述者。至於起承對應的分析者，或更進一層地比對前後兩章的相應情形，即以排偶對仗的分析，而以爲前後兩章宜有相同詞性的對應。亦即以上下對照的關係，作爲訓解的依據。誠別具心裁之解詁。此全得自岡松甕谷《莊子考》所引用《莊子因》之說法，誠如黃師錦鋐所曰：

> （《莊子考》）其訓詁之詳審，考訂之謹嚴，時無出其右者，而其所徵引文獻，雖宗林希逸氏，以林氏之說爲依歸，然其於焦竑之《莊子翼》、林西仲之《莊子因》、下及陸佃、蘇輿等家之說，亦兼採焉。至其他旁涉經史、各家文集，以及《說文》、《玉篇》、李時珍《本草綱目》等書，不下數十百種，其博學卓識，亦有足多者，堪稱明治時代研究莊子之代表。〔註122〕

而岡松甕谷猶有盛者，他不但章法句式相因關係，他還上推至「因字形」徵引字書、韻書以明字義，或以字音而知字之通假，推擴至考證與辨僞，因字音以求義部分，雖學習前人昭井全都《莊子解》的解詁方法，卻也是由章法段落脈絡的相因之理，推擴至字形、字音、字義之相因之理，亦可說師法《莊子因》卻更上一層者。

又如在文辭解析上，岡松甕谷提出虛字在文章之作用，在〈齊物論〉：「百骸、九竅、六藏，賅而存焉」他提出：

> 凡章首至有眞君存焉。每句尾，一用焉字、一用乎字，相錯成文，其固自有輕重也。〔註123〕

其原文爲：

> 百骸、九竅、六藏，賅而存焉，吾誰與爲親？汝皆說之乎？其有私焉？如是皆有爲臣妾乎？其臣妾不足以相治乎？其遞相爲君臣乎？其有眞君存焉？如求得其情與不得，無益損乎其眞。〔註124〕

他以「賅而存焉」、「其有私焉」、「其有眞君存焉。」與「皆說之乎」「有爲臣

〔註122〕說見黃師錦鋐，〈日本明治時代之莊子注〉《文選諸本之研究》斯波六郎著，黃師錦鋐、陳淑女譯《文選諸本之研究》，臺中：法嚴出版社，民國92年11月，頁352。

〔註123〕連清吉，《日本江戶後期以來莊子研究》，頁188。

〔註124〕《標註莊子因》，頁97～98。

妄乎」、「不足以相治乎」、「遞相爲君臣乎」說明運用語氣之交錯，提出一偏之執的質疑，展開論辯。

　　而西仲在此，則以「誰與爲親」爲第一層，「爲臣妾乎」是第二層，「以相治乎」是第三層，「爲君臣乎」是第四層，最後層層出擊至「其有眞君存焉。」可以看出岡松甕谷運用虛字展開層次性的反覆申論，是青出於藍而勝於藍的發揮。

　　在思想疏解上，《莊子考》多援儒入莊，由「心齋」（〈人間世〉）之內聖工夫的提出，進而由內聖而歸結到「勝物而不傷」（〈應帝王〉）的外王之實踐，較接近西仲內七篇相因之理。

　　在岡松甕谷《莊子考》中，可以看出西仲《莊子因》之跡，卻闡發得更加細膩，是爲引申發揮《莊子因》者。

（三）諟正論點

　　宇津木益夫《解莊》〔註125〕則是對西仲《莊子因》大加批判，諟正其說，《解莊》二十四卷是嘉永元年（1848）、昆台臨死之前完成的。序文指出，此書是他經過五十年的歲月，旁徵郭象、成玄英、林希逸以迄林西仲等十數家《莊子》注，且博採經傳諸子以爲己說的依據。特別是明、清的《莊子》注，如陸西星的《南華眞經副墨》、焦竑的《莊子翼》、羅勉道的《南華循本》、林雲銘的《莊子因》等更是經常引用。例如：

> 林希逸云：逍遙，優遊自在也。遊者，心有天遊也。陸方壺云：遊者，心與天遊也，逍遙，漫自適之義。林西仲云：逍遙，自適之貌，所謂心有天遊是也。此蓋不繫心於萬境，優遊自在之謂也。〔註126〕

但是他對林西仲的《莊子因》，有極激強烈的批評。這種現象之原因，連清吉認爲：

> 此或許是昆台以考證學派經傳主義的立場，反對林西仲以詩文品評之文藝性的解釋方法。而這樣的批評也反映出當時批判性受容的學

〔註125〕宇津木益夫《解莊》二十四卷，嘉永元年（1848）尾張人，字天放，稱太一郎，又稱昆臺，號「五足齋」，是一位儒醫，喜永元年卒，年七十。內容：漢文著述，日文標點，題：「宇津木益夫註解，門人寺西積校」，內容爲駁林西仲說法，嘉永元年戊申夏四月〈自序〉；版本爲：明治十五年山本長左衛門爰止居刊本。見嚴靈峰《老列莊三子知見目錄》，頁265，北京：中華書局，1993年4月。

〔註126〕林希逸，〈逍遙遊〉中「解題」部分，引自連清吉《日本江戶後期以來的莊子研究》，頁238。

術風潮。〔註127〕

《解莊》一書爲江戶後期，本土意識抬頭之時，加以批駁，提出有見地的看法，是當時學者的嚐試與努力，也看出其用功之深，學到精髓，才能駁斥對方。茲舉例說明昆台批評林西仲《莊子因》：

西仲以溺爲尿，小便一出，而不可復也。可笑！〔註128〕

西仲剽竊諸注以爲己解不少矣！適至舉自己所解，則強合附會，無理義之條達。〔註129〕

「大知閑閑」節的「溺」，昆台之理解，應爲超越節度，而過於熱中的意思，而西仲直解爲「小便」，昆台認爲其解有誤；又謂西仲不但剽竊歷來注釋，即使是自己的解釋，多牽強附會、不合道理，以致條理紊亂。

因此，昆台認爲西仲《莊子因》有二缺失：

1. 「西仲未窺莊子之壼奧」，他以爲西仲自己所解，附和牽強，於理未通，根本未解莊子之眞義。

2. 「說者唯愛文章之神奇、而不繹其旨、使蒙叟之眞情、千古埋沒也」〔註130〕或「此義可與識者語、非泥文字拘理義者之所得而知也」〔註131〕

則是認爲西仲只是以古文文辭學派的觀點，說明《莊子》是千古的好文章，而不能探究《莊子》的思想內容。很明顯的昆台的《解莊》雖引用明清注釋頗多，但自成一格，提出其反對古文辭學派的考證立場，有自己獨特之見地。

從以上江戶後期以來，對西仲《莊子因》的傳入、刻印、引用、諟正，都看出由於古文辭學派之影響，對經典的解讀，要求更嚴謹，希望用更精確的方式解讀經典，注釋的引用也考慮到明清資料的旁徵博引，而西仲以文句、章法、謀篇、脈絡，推求莊子之本義，對日本古文辭派而言，是一種客觀、科學、有訓詁意味的詮釋方法，因此在十九世紀日本漢學，替代宋·林希逸《口義》成爲學者學習典範、引申進而批判的對象，從正式記載1705年商船

〔註127〕自連清吉，《日本江戶後期以來的莊子研究》，頁239。

〔註128〕〈齊物論〉「大知閑閑」節的注，引自連清吉《日本江戶後期以來的莊子研究》，頁239。

〔註129〕〈齊物論〉「有成與虧」的注，引自連清吉《日本江戶後期以來的莊子研究》，頁239。

〔註130〕〈齊物論〉「夫隨其成心而師心」節的注。引自連清吉《日本江戶後期以來的莊子研究》，頁239～240。

〔註131〕〈齊物論〉「彼是方生之說也」節的注。引自連清吉《日本江戶後期以來的莊子研究》，頁239～240。

傳入《增補莊子因》，1792 年源暉辰《校訂》，1796 年秦鼎《補義》直至 1886
年東條保《標注》合併重刻，一百八十一年以來，學者不但未加以忽視，且
更加重視，可以看出其書之價值所在。西仲地下有知，其書在《四庫全書》
的譏笑撻伐之下，卻在異域大受重視，加以保存。恐怕真如其言：

> 異日者，驪龍未寤，腐鼠已捐，汎若不繫之舟，虛而遨遊，將手此
> 一編，以質於大莫之國。若謂漆園功臣，漆園罪人，呼牛爲牛，呼
> 馬爲馬，余何靳乎而人善之，而人不善之邪！亦因之而已矣！遂以
> 因名。〔註 132〕

《莊子因》以「因」爲名，於後世提出討論，於異域加以學習與發揮，他又
何嘗期許如此。西仲解莊其實早已得其環中，和以天倪，此種種論點，已然
在物論之不齊中，和盤打算的以「因是」爲法，而莫若以明的與天地精神合
而爲一了！

　　總言之，西仲《莊子因》對日本漢學的影響，從《標註莊子因》在江戶
後期，經常被徵引，可以看出，日本注意並重視中國最新出版的注本，並從
事研究以提出新的見解，《莊子因》的詮釋方法，成爲日本吸取之重要方法學，
進而考證經典的重要依據。

第四節　《莊子因》之學術評價

一、《四庫全書》之評價

　　一談及學術地位，中國最具權威的《四庫全書》是所有古籍，權衡其學
術價值的重要指標，一旦未被選入，其學術地位頓時一落千丈，而《莊子因》
在《四庫全書》的評價不高。《四庫總目提要》納入林希逸《莊子口義》下云：

> 所見頗陋；即王呂二註，亦非希逸之所及，遽相詆斥，殊不自量。
> 以其循文衍義，不務爲艱深之語，剖析尚爲明暢，差勝後來林雲銘
> 輩以八比法話莊子者，故姑錄存之，備一解焉。〔註 133〕

然仔細閱讀所有以文解莊者，會發覺一項事實，編訂《四庫全書》之大學士，
以《莊子》應以義理求之，或以儒解、或以佛解，若以時文解莊以推求本義
者，其語多評騭。如：

〔註 132〕林雲銘《挹奎樓選稿》集 230-17。
〔註 133〕《四庫全書總目提要》，卷一百四十六。

宋・王雱《南華真經新傳》:「標舉大意,不屑屑詮釋文句」〔註134〕

林希逸《莊子口義》:「循文衍義,不務微艱深之語」〔註135〕

林雲銘《莊子因》,因襲《口義》:「林雲銘輩以八比法詁莊子者」〔註136〕

明・朱得之《莊子通義》:「議論陳因,殊無可採,至於評論文格,動至連篇累牘,尤冗蔓無謂矣!」〔註137〕

清・孫嘉淦《南華通》是:「以時文之法評之」〔註138〕

雖然,諸如此類以文學角度切入,以釐清段落,掌握要旨,清晰條暢,衍文說義,進而推求本義之註解,卻視作標旨意於町畦之外,以「不屑屑」等語氣言之,輕蔑之情溢於言表。

就官學的立場,其言之鑿鑿,看之確有其道理,可是就社會大眾對文學性《莊子》的需求而言,《四庫全書》群賢,忽視哲學性思考,若加上文學性的筆觸,是否更能深植人心,是否更能化扞格不入,而成渾然一體,這也就是十萬餘言的《莊子》,以寓言、重言、卮言為言說之法,就莊子而言,為文之旨並非在文學上,卻造成後世有文學性的影響,註解者運用文學角度,評價《莊子》文風,由後人建構完成,而非莊子原本之用心。

二、社會文化之傳播功能

官方評價如此,然而《莊子因》(1663)出版之前,出版時間最近者是方以智《藥地炮莊》,其後王船山《莊子解》(1664),皆屬陳義高遠,初讀者不易解讀莊文者,直到高秋月《莊子釋意》(1689)、吳世尚《莊子解》(1713)、宣穎《南華經解》(1721)才有比較多易於解讀《莊子》之注本出現,換言之,在清初林西仲的同時代,未見有任何當代易讀易解的註解《莊子》者。

因此清・董思凝在王夫之《莊子解》之序中提及,林雲銘《莊子因》在當時的影響,是:「近閩人林氏《莊子因》出,而諸注悉廢」〔註139〕此言代表

〔註134〕《四庫全書總目提要》,卷一百四十六。
〔註135〕《四庫全書總目提要》,卷一百四十六。
〔註136〕《四庫全書總目提要》,卷一百四十六,林希逸《莊子口義》下。
〔註137〕《四庫全書總目提要》,卷一百四十七。
〔註138〕《四庫全書總目提要》,卷一百四十七。
〔註139〕王夫之,《莊子解》董思凝序,見藝文印書館據清同治四年湘鄉曾氏金陵節署重刊本影印,頁6,嚴靈峰編輯,《無求備齋莊子集成初編》19冊

意義是，在清初時期，一些流通的明代注莊者，如焦竑《莊子翼》、朱得之《莊子通義》、陸西星《南華眞經副墨》對初學者、入門者、應制者而言，太繁複而不易掌握要義。故以當句註解，章法脈絡曉暢，敘事技巧說明清楚之《莊子因》自然大爲流行。

後來吳世尙《莊子解》其目錄後附記中云：「稱向來解莊子者，惟林西仲可觀」〔註140〕、「進世解莊者，林西仲《莊子因》頗清楚」，在當時流行程度，被視作兔園冊子，可以說明《莊子因》在清初，的確是通曉易解，爲讀《莊子》之入門書。正因如此，反映社會正需求一個好的《莊子》讀本，以作爲教學與應制時參考學習的教本。

對林西仲而言，在詮釋方法的選擇上，必定是以詮釋者最擅長的部分去闡發，他並不以社會需求，或學術要求作爲詮釋的標準，既以「因」爲名，其實由書中彰顯的意義，已不限於文學的方法，更有哲學上由「因是」的轉換義，進入到「莫若以明」的道境，但一般人總以形式、功用、效果爲重，何嘗深入肯綮，探求本心呢？因此吳康《老莊哲學》附錄點出：

> 然觀此書，卷首載莊子總論及莊子雜說（二十六則），亦頗申言莊生玄意。故綜南華一書，雖分內外雜篇，總以發明無爲之旨，而大要不外「因」之一義。西仲林先生撮其中之一字，以蓋其文之全，旨約而能該，可謂善讀莊子者矣。

不細讀體會者，大略翻閱即驟下斷語者，如何深解其作者之用心呢？

於是在乾嘉經學之前的《莊子》注疏，青黃不接之空檔時期，一個別具特色運用「以文解莊」方式，以總結前人文學上的碩果，並提供後學者一個解莊的路徑之《莊子因》，會在當時學術上，舊的已去、新的未來，會受到社會大眾、教學與學習者之重視，稱之爲「稱向來解莊子者，惟林西仲可觀」，而蔚爲風潮。並航向日本異域，開創其江戶後期，古文辭學派學習《莊子因》方法，由文辭、章法入手，進而考證經典之眞僞的一股風氣。

三、《莊子》文學功能之建立

對中國學術風氣而言，文學一向是獨立於集部，很少與經學並行，《莊子

因》是標舉出《莊子》的文學性，並將其真正價值獨立出來之作。此「以文解莊」的風氣，雖然並不是解莊之主流，但從實際上，清初以林雲銘《莊子因》、宣穎《南華經解》，受到世人所愛，是不爭的事實。

乾嘉學風後，以簡約方式的義理解莊，如王先謙《莊子集解》行世，及郭慶藩《莊子集釋》的綜合各家之注，《集解》是為初學更加簡便而流行，《集釋》是為旁徵博引方便產生，而以訓詁、致用為主要考量，純然以文學角度出發的「以文解莊」，將《莊子》文學獨立性顯現出來，開啓了明白易曉的解莊之法，又突顯其文學性，其影響是不容忽視的。

因此在學術上，對桐城古文學派，亦有影響，如錢穆《莊子纂箋・序目》就說：

> 此就文章家眼光解莊，不免俗冗，而頗能辨真偽。上承歐陽，下開
> 惜抱，亦治莊之一途也」〔註141〕

可以見得「以文解莊」除了莊學詮釋方法別開生面，以文章讀莊，以文章解莊，也是開了一扇窗子，讓後人學習。至於「下開惜抱」則由姚鼐提出「義理、考證、文章」三者相濟的見解，看出西仲「以文解莊」，兼具義理與詞章之妙，予桐城派義理、詞章、考證三者兼具之影響，如姚鼐於《述庵文鈔序》中云：

> 余嘗謂學問之事，有三端焉，曰：義理也，考證也，文章也。是三
> 者，苟善用之，則足以相濟；苟不善用之，則或至于相害。今夫博
> 學強識而善言德行者，固文之貴也；寡聞而淺識者，固文之陋也。
> 然而世有言義理之過者，其辭蕪雜俚近，如語錄而不文；為考證之
> 過者，至繁碎繳繞，而語不可了當。以為文之至美，反而以為病者，
> 何哉？其故由于自喜之太過，而智昧于所當擇也。夫天之生才，雖
> 美不能無偏，故以能兼長者為貴。〔註142〕

而西仲以文理解莊，其中條理井然，理論結構嚴謹，對方苞之「言有物、言有序」之義法觀點，亦具影響，桐城學者如方東樹《昭昧詹言》書名即有《莊

〔註141〕 錢穆，《莊子纂箋・序目》，臺北：東大圖書股份有限公司民國74年11月初版，82年1月重印四版，頁4。此語是針對《莊子因》以文章、文學角度解莊而言，在注解莊子上，姚鼐《莊子章義》以音義為主，並無以文章章法、文學角度解莊，故其影響在於桐城派古文義法觀。

〔註142〕 轉引楊懷志、潘忠榮編，《清代文學盟主桐城派》中漆緒邦、王凱符〈《桐城派文選》前言（節錄）〉，頁455。安徽人民出版社，2002年8月。

子》之意，直接有注疏《莊子》者，如姚鼐《莊子章義》、方潛《南華經解》、方清瑗《方齋補莊》、馬其昶《莊子故》、吳汝綸《莊子點勘》、林紓《莊子精華錄》、《莊子淺說》等，皆是桐城學者以義理、文章、考證行之于注《莊》之作。

《莊子因》在莊學史上的影響，從宣穎《南華經解》、劉鳳苞《南華雪心編》等，以《莊子》為主要文本，從整體結構，到篇章要旨，謀篇布局，立意深旨無不一一論證，詳加引述。加上評點、字句解、章法、篇末總評等體例的齊全，評文之法，如《古文析義》在當時頗受歡迎，《莊子因》之「以文解莊」是清初總結前代成果，而開展後學戮力為之的轉折點，他能在清代重經世致用，輕忽文學辭章效用之學術風潮之下，另具隻眼，別具一格，開拓出《莊子》散文之文學特色，可以說是在當時學術界是獨領風騷者。

學術界對清初莊學，一直以轉型期稱之，西仲之《莊子因》「以文解莊」詮釋莊子，可說是突顯莊子文學性，開發莊之散文特質，開啟莊學專門以文學性角度討論之門，應在清初莊學學術史上，給予一合理的地位。

四、回顧與展望

藝術作品的真理是活的，是永恆的，更是自我提昇至藝術與美的境界，只有入乎其中，發乎至微，才能探驪得珠，得其精髓，德·伽達默爾說：

> 真正的在我們精神科學文本裏面的真理內容，往往跟我們的理解是「周旋」而得到的，是因為我參與到裏面才獲得這種意義，才獲得這種價值，才獲得這種真理。〔註143〕

任何的理解，其實都包含自我理解，從西仲以《莊子因》為名，拿著這把「因」的鑰匙去努力周旋其間，由文至理，掌握要旨，最後開啟的，即是理解生命永遠是自我與他物的看似不齊，卻終究走到「道體」的統一，真正對自我產生意識上的理解，即「莫若以明」的體悟，道體於是應用於一切而無窮盡，在文字、在結構、在藝術、在作者、在讀者，你都可以在因是因非的人間入世的環境中，體悟到「天地與我並生，而萬物與我為一」的與道體渾然天成的境界，入世而又出世，這就是逍遙遊於人事，就成為大宗師的道。

〔註143〕轉載自洪漢鼎〈作為想像藝術的詮釋學——伽達默爾思想晚年定論〉，東亞儒學中的經典詮釋傳統國際學術研討會，臺灣大學東亞文明研究中心，2004年3月，頁14～15。

　　沒有他這層層由外入理的「因」之之功，僅依照玄學的理解，是嫌語闊而不實的，因此他在總括前人的評莊功夫上，建立一個解莊的典範，建立以文解莊的體例，當人明白易曉，一般人只見其因之於文章，卻忽略他所欲建構的是，藉由作品、讀者、作者，彼此因之而最終是因之於道，可惜這一點，是歷代學者不理解他的苦心的。

　　西仲註解有其優點是毋庸質疑的，然而後世如清・吳世尚《莊子解》所提出的文義上的不周延也是事實，日人・岡松甕谷《莊子考》言「西仲不了了」也沒有錯，連筆者在閱讀時亦發現，西仲解釋時字句時，解釋能達到文從字順，簡約通順，但亦有不合邏輯，或可能有疑問之處。

　　如〈人間世〉：「無門無毒，一宅而寓於不得已，則幾矣！」其解「無門無毒」受宋・林希逸《口義》影響，《口義》云：「有臭味則有毒，無臭味則無毒矣。毒，藥味也」西仲云：

> 不別開門，不自發藥，渾忘物我，與之共處，而寄於不得已之中。迫
> 而後應，則虛之極也，故近道。已上實發存諸人之術，「感」字應上，
> 「所感」；「門」字應上「醫門」；「毒」字暗應上「菑人」句。〔註144〕

他的解釋是以呼應上文來解，門指上面「醫門多疾」，毒指上面「菑人」，言此句義爲「不別開門，不自發藥渾忘物我，與之共處，而寄於不得已之中。」實在有讀之不順，解之不明仍有商榷之處。〔註145〕

　　又如〈天道〉：「鼠壤有餘蔬，而棄妹不仁也」，「棄妹」西仲云：

> 棄妹諸解俱未妥。大約以食有餘而棄其妹於不養，不能親親，故爲
> 不仁。生熟不盡於前，則與者可以無取，乃積歛而不知止，是均可
> 譏也。〔註146〕

西仲認爲「生熟不盡於前，則與者可以無取，乃積歛而不知止，是均可譏也。」他以粟帛、飲食並未完全放於面前，但與者卻無所不取，積歛而不知停止，說明貪心浪費，是令人譏笑的，其說法婉轉，反而不如原來，成疏：「猶昧」；林希逸：「不愛物」，後來宣穎云：「不知惜物而棄之」，來的簡潔清楚。

　　另外，他的理學系統亦另具一格，諸如〈天地〉：「泰初有無無，有無名」，

〔註144〕見《莊子因》，乾隆白雲精舍本，頁94。

〔註145〕無毒無門，毒爲「埻」之借字，累土爲台以傳信，如烽火台，可以望爲目標；門，可以沿爲行路；無毒無門，指不使人有空隙可尋，不表達意見；沒有執著也沒有成見之意。見《新譯莊子讀本》，頁88、《傅佩榮解讀莊子》，頁66。

〔註146〕《莊子因》，乾隆白雲精舍本，頁272。

他的句讀，與今之「泰初有無，無有無名」西仲的看法是：

> 泰初，造化之始初也；無無者，連無之一字，亦無處安著也。無名
> 者，即老子所謂無名，天地之始也。〔註147〕

他的論點是在「無」之前尚有一個「無無」，再來是「無名」，在〈齊物論〉「有
始也者，有未始有始也者」下面注解云：

> 若言無是非之源，愈進而愈深，直至於無無，方成極致矣。周子《太
> 極圖》說個無極，儒者以為千古未發之祕，不知無極之上，尚有無
> 無，宋儒未曾道得。〔註148〕

他的論述與見解有其獨具之意義，與吾人所見近人的註解：在最始的時候，
只是「無」存在，尚未出現「有」，也尚未出現「名」的解法不同。其原因，
個人判別可能由〈知北遊〉：「光曜問乎無有」一段，有「子能有無矣，而未
能無無也，及為無有矣，何從至此哉。」西仲注云：

> 光曜能為無不能為無無，所以尚落無之一邊，既落於無，則為無所
> 有於清淨之中。〔註149〕

　　註解家受到時代、環境、思想範疇的限制，原本就與我們不同，也不可
能面面俱到，完美無缺，物之不齊，自古皆然，有得有失，原本必然。現代
學者專家何其有幸，有今日所見之最新資訊，古今中外、人文科學、歷史文
化…無一不可加以參照，有足夠的證據，對前人論點重新考證，推翻前說，
但也不可忽略，每一段前人的努力，都是值得後人學習與思考的標竿，也唯
有如此，精益求精，後出轉精，讓前人智慧的精華得以傳諸永久，利益眾生。

　　西仲以「因」解莊，得其環中，以因之讀者、因之作品、因之作者、因
之於道，這樣由「文」以入「理」的解莊，是令人激賞的，並具一定的典範
意義的。

　　總論本章西仲《莊子因》「以文解莊」在建構其詮釋理論時，有其系統、
文理相因之體系，更合乎文學理論中以作者、作品、讀者、宇宙等不同視野
加以論述之系統。

　　在莊學史上，有承先啟後之意義，建立以文解莊之規模，影響吳世尚、
宣穎、胡文英、孫嘉淦等，由劉鳳苞集其大成，將《莊子》所呈現之文學特

〔註147〕《莊子因》，乾隆白雲精舍本，頁240。
〔註148〕《莊子因》，乾隆白雲精舍本，頁57～58。
〔註149〕《莊子因》，乾隆白雲精舍本，頁437。

質與理念，藉由這些註解家逐一加以析論。

對日本漢學的影響，更是無遠弗屆，從江戶後期到明治時期，對荻生徂徠古文辭學派的解經的觀點，處理的方法，產生對龜井昭陽的影響、岡松甕谷舉一反三的效果、及宇津木益夫之謨正作用，又因合刻本《標註莊子因》得以作版本之對照。

《莊子因》在學術上的評價，都未予以高度的肯定，但是在文化的傳播、莊子文學功能的建立，是值得肯定的，尤其當今學術環境，已走入東西文化交流與對話中，西方文學理論，已將重心從文學作品轉向讀者之接受與反應，在《莊子》注疏之洪流中，正可以省思不同時代、不同身分、不同際遇的詮釋莊子者，如何藉由與莊子的對話，激盪出不同的火花，今日的學者，正可以借助西方理論系統，重新檢視過往前賢，如何在注莊中體現個人生命之智慧。莊子地下有知，對此得其環中，以應於無窮，因是兩行，而合以天倪的解讀，亦當含笑於九泉之下。

第八章 結 論

一、莊學「以文解莊」詮釋之意義

　　《莊子》是一部揮灑在宇宙時空中的鉅著，從古至今，不斷的有學者、專家、甚至沒沒無聞之人，從中探驪得珠，莊子予以後世無限寬廣的空間，在哲學、文學、經學、史學、社會學、政治學、生死學、宗教學等等，都蘊含著無窮的意義，後世的讀者，不但在作「恢復」文本原來的意義與脈絡的工作，更是不斷的「開發」文本內涵意義的容量與理論的潛力而努力，歷代的學者，也都在詮釋的角度下，「重建」(reconstruction) 經典，發展其內具的潛在力量。〔註1〕因此注莊者，各擅所能的運用不同詮釋方法去詮解《莊子》正如哈貝馬斯所云：

> 復原 (Restauration) 乃意謂回到此刻已衰敗的最初狀態：但是我對於馬克思與恩格斯的興趣並非教條主義的，亦非歷史考證學的。復興 (Renaissance) 乃意謂更新一種此刻已被拋棄的傳統：馬克思主義不需要復興。在我們這個脈絡中，重建意謂：我們將一套理論拆解，再以新的形式將它重新組合起來，以便更妥善地達成它所設定的目標。對於一套在若干方面需要修正、但其推動潛力（始終）仍未枯竭的理論來說，這是正常的（我認為：對於馬克思主義者而言，也是正常的）處理方式。〔註2〕

〔註1〕李明輝，〈中西比較哲學的方法論省思〉東亞文明研究通訊，2004 年 4 月，頁 34。

〔註2〕Jürgen Habermas, Zur Rekonstruktion des Historischen Materialismus（Frankfurt/M: Suhrkamp, 1976）, S. 9.

古今中外，同此心、同此理，不論運用何種方式詮釋，都希望不僅僅還原其義而已，往往希望突破前人所未見的，重新加以整理，組合成更好的論述，以新的形式加以重建。

因此無論以古釋今、以今釋古，以中釋西，或以西釋中，詮釋的方式一直在尋求突破與創新，猶如歷代莊學無論從義理方面：「以儒解莊」、「以佛解莊」，或從語言文字上的訓詁方式解莊，即使言：「以莊解莊」，何嘗不是在根據自己的特質，闡發莊子之義涵，尋求另一種詮釋莊子之契機。

由於莊學詮釋的歷史中，時空的轉變，人文的進步，縱向的莊學史中，吾人可以看到以文學角度詮釋莊子的開啓與發展，由援用莊子到評注莊子，在學術人文歷史的推進之下，從以文評莊、以脈絡評莊，進而到以文解莊，除了縱向的歷史影響外，橫向的政治、文化、文章、科考、社會、學術風氣等等，都成爲「以文解莊」的形成背景，在歷時研究（Diachronic Study）、並時研究（Synchronic Study）〔註3〕的相互影響之下，清初林雲銘《莊子因》可說是《莊子》由文學理念建構成文學理論最具代表的作品，其脈絡如下圖所示：

表二十六：「以文解莊」歷時與並時之脈絡

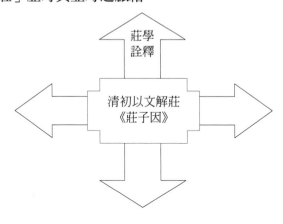

〔註 3〕索緒爾（Ferdinand de Saussure）從語言學發展的共時研究（synchronic study）（研究在某一特定狀態中的語言系統，不考慮時間因素）和歷時研究（diachronic study）（研究語言的歷史演變）提出語言系統與語言演化的必要性，進而提出「歷時態（diachrony）/共時態（synchrony）」即俗稱的時間／空間軸，企圖建立起一個相對穩定的系統，以全面解釋語言理論的結構。在此是運用其原理與方法，對莊學的歷史作一個歷史溯源的論述，與共同時空交互作用影響的結果，作一個說明。見朱剛《二十世紀西方文藝文化批評理論》，臺北：揚智文化，2002 年 7 月，頁 149～161 及英‧喬納森‧卡勒（Jonathav Culler）著，張景智譯《索緒爾》，臺北：桂冠出版，1992 年，頁 26～37。

　　「以文解莊」的詮釋方法，結合義理與文學之美，除了歷時的影響外，清初時期的時代背景，政治上的改朝換代予以學者歷史的衝擊，當時學術上由注轉評，社會制義科考、書院教育，都需要選本講學，從宋、明以來讀書風氣、科舉以八股文取士、文章講求文理兼具、讀書人的閱讀習慣都要評點文章，對字、句、段落、大旨、章法上都非常重視，這樣的環境，滋養「以文解莊」的風氣形成。圖解如下：

表二十七：「以文解莊」形成背景

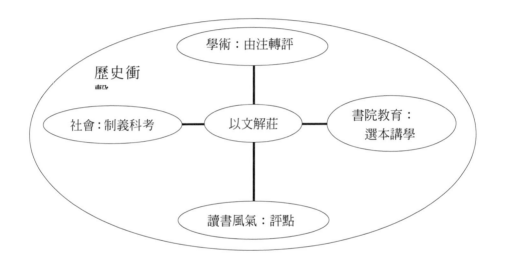

二、林雲銘《莊子因》的詮釋理論

　　林雲銘《莊子因》的詮釋理論，是以讀者、文本、作家、深層意涵作說明，以解讀《莊子》運用「以文解莊」的方法，建構《莊子》之文學理論詮釋系統。

　　對清初林雲銘而言，由於對造詣深厚，著有《古文析義》前後編，故在詮釋《莊子》時，不但以其讀者身分，對世事抑鬱哀憤之情以解莊，更運用其優越的古文造詣，為後世讀莊者，引導閱讀方向與方法，再就莊子表層的文字、句讀、段落、大旨、章法，提出「得其眼目所注，精神所匯，而後止」以內七篇相因之法，結合外雜篇相因之理，以結構論、形式論、言意詮釋論、批評論說明《莊子》之形式結構。而《莊子》之深層意涵，林雲銘亦以社會

價值、生死觀點、虛靜無為最後化入「道體」作為其詮釋的方法與理論的建構。〔註4〕以下以圖表解之：

表二十八：《莊子因》形式與深層詮釋之結構

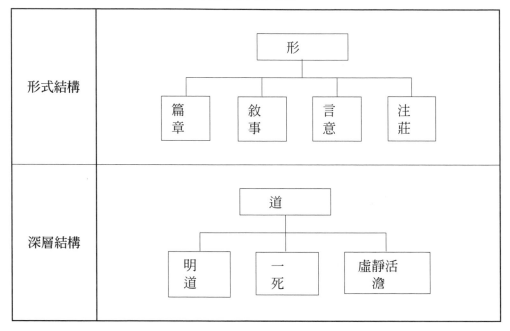

形式結構	形 → 篇章　敘事　言意　注莊
深層結構	道 → 明道　一死　虛靜活澹

三、詮釋之效用與侷限

　　林雲銘「以文解莊」能掌握《莊子》文本之文學理論的意義，以讀者作家與作品進而化于宇宙之「道」的觀點詮釋莊子，以「因」為全書詮解之主軸，建立《莊子》之詮釋理論，將莊子的文學性與哲學性加以連結，最後運用科學的方法「以文解莊」作論述。

　　其理念與做法，是發揮《莊子》之文學理念，而建立一文學理論的方法，自然在詮釋方法的運用上、莊學史「以文解莊」的詮釋上，日本漢學解莊的方法上，及對學術所產生的意義與效用上，都產生一定的影響性。如下圖：

〔註4〕「深層／表層結構」見於李維史陀（Lévi-Strauss）將人類學理論建立在整體性與系統性之上，歸類出類型模式，其模式基本運作方式，採二元對立，將文化現象進行分解，按照二元對立之結構框架重新組合，現其本質意義和價值，即文化現象的深層結構，以下圖表由
www.personal.stu.edu.tw/tcchiu/new_page_30.htm-20k 的語言、神話、親屬之間深層與表層關係圖轉化而成。表層結構改以形式結構，較合乎文章章法討論。

表二十九：《莊子因》的學術評價及其影響

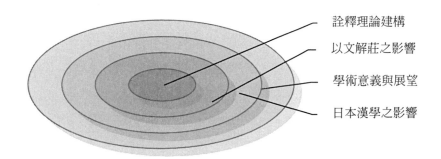

詮釋理論建構

以文解莊之影響

學術意義與展望

日本漢學之影響

　　西仲能同時發揮莊子文學與哲學特質，運用有效率、科學的方法解莊，殊屬不易，在《莊子》書中，對存在現象界的描述有虛與實的敘事，在寓言、重言、巵言的論述下，卻泯除一切言語的表象，得其意忘其象，最後進入「道體」的化境，如同哈伯馬斯在談論〈論哲學、科學與文學的關係〉上云：

> 如果一部文學文本同樣也能把作為符號集合的現實自身與其周圍的
> 經驗，現實之間的溝壑給填平，也就是說把一切現實都吸納進去，
> 那麼，這部文學文本是否可以加以反思。這樣一來，就把自己擴展
> 成了一種網羅一切的整體性。〔註5〕

《莊子》能在現象世界中給予讀者，超越時間空間，泯除一切的智慧，收納天地通為一氣，劃破死生之界與天地合，成為無限創生意義之「道」，林雲銘《莊子因》的確做到了：哲學、科學與文學的結合之詮釋。

　　然而，世間一切皆因是因非，因非因是，因是兩行，永遠沒有絕對的優勢或缺失，《莊子因》從字面意義入手，再進入到形上意義時，則必有一個「正言若反」的困頓與鴻溝，如何運用洞見去看出超越之道，全憑文字、旨意、章法入手，再化諸忘己之工夫、灌注至精神層面、摒除一切，即明顯產生自相矛盾之現象。

　　此時如何以「因是」解之，因之以自然而又不落言詮，除了理論的建構、方法的運用，亦須藉由東方與西方的對話，古與今之詮釋中，體會出超越本來字面意義，揣摩、衝撞、發現真正的真理。其方法可以運用「頓悟」、「洞

〔註5〕德‧哈貝馬斯原著（Jürgen Habermas）曹衛東選譯《哈貝馬斯精粹》南京大學出版社，2004年5月，頁421。

見」、「妙悟」的方法，就西方詮釋學的方法，可以運用伽達默爾的「視野融合」的方法爲：

> 通過把過去的眞理要求作爲「自己的東西」，現在的成見就會得到修
> 正或者擴大。這就是現在的地平（視野）和過去的地平（視野）的
> 互相融合。〔註6〕

如此超越外在現象界所呈現的一切，皆可以「本如鏡花水月，總總幻相」來超越，而深入理解到眞理的意義，一切外在的表現，都可以經由事實、生命的共相，找出正言若反的本質意義，作更精準客觀的論證。這才是林雲銘在「以文解莊」之眞正意義與目的，如果純就「知止其所不知，至矣」，恐怕不能對莊子眞正的「道」的境界，作更深入的突破與意義的把握。

〔註 6〕見日・丸山高司著，劉文柱、趙玉婷、孫彬、刁榴譯，《伽達默爾 —— 視野融合》河北教育出版社，2002 年 1 月，頁 98～115。

參考書目

壹、莊學專書

一、注莊專著（注解《莊子》書籍，按時代先後排列）

1. 晉・郭象，《莊子注》，台北：藝文印書館，《無求備齋莊子集成初編》第 1 冊。

2. 唐・成玄英《南華眞經注疏》台北：藝文印書館據清光緒十年刊古逸叢書本影印，嚴靈峰《無求備齋莊子集成初編》第 3 冊。

3. 宋・蘇軾，《莊子祠堂記》，台北：藝文印書館，《無求備齋莊子集成續編》第 34 冊。

4. 宋・林希逸著、周啓成校注，《莊子口義校注》，北京：中華書局，1997 年 3 月。

5. 宋・林希逸，《南華眞經口義》，台北：藝文印書館據明刊正統道藏本影印，《無求備齋莊子集成初編》第 7 冊。

6. 林希逸著，陳紅映點校，《南華眞經口義》，雲南人民出版社，2002 年 10 月。

7. 宋・劉辰翁批點本，《莊子南華眞經三卷》，台北：藝文印書館，〈無求備齋莊子集成續編〉第 1 冊。

8. 宋・陳景元，《南華眞經章句音義》，台北：藝文印書館據清道光間錢熙祚指海本影印，《無求備齋莊子集成初編》第 5 冊。

9. 明・孫應鰲，《莊義要刪》，明萬曆八年陶幼學等刻本，四庫未收書輯刊參輯，北京：北京出版社，2000 年 1 月。

10. 明・焦竑，《莊子翼》，台北：藝文印書館據明萬曆十六年長庚館刊本影印，《無求備齋莊子集續編》第 11 冊。

11. 明·歸有光批點，《百大家評註莊子南華經》，台北：宏業書局，民國 58 年 6 月。

12. 明·歸有光，《南華經評註》，台北：藝文印書館據明天啓四年竹塢刊本影印，無求備齋莊子集成第 19 冊。

13. 明·陳治安，南華眞經本義，台北：藝文印書館，《無求備齋莊子叢書集成續編》第 26～27 冊。

14. 明·賈善翔，《南華眞經直音》，台北：藝文印書館據明刊正統道藏本影印，《無求備齋莊子集成初編》第 5 冊。九五六·子部·道家類，上海：古籍出版社，2003 年 5 月。

15. 明·孫鑛撰，《孫月峰三子評》，中國子學名著集成六十七，明吳興閔氏刊朱墨套印本，中央圖書館藏。

16. 明·葉秉敬《莊子膏肓》，台北：藝文印書館，嚴靈峰編《無求備齋莊子集成初編》第 16 冊。

17. 明·陳深《莊子品節》，台北：藝文印書館，嚴靈峰編《無求備齋莊子集成初編》第 11 冊。

18. 明·藏雲山房主人《南華大義解懸參註》，台北：藝文印書館，嚴靈峰編《無求備齋莊子集成初編》第 1 冊。

19. 明·陶望齡《解莊》，台北：藝文印書館，嚴靈峰編《無求備齋莊子集成續編》第 24 冊。

20. 明·朱得之，《莊子通義》，台北：藝文印書館藏明嘉靖四十三年浩然齋刊本影印，《無求備齋莊子集成續編》第 3～4 冊。

21. 明·潘基慶《南華經集解》嚴靈峰編《無求備齋莊子集成初編》第 12 冊。

22. 明·陸西星《南華眞經副墨》，台北：藝文印書館藏據明萬曆六年刊本影印，嚴靈峰《無求備齋莊子集成續編》第 7～8 冊。

23. 明·沈一貫《南華通》，台北：藝文印書館藏明萬曆間刊本影印，嚴靈峰《無求備齋莊子集成續編》第 9 冊。

24. 明·焦竑《莊子翼》，台北：藝文印書館據萬曆十六年長庚館刊本，嚴靈峰《無求備齋莊子集成續編》第 12 冊。

25. 明·陳懿典《南華經精解》嚴靈峰編《無求備齋莊子集成續編》第 13～14 冊。

26. 明·徐曉，《南華日抄》，台北：藝文印書館，《無求備齋莊子集成續編》第 23 冊。

27. 明·韓敬《莊子狐白》，台北：藝文印書館，嚴靈峰編《無求備齋莊子集成續編》第 22 冊。

28. 明·楊起元《南華經品節》，台北：藝文印書館，嚴靈峰編《無求備齋莊子集成續編》第 17 冊。

29. 明・陸可教、李廷機《莊子玄言評苑》，台北：藝文印書館，嚴靈峰編《無求備齋莊子集成續編》第 15 冊。

30. 明・黃洪憲《莊子南華文髓》，台北：藝文印書館，嚴靈峰編《無求備齋莊子集成續編》第 18 冊。

31. 明・周拱辰《南華真經影史》，台北：藝文印書館，嚴靈峰編《無求備齋莊子集成初編》第 22 冊。

32. 明・歸有光批點《百大家評註莊子南華經》台北：宏業書局，1969 年 6 月。

33. 明・覺浪道盛《莊子提正》《天界覺浪盛禪師全錄》第二輯 136 冊，台北：修定中華大藏經會，1968 年。

34. 明・錢澄之〈與浪亭禪師論莊子書〉《田間文集》《錢澄之全集》卷四，合肥：黃山書社，1998 年。

35. 明・浪亭瀟挺《漆園指通》《中華大藏經》第二輯 133 冊，台北：修訂中華大藏經會，1968 年。

36. 明・《孫月峰三子評》〈提要〉《中國子學名著集成》（67），民國 66 年 4 月。

37. 明・焦竑《莊子翼》，台北：藝文印書館據明萬曆十六年長庚館刊本影印，嚴靈峰《無求備齋莊子集成續編》第 11 冊。

38. 明・陳榮選《南華全經分章句解》台北：藝文印書館，嚴雲峰編，《無求備齋莊子叢書集成續編》第 25 冊。

39. 明・譚元春《莊子南華真經評》，台北：藝文印書館據明崇禎八年刊本影印，《無求備齋莊子集成續編》第 27 冊。

40. 明・釋德清《莊子內篇注》，台北：藝文印書館，嚴雲峰編，《無求備齋莊子叢書集成續編》第 25 冊。

41. 清〈莊子翼批注〉《傅山全書》（二）台北：洪氏出版社，1984 年 10 月。

42. 清・林雲銘，《莊子因》，台北：藝文印書館據清乾隆白雲精舍刊本影印，民國 61 年初版，《無求備齋莊子集成初編》第 18 冊。

43. 清・林雲銘，《增註莊子因》，台北：廣文書局，1968 年 1 月。

44. 清・林雲銘，《吳山鷇音》八卷，北京圖書館藏清康熙刻本，四庫全書存目叢書，補編第三冊，山東：齊魯書社出版。

45. 清・林雲銘注，日・秦鼎補義，日・東條保標註，《標註莊子因》，台北：蘭臺書局，民國 58 年 6 月初版。

46. 清・王夫之，《莊子解　莊子通》，台北：廣文書局，1964 年 5 月初版 1987 年 3 月再版。

47. 清・王夫之，《莊子解》，台北：藝文印書館據清同治四年湘鄉曾氏金陵

節署重刊本影印，《無求備齋莊子集成初編》第 19 冊。

48. 清·宣穎著、王輝吉校，《莊子南華經解》，台北：廣文書局，據中央研究院藏懷義堂藏版，1978 年 7 月。

49. 清·宣穎著、王輝吉校，《莊子南華經解》，上海：存古齋石印本（線裝書）。

50. 清·宣穎著、胡志章校，《南華經解》，台北：藝文印書館，據清同治六年半畝園刊本影印，《無求備齋莊子集成續編》第 32 冊。

51. 清·胡文英，《莊子獨見》，台北：藝文印書館據清乾隆十六年三多齋刊本影印，《無求備齋莊子集成初編》第 21 冊。

52. 清·吳世尚，《莊子解》，據民國九年劉氏刊貴池先哲遺書本影印，《無求備齋莊子叢書集成初編》第 22 冊。台北：藝文印書館。

53. 清·劉鳳苞，《南華雪心編》，台北：藝文印書館，《無求備齋莊子集成續編》第 24 冊。

54. 清·陸樹芝，《莊子雪》，台北：藝文印書館，《無求備齋莊子集成續編》第 34 冊。

55. 清·王先謙著，《莊子集解》，臺南：世一書局，1967 年 4 月初版 1986 年 6 月再版。

56. 清·姚鼐，《莊子章義》，台北：藝文印書館，《無求備齋莊子集成續編》第 35 冊。

57. 清·高秋月，《莊子釋意》，台北：藝文印書館，《無求備齋莊子集成續編》第 31 冊。

58. 清·郭慶藩撰、王孝魚點校，《莊子集釋》，台北：天工書局，1989 年 9 月。

59. 清·方文通，《南華經解》，台北：藝文印書館，《無求備齋莊子集成續編》第 36 冊。

60. 清·陳壽昌，《南華眞經正義》，台北：新天地書局，1972 年 11 月初版 1977 年 7 月再版。

61. 清·孫嘉淦《南華通》《四庫全書存目叢書》子部二五七冊，子 257～507。

62. 錢澄之，《莊屈合詁》，《錢澄之全集》，合肥：黃山書社，1998 月。

63. 胡遠濬，《莊子詮詁》，臺灣：商務印書館 1931 年 6 月初版 1980 年 12 月台二版。

64. 錢穆，《莊子纂箋》，台北：東大圖書公司，1968 年 1 月。

65. 陳鼓應注譯，《莊子今注今譯》，北京：中華書局，1983 年 4 月第一版 1996 年 7 月第六刷。

66. 黃師錦鋐，《莊子讀本》，台北：三民書局，1989 年 9 月。

67. 歐陽超、歐陽景賢,《莊子釋譯》,台北:里仁書局,1992 年 9 月初版 1996 年 7 月二刷。

68. 張默生原著、張翰勛校補,《莊子新釋》,濟南:齊魯書社,1993 年 12 月第一版 1996 年 7 月二刷。

69. 關鋒,《莊子內篇譯解和批判》,北京:中華書局,1961 年 6 月一版。

70. 王叔岷,《莊子校詮》,台北:中央研究院歷史語言研究所,1994 年 4 月二版。

二、莊學相關論著（按出版先後排列）

1. 清・胡鳴玉《訂譌襍錄》十卷《欽定四庫全書》子部十,雜家類二。

2. 明末・陳龍,《陳忠裕公全集》,卷二一嘉慶八年韓山草堂刊本,臺灣大學圖書館藏。

3. 郎擎霄,《莊子學案》,上海:商務印書館,1934 年 11 月。

4. 馬森,《莊子書錄》,1958 年。

5. 嚴靈峰編,《老列莊三子知見目錄》,臺北:中華叢書編審委員會,1965 年 1 月。

6. 王弼,《老子註》,臺北:藝文印書館,民國 64 年 9 月三版。

7. 吳康,《老莊哲學》,臺北:商務印書館,1977 年 2 月九版。

8. 王叔岷,《莊學管窺》,臺北:藝文印書館,1978 年 3 月。

9. 葉國慶,《莊子研究》,臺北:商務印書館,1978 年 3 月台四版。

10. 葉國慶,《莊子研究》,臺北:木鐸出版社,1982 年 9 月。

11. 曹礎基,《莊子淺注》,北京:中華書局,1982 年 10 月。

12. 蔡師宗陽,《莊子之文學》,臺北:文史哲出版,1983 年 9 月初版。

13. 張恆壽,《莊子新探》,湖北:人民出版社,1983 年 9 月。

14. 陸欽,《莊周思想研究》,河南:人民出版社,1983 年 12 月。

15. 陳品卿,《莊學新探》,臺北:文史哲初版,1984 年 9 月增訂再版 1997 年 8 月三刷。

16. 吳怡,《逍遙的莊子》,臺北:東大圖書,1984 年 10 月初版 1991 年 4 月三版。

17. 陸永品,《老莊研究》,河南:中州古籍出版社,1984 年 11 月。

18. 吳康,《老莊哲學》,臺北:商務印書館,1987 年 3 月九版。

19. 劉笑敢,《莊子哲學及其演變》,北京:中國社會科學院出版,1988 年 2 月初版。

20. 謝祥皓,《莊子導讀》,四川:巴蜀書社,1988 年 3 月,1991 年 1 月二刷。

21. 顧俊發行,《莊子研究論集新編》,臺北:木鐸出版社,1988 年 9 月。

22. 劉紹瑾,《莊子與中國美學》,廣東:高等教育出版社,1989 年 4 月。

23. 《莊子與中國文化》,黃山文化書院編,安徽:人民出版社,1990 年 1 月。

24. 錢穆,《莊老通辨》,臺北:東大圖書出版社,1991 年 12 月。

25. 胡楚生,《老莊研究》,臺北:臺灣學生書局出版,1992 年 10 月。

26. 吳光明,《莊子》,臺北:東大圖書,1988 年 2 月初版 1992 年 9 再版。

27. 胡哲敷,《老莊哲學》,臺灣:中華書局,1993 年 3 月。

28. 陳鼓應,《老莊新論》,臺灣:五南圖書出版有限公司,1993 年 3 月。

29. 張默生,《莊子新釋》,臺北:明文書局出版,1994 年 1 月。

30. 黃師錦鋐,《莊子及其文學》,臺北:東大圖書公司,1994 年 9 月再版。

31. 崔大華,《莊學研究》,北京:人民出版社,1995 年 10 月二刷。

32. 蕭萐父、許蘇民,《明清啓蒙學術流變》,瀋陽:遼寧教育出版社,1995 年 1 月。

33. 朱自清、郭沫若、吳晗、葉聖陶編,《聞一多全集(二)古典新義》,臺北:里仁書局,1948 年 8 月初版 1996 年 2 月。

34. 張國清,《後佛洛伊德主義》,臺北:揚智文化,1996 年。

35. 王運熙、顧易生主編,《中國文學批評通史》,上海:古籍出版社,1996 年 12 月。

36. 徐洪興,《思想的轉型——理學發生過程研究》,上海:人民出版社,1996 年 12 月。

37. 楊大春,《後結構主義》,臺北:揚智文化,1996 年。

38. 封思毅,《莊子詮言》,臺灣:商務印書館,1997 年 5 月二版。

39. 陶清,《民遺民九大家哲學思想研究》,臺北:洪葉文化公司,1997 年 6 月初版。

40. 葉舒憲,《莊子的文化解析》,湖北:人民出版社,1997 年 8 月。

41. 連清吉,《日本江戶後期以來的莊子研究》,臺北:學生書局初版 1998 年 12 月。

42. 連清吉,《日本江戶時代的考證學家及其學問》,臺北:學生書局初版,1998 年 12 月。

43. 姜聲調,《蘇軾的莊子學》,臺北:文津出版社,1999 年 12 月。

44. 錢奕華,《宣穎南華經解之研究》,臺北:萬卷樓出版,2000 年 5 月。

45. 婁世麗,《莊子「兩行」觀》,臺南:漢風出版社,2002 年 11 月。

46. 劉榮賢,《莊子外雜篇研究》,臺北:聯經出版社 2004 年 4 月。

貳、中外參考著作（按出版先後排列）

一、中國著作（按出版先後排列）

1. 宋・朱熹，《四書集注》，臺北：學海出版社，1978 年 8 三版。

2. 宋・謝枋得著・日・東龜年校刊，《增補正文章軌範（一）》，日本寬政三年（1791 年）。

3. 宋・魏天應編，《論學繩尺》十卷，《四庫全書・集部・總集類》。

4. 元・倪士毅，《作義要訣，四庫全書・集部・九》。

5. 宋・眞德秀，《文章正宗，四部叢刊參編》，四十冊，臺灣：商務印書館，1981 年 9 月。

6. 清・孫承澤，《春明夢餘錄，四庫全書總目》，卷一百二十二。

7. 明・陳龍，《陳忠裕公全集》，嘉慶八年斡山草堂刊本，臺灣大學圖書館藏。

8. 清・永瑢等撰，《四庫全書總目提要》，臺北：商務印館，1965 年 5 月三版。

9. 清・林雲銘，《挹奎樓選稿》，清康熙三十五年陳一夔刻本，四庫全書存目叢書集 230，臺南：莊嚴文化，1997 年 6 月初版。

10. 清・鄭祖庚纂修，《福建侯官縣鄉土志，中國方志叢書・華南地方第 227 號》，版籍略卷三氏族。

11. 清・林雲銘，《楚辭燈四卷附》《楚懷襄二王在位事蹟考》一卷，遼寧大學圖書館藏清康熙三十六年挹奎樓刻本，四庫全書存目叢書・集部二羅根澤，諸子考索，北京：人民出版社，1958 年 2 月。

12. 《原抄本顧炎武日知錄》，台北：文史哲出版社，1979 年 4 月。

13. 林安梧，《王船山人性史哲學之研究》，國立臺灣大學哲學研究所碩士論文，1986，臺北：東大圖書公司，1987 年 9 月初版。

14. 王雲五編，《合印四庫全書總目提要及四庫未收書目禁毀書目》，臺灣：商務印書館，1971 年 5 月。

15. 錢穆，《國學概論》，臺北：商務印書館，1931 年 5 月初版。

16. 侯外廬，《中國思想史》，北京：人民出版社，1956 年 8 月。

17. 陳鼓應，《莊子哲學》，臺北：臺灣商務印書館，1966 年 9 月。

18. 金聖嘆評，《天下才子必讀書》，敦化堂藏板，臺北：書香出版社，1978 年 11 月。

19. 王叔岷，《莊學管闚》，臺北：藝文印書館，1978 年 3 月。

20. 錢穆，《中國學術思想史論叢》，臺北：東大圖書，1980 年 3 初版 1990 年 4 月再版 1990 年 8 月三版。

21. 黃慶萱，《修辭學》，臺北：三民書局，1975 年 1 月初版，1983 年 10 月四版。

22. 謝冰瑩、李鍌、劉正浩、邱燮友編，《四書讀本》，臺北：三民書局，1966 年 9 月初版，1978 年 10 月七版。

23. 施友忠，《從文學批評觀點讀莊子》，中外文學三卷 7 期，1974 年 12 月。

24. 林尹，《中國學術思想大綱》，臺灣：商務印書館，1979 年 8 月初版，1995 年 1 月四刷。

25. 顧實，《莊子天下篇講疏》，臺北：臺灣商務印書館，1980 年 12 月。

26. 王煜，《明清思想家論集》，臺北：聯經出版社，1981 年 5 月初版，1992 年 4 月三刷。

27. 黃公偉，《道家哲學系統探微》，臺北：新文豐出版社，1981 年 8 月。

28. 謝國楨，《明末清初的學風》，北京：人民出版社，1982 年 6 月

29. 譚戒甫，《莊子天下篇校釋》，臺北：臺灣商務印書館，1985 年。

30. 羅正鈞纂，《船山師友記》，臺北：明文書局，1985 年。

31. 顏崑陽，《莊子藝術精神析論》，臺北：華正書局，1985 年 7 月。

32. 周駿富編，《清代傳記叢刊》，臺北：明文書局，1986 年 1 月。

33. 朱榮智，《文氣論研究》，臺灣學生書局出版，1986 年 3 月初版。

34. 金白鉉，《莊子哲學中天人之際研究》，臺北：文史哲出版社，1986 年 8 月。

35. 周國平，《在世紀的轉折點上——尼采》，上海：人民出版社 1986 年 7 月第一版，2003 年 4 月第 11 刷。

36. 陳鼓應，《悲劇哲學家尼采》，北京：新華書店，1987 年 12 月。

37. 嚴羽著、郭紹虞校釋，《滄浪詩話校釋》，臺北：里仁書局，1987 年 4 月。

38. 陳耀森，《莊子新闢》，臺灣商務印書館，民國 1988 年 6 月。

39. 古添洪，《記號與文學，記號詩學》，臺北：東大圖書公司，1988 年 6 月。

40. 宋・呂祖謙，《古文關鍵》，臺北：鴻學出版，1989 年 9 月。

41. 葉海煙，《莊子的生命哲學》，臺北：東大出版，民 1990 年 4 年初版。

42. 林聰舜，《明清之際儒家思想的變遷與發展》，臺北：學生書局，1990 年 10 月。

43. 龔鵬程，《文學批評的視野》，臺北：大安出版社，1990 年 1 月初版，1998 年 4 月二刷。

44. 何冠彪，《明末清初學術思想研究》，臺北：學生書局，1991 年 2 月。

45. 朱榮智，《莊子的美學與文學》，臺北：明文書局，1992 年 3 月。

46. 陳榮華，《海德格哲學——思考與存有》，臺北：輔仁大學出版社，1992

年 4 月。

47. 王茂、蔣國保、余秉頤、陶清，《清代哲學》，安徽：人民出版社，1992年 1 月。

48. 敏澤，《中國文學理論批評史上、下》，吉林：教育出版社，1992 年 1 月。

49. 陳榮華，《海德格哲學——思考與存有》，臺北：輔仁大學出版社，1992年 4 月。

50. 董小蕙，《莊子思想之美學意義》臺北：學生出版社，1993 年 10 月。

51. 胡哲敷，《老莊哲學》，臺北：中華書局，1993 年 3 月。

52. 鄭世根，《莊子氣化論》，臺北：學生書局，1993 月。

53. 劉笑敢，《兩種自由的追求：莊子與沙特》，臺北：正中書局，1994 年 7 月初版。

54. 顏崑陽，《人生是無題的寓言——莊子的寓言世界》，臺北：躍昇文化出版，1994 年 2 月。

55. 陳引馳，《莊學文藝觀研究》，臺北：文史哲出版社，1994 年 3 月。

56. 奧修，《莊子》：空船，臺北：奧修出版社，1995 年 10 月。

57. 梁啓超，《中國近三百年學術史——清代學術概論》合刊，臺北：里仁出版社，1995 年 2 月初版。

58. 蕭萐父、許蘇民，《明清啓蒙學術流變》遼寧：教育出版社，1995.10。

59. 羅焌，《諸子學述》，湖南：岳麓書社，1995 年 3 月。

60. 錢穆，《中國思想史》，臺北：學生書局，1995 年 8 月九刷。

61. 董洪利，《古籍的闡釋》，遼寧：教育出版社，1995 年 6 月二刷。

62. 馮曉虎，《老莊與尼采的文化比較》，北京：知識出版社，1995 年 5 月。

63. 《船山全書》，湖南：嶽麓書社出版，1996 年 2 月一版。

64. 唐華，《讀莊子的方法學》，臺北：玄同文化公司，1996 年 12 月。

65. 余英時，《略論清代儒學的新動向》，歷史與思想，臺北：聯經出版社，1997 年 6 月初版第二十刷。

66. 潘雨廷，《易與佛教、易與老莊》，瀋陽：遼寧出版社，1998 年 12 月。

67. 牟宗三，《莊子齊物論義理演析》，香港：中華書局，1998 年 12 月。

68. 趙衛民，《莊子的道》，臺北：文史哲出版，民國 1998 年 1 月。

69. 劉宗賢、謝祥皓，《中國儒學》，四川：人民出版社，1998 年 8 月二版。

70. 吳汝鈞《老莊哲學的現代析論》臺北：文津出版社，1998 年 6 月。

71. 譚宇權《莊子哲學評論》，臺北：文津出版社，1998 年 6 月。

72. 張京華，《莊子哲學辨析》，遼寧教育出版社，1999 年 4 月。

73. 邱榮鐊，《莊子哲學體系論》，臺北：文津出版社，1999 年 7 月。
74. 林崗，《明清之際小說評點學之研究》，北京：北京大學出版社，1999 年 11 月。
75. 孫琴安，《中國評點文學史》，上海：社會科學院出版社，1999 年 6 月。
76. 吳承學《中國古代文體型態研究》廣東：中山大學出版社 2000 年 9 月。
77. 黃漢光，《黃老之學析論》，臺北：鵝湖出版社，2000 年。
78. 龍協濤，《讀者反應理論》，臺北：揚智文化，2000 年 1 月。
79. 黃俊傑，《東亞儒學史的新視野》，臺北：喜瑪拉雅研究發展基金會，2000 年。
80. 朱棟霖、陳信元主編，《中國文學新思維，嘉義：南華大學，2000 年 7 月。
81. 高柏園，《莊子內七篇思想研究》，臺北：文津出版社，2000 年 5 月。
82. 李錦全、曹智頻，《莊子與中國文化》，貴州：人民出版社，2001 年 10 月。
83. 沈善增，《還吾莊子——〈逍遙遊〉〈齊物論〉新解》，上海：學林出版社，2001 年 6 月。
84. 傅佩榮，《逍遙自在的人生》，臺北：幼獅文化，2001 年 11 月。
85. 傅佩榮，《傅佩榮解讀莊子》，臺北：立緒出版，2001 年 11 月。
86. 洪漢鼎主編，《理解與解釋——詮釋學經典文選》，北京：東方出版社，2001 年 5 月。
87. 清・林雲銘，《古文析義》，臺北：廣文書局民，2001 年 10 月九版。
88. 張雙英，《文學概論》，臺北：文史哲出版社，2002 年 10 月。
89. 朱剛，《二十世紀西方文藝文化批評理論》，臺北：楊智文化出版，2002 年 7 月。
90. 陳鼓應，《管子四篇詮釋》，臺北：三民書局，2003 年 2 月。
91. 黃師錦鋐，〈日本的漢學研究〉，斯波六郎著黃師錦鋐、陳淑女譯《文選諸本之研究》台中：法嚴出版社，2003 年 11 月。
92. 羅根澤，《中國文學批評史》，臺北：學海出版社，1990 年 2 月再版。
93. 黃保眞、成復旺、蔡鍾翔，《中國文學理論史》，洪葉文化事業有限公司，1993 年。
94. 錢澄之，《與浪亭禪師論莊子書》，《田間文集》，《錢澄之全集》，卷四，合肥：黃山書社 1998 年。
95. 《劉熙載文集》藝概卷六，江蘇：古籍出版社，2000 年。
96. 洪漢鼎，《詮釋學——它的歷史和當代發展》，北京人民出版社，2001

年 9 月。

97. 馮友蘭，《中國哲學史》下冊，臺北：商務印書館，1994 年 4 月初版。

98. 吳承學，《中國古代文體型態研究》，廣東：中山大學出版社，2000 年 9 月。

99. 譚帆，《中國小說評點研究》，華東師範大學出版，2001 年 4 月。

100. 朱萬曙，《明代戲曲評點研究》，安徽：教育出版社，2002 年 8 月。

101. 王葆玹，《老莊學新探》，上海：上海文化出版社，2002 年 5 月。

102. 楊懷志、潘忠榮編，《清代文學盟主桐城派》，安徽人民出版社，2002 年 8 月。

103. 劉紹樑，《從莊子到安隆：A ＋公司治理》，臺北：天下雜誌，2002 年 11 月。

104. 清・章學誠著，葉瑛校注，《文史通義校注／校讎通義校注》臺北：頂淵文化，2002 年 9 月。

105. 王凱，《逍遙遊── 莊子美學的現代闡釋》，湖北：武漢大學出版社，2003 年 12 月。

106. 陳少明，《〈齊物論〉及其影響》，北京：北京大學出版社，2004 年 2 月。

二、外國著作（按出版先後排列）

1. Jürgen Habermas,Zur Rekonstruktion des Historischen Materialismus（Frankfurt，M:Suhrkamp,1976）。

2. 美・韋勤克・華倫（Rene & Wellek）王夢鷗・許國衡譯，《文學論》，臺北：志文出版社，1976 年 10 月初版，2000 年 11 月再版。

3. 美・韋勤克・華倫（Rene & Wellek）梁伯傑譯，《文學理論》，臺北：水牛圖書出版事業有限公司，1991 年 11 年 1 月初版，1999 年 2 月年 2 月 8 月三版三刷。

4. 美・劉若愚著・杜國清譯，《中國文學理論》，臺北：聯經出版社，1981 年 9 月。

5. 德・黑格爾（Hegel,Georg Wilhelm Friedrich）著，賀自昭、王玖興譯，《精神現象學（Phänomenologie des geistes）》，臺北：里仁書局，1984 年。

6. Graham, A. C.” Disputers of the TAO” Illinois: Chicago and La Salle,1989 年。

7. 美・艾布蘭斯（M. H. Abrams）酈稚牛・張照進・童慶生，《鏡與燈》，北京：北京大學出版社，1989 年 12 月。

8. 美・帕馬（Richard E. Palmer）著・嚴平譯，《詮釋學》，臺北：桂冠圖書股份有限公司出版，1992 年 5 月初版。

9. 英・喬納森・卡勒（Jonathav Culler）著，張景智譯，《索緒爾》，臺北：

桂冠出版，1992 年。

10. 英·泰端，伊果頓（Terrry Eagleton）著，吳新發譯，《文學理論導讀》，臺北：書林出版，1993 年 4 月。

11. 美·Howard Gardner 著，林佩芝譯，《創造心靈》，臺北：牛頓出版社，1997 年 6 月初版。

12. 德·佛洛伊德（Sigmund Freud）著，吳康譯，《精神分析引論新講》，臺北：桂冠圖書公司，1998 年 7 月。

13. 德·迦達默爾（Hans-Garorg Gadamer）洪漢鼎譯，《眞理與方法》，上海譯文出版社，1999 年 4 月。

14. 日·湯川秀樹著，周林東譯，《創造力與直覺》，河北：科學技術出版社，2000 年 9 出版。

15. 美·帕瑪（Richard E·Palmer）著，嚴平譯，《詮釋學，理解與解釋——詮釋學經典文選》，北京：東方出版社，2001 年 5 月。

16. 法·莫里斯·梅洛·龐蒂（Maurice Merleau-Ponty），《知覺現象學》，北京：商務印書館，2001 年 2 月。

17. 美·羅洛·梅（Rollo May）著，傅佩榮譯，《創造的勇氣》，臺北：立緒出版社，2001 年。

18. 日·丸山高司著，劉文柱、趙玉婷、孫彬、習榴譯，《伽達默爾——視野融合》，河北教育出版社，2002 年 1 月。

19. 德·馬丁·海德格（Martin Heidegger ）著，王慶節、陳嘉映譯，《存在與時間（SEIN UND ZEIT）》，臺北：桂冠出版社，2002 年 2 月。

20. 日·町田三郎著，連清吉譯，《明治的漢學家》，臺北：學生書局，2002 年 12 月。

21. 日·斯波六郎著，黃師錦鋐、陳淑女譯，《文選諸本之研究》，臺中：法嚴出版社，2003 年 11 月。

22. 法·貝爾特朗·韋熱里（Traduit par Li Jianying）著，李建英譯，《禁止死亡，（La mort interdite）》，深圳：海天出版社，2004 年 5 月。

23. 德·哈貝馬斯原著（Jürgen Habermas）曹衛東選譯，《哈貝馬斯精粹》，南京大學出版社，2004 年 5 月。

參、學位論文（按出版先後排列）

1. 曾春海，《王船山周易闡微》，輔仁大學哲學研究所博士論文，1977 年。

2. 曾昭旭，《王船山哲學》，國立台灣師範大學國文研究所博士論文，1978 年。

3. 李素娓，《方以智《藥地炮莊》中的儒道思想研究》，臺灣大學中文研究

所碩士論文，1978 年。

4. 連清吉，《莊子寓言研究》，東海大學中國文學研究所碩士論文，1981 年。

5. 戴師景賢，《王船山之道器論》，國立臺灣大學中國文學系博士論文，1982 年。

6. 劉榮賢，《船山張子正蒙注研究》，東海大學中文研究所碩士論文，1983 年。

7. 林文彬，《王船山莊子解研究》，臺灣師範大學國文研究所碩士論文，1986 年 5 月。

8. 鄭邦鎮，《明代前期八股文形構研究》，臺灣大學中國文學研究所博士論文，1987 年 6 月。

9. 簡光明，《林希逸莊子口義研究》，逢甲大學中文研究所碩士論文，1991 年 1 月。

10. 王中文，《莊子思想轉化爲文學理論研究》，東吳大學碩士論文，1992 年 6 月。

11. 謝靜惠，《莊子養生主研究》，文化大學哲學研究所，1993 年。

12. 李春蕙，《莊子思想詮釋的分際》，臺灣師範大學國文研究所碩士論文，1993 年 6 月。

13. 杜保瑞，《論王船山易學與氣論進路並重的形上學進路》，臺灣大學哲學博士論文，1993 年。

14. 林文彬，《船山易學研究》，臺灣師範大學博士論文，1994 年。

15. 施錫美，《焦竑莊子翼研究》，逢甲大學中文研究所碩士論文，1995 年。

16. 簡光明，《宋代莊學研究》，臺灣師範大學國文研究所博士論文，1997 年 4 月。

17. 林佳蓉，《成玄英《道德經義疏》研究》，成功大學中文研究所碩士論文，1998 年 1 月。

18. 徐聖心，《莊子「三言」的創用及其後設意義》，國立臺灣大學中國文學研究所博士論文，1998 年。

19. 蔡忠道，《魏晉儒道互補思想之研究》，高雄師範大學國文研究所博士論文，1998 年 6 月。

20. 王櫻芬，《莊子〈逍遙遊〉研究》，國立中正大學中國文學系碩論，1999 年。

21. 錢奕華，《宣穎南華經解之研究》，國立高雄師範大學國文研究所碩士論文，1999 年 6 月。

22. 林育慶，《莊子·養生主研究》，國立中正大學中國文學系碩士，2000 年。

23. 謝明陽，《明遺民的莊子定位論題》，國立臺灣大學中國文學研究所博士

論文，2000 年 6 月。

24. 黃申如，《晚明諸子學的復興——以道家的儒學化爲例》，國立清華大學歷史研究所碩士論文，2000 年 6 月。

25. 陳琪薇，《清代學者「以儒解莊」之研究》，國立暨南大學中國語文學系碩士論文，2000 年 6 月。

26. 翁慧宏，《王船山詩學理論新探》，成功大學中文碩士論文，2000 年。

27. 林文淑，《莊子內篇修辭探賾》，國立台灣師範大學國文系碩士論文，2001 年 3 月。

28. 傅淑華，《王船山老子衍之研究》，中央大學中文碩士論文，2001 年。

29. 余姒倩，《宣穎南華經解儒道性格之蠡測——以道爲核心之開展》，中央大學碩士論文，2002 年。

30. 涂治瑛《王船山宋論之研究》高雄師範大學碩士論文，2002 年。

31. 郭鶴鳴，《王船山文學研究》，臺灣師範大學博士論文，2002 年。

32. 黃憶佳，《由養生主看莊子的養生觀》，輔仁大學中文系碩士，2002 年。

33. 邱茂波，《從「內聖外王」論莊子哲學及其重要詮釋》，中國文化大學哲學研究所博士論文，2003 年。

34. 劉用瑞，《王船山論語詮釋之研究》，臺灣師範大學，國文系在職碩士班，2003 年。

35. 莊凱雯，《王船山讀四書大全說研究》，東海大學中文系碩士論文，2003 年。

36. 李懿純，《憨山德清註莊之研究》，淡江大學中文系碩士論文，2003 年 6 月。

肆、期刊論文（按出版先後排列）

1. 李大華，〈略論隋唐老莊學〉，上海古籍出版，《道家文化研究》（一），1962 年 6 月。

2. 施友忠，〈從文學批評觀點讀莊子〉，《中外文學》，三卷 7 期，1974 年 12 月。

3. 黃師錦鋐，〈從感情、理智、科學的角度，看莊子的文學〉，《幼獅月刊》第四十一期，1975 年 6 月。

4. 黃師錦鋐，〈阮籍和他的達莊論〉，臺北：《師大學報》二二期，1977 年 6 月。

5. 周勤，〈從莊子到郭象的歷史之必然——試析魏晉玄學中的莊子思想〉，華東師範大學出版，1981 年 4 月。

6. 連清吉，〈莊子書中之孔子〉，臺北：《中國文化月刊》，1981 年 12 月，

廿六期。

7. 廖炳慧，〈莊子的洞見與不見〉，《中外文學》十一卷十一期，1983 年。

8. 余英時，〈清代學術思想史重要觀念通釋〉，《中國思想傳統的現代詮釋》，聯經出版，1983 年。

9. 戴師景賢，〈莊子郭象注參用儒義之分析〉，高雄：《中山大學學報》第二期，1985 年 6 月。

10. 李正宇，〈敦煌遺書中的標點符號〉，《文史知識》八期，1988 年。

11. 金春峰，〈明清之際儒學的價值觀念〉，太原：《晉陽學刊》，1988 年 5 月。

12. 王俊才，〈明清之際理學的特點及其流派〉，太原：《晉陽學報》，1989 年 2 月。

13. 陳鼓應，〈論道家在中國哲學史上的主幹地位〉，《哲學研究》，1990 年 1 月。

14. 馮達文，〈儒學與道學的思維方式、思維結構和價值追求比較〉，廣東社會科學院，1990 年 2 月。

15. 伊瑟（Wolfgang Iser）著單德興譯，〈讀者反應批評的回顧〉，《中外文學》，第十九卷·第十二期，1991 年 5 月。

16. 羅熾，〈方以智的道家觀〉，《湖北大學學報》，1991 年 6 月。

17. 丁冠之，〈論明清實學的早期啓蒙思想〉，《山東大學學報》，1991 年 3 月。

18. 武內義雄著·連清吉節譯，〈日本老莊學〉，《鵝湖》193 期，1991 年 7 月。

19. 簡光明，〈莊子評註初探——以《莊子口義》《莊子因》爲主之考察〉，臺中：《逢甲中文學報》，1991 年 11 月。

20. 丁冠之，〈論明清實學的早期啓蒙思想〉，《山東大學學報》，1991 年 3 月。

21. 任繼愈，〈儒道兩家思想在中國何以影響深遠長久不衰，上海古籍出版，《道家文化研究》（一），1992 年 6 月。

22. 牟鍾鑒，〈道家學說與流派述要〉，上海古籍出版，《道家文化研究》（一），1992 年 6 月。

23. 陳鼓應，〈莊子思想研究〉，上海古籍出版，《道家文化研究》（一），1992 年 6 月。

24. 鄭湧，〈以海德爾格爲參照點看老莊〉，《道家文化研究》（二），上海古籍出版社，1992 年 8 月。

25. 熊偉，〈道家與海德爾格〉，《道家文化研究》（二）輯，1992 年 8 月。

26. 裘錫圭，〈稷下道家精氣説的內容〉，《道家文化研究》（二），上海古籍出版社，1992 年 8 月。

27. 王中江，〈從價值從估到價值認同——郭象與莊子哲學的一個比較〉，《中州學刊》，1993 第六期。

28. 周光慶，〈中國古典解釋學研究當機〉，《華中師範大學學報》，1993 年第2 期。

29. 余敦康，〈從莊子到郭象莊子注〉，《哲學與文化》第二一卷第八期，1994 年。

30. 金丹元，〈論明清時期的藝術審美思維〉，上海：《社會科學院學術季刊》，1994 年第四期。

31. 趙吉惠，〈論荀學是稷下黃老之學〉，上海古籍出版，《道家文化研究》（四），1994 年 3 月。

32. 金谷治，〈《莊子》的生死觀〉，《道家文化研究》第五輯，1994 年 11 月。

33. 魏宗禹，〈傅山哲學中的老莊思想〉，上海古籍出版，《道家文化研究》（五），1994 年 11 月。

34. 余敦康，〈魏晉玄學與儒道會通〉，上海古籍出版，《道家文化研究》（六），1995 年 6 月。

35. 張祥龍，〈海德格論「道」與東方哲學〉，《道家文化研究》（六）輯，1995 年 6 月。

36. 張斌峰，〈試論莊子的辯學思想及其影響〉，《道家文化研究》（八），1995 年 11 月。

37. 王卡，〈兩漢之際的儒學與老莊學〉，上海古籍出版，《道家文化研究》（八）1995 年 11 月。

38. 許抗生，〈簡論魏晉玄學是新道家〉，上海古籍出版，《道家文化研究》（八）1995 年 11 月。

39. 張峰屹，〈從莊注之差異看「莊子影響」問題〉，《內蒙古大學學報》，1996 第六期。

40. 李均明，〈簡牘符號考述〉，《華學》（二）輯，中山大學出版社，1996 年 12 月。

41. 劉坤生，〈莊子兩題——兼論莊子對老子思想的傳承與發展〉，《中國哲學史》季刊，1996 第一期。

42. 黃師錦鋐，〈道家的審美觀〉，高雄：中國文學與美學學術研討會（高雄師大）1998 年 12 月 1～3 日。

43. 吳承學、曹虹、蔣寅，〈一個期待關注的學術領域——明清詩文研究三人談〉，《文學遺產》，1999 年第 4 期。

44. 楊玉成，〈劉辰翁：閱讀專家〉，彰化師範大學國文系《國文學誌》，第三期，宋代文化專號，1999 年 6 月。

45. 錢奕華，〈文心雕龍‧養氣篇創作的內涵〉，《人文及社會學科教學通訊》十卷第三期，1999 年 10 月。

46. 李進,《比較文學與中國文學批評》,收入朱棟霖、陳信元主編,《中國文學新思維》,(上),嘉義:南華大學,2000 年 7 月。

47. 柳秀英,《莊子生命美學思想初探》,《美和技術學院學報》第十九期,2001。

48. 陳少明,〈現代莊學及其背景〉,《中國哲學史季刊》,2002 年第一期,2002 年 2 月年 2 月 5 日出版。

49. 湯一介,〈論魏晉玄學到初唐重玄學〉,《道家文化研究》第十九輯,北京:三聯書局 2002 年 6 月第一版。

50. 李剛,〈成玄英論「有無」〉,《道家文化研究》,第十九輯,北京:三聯書局,2002 年 6 月第一版。

51. 強昱,〈成玄英建立重玄學的方法〉,《道家文化研究》第十九輯,北京:三聯書局,2002 年 6 月第一版。

52. 張伯偉〈評點溯源〉章培恒、王靖宇主編,《中國文學評點研究論文集》,上海:古籍出版社,2002 年 12 月。

53. 錢奕華,〈宣穎以文評莊探微〉,上海:復旦大學 2000 年 11 月,中國古代文論研究的回顧與前瞻,2002 年 8 月。

54. 洪漢鼎,〈作為想像藝術的詮釋學──伽達默爾思想晚年定論〉,東亞儒學中的經典詮釋傳統國際學術研討會,臺灣大學東亞文明研究中心,2004 年 3 月 14 日～15 日。

55. 趙飛鵬,〈傳播與回流──「和刻本」漢籍的淵源與價值〉,臺灣日本韓國東亞文獻資源與研究主題學術研討會,2004 年 5 月 15 日。

56. 李明輝,〈中西比較哲學的方法論省思〉,《東亞文明研究通訊》,2004 年 4 月。

57. 黃俊傑,〈東亞儒家經典詮釋傳統研究的現況及其展望〉,東亞儒學中的經典詮釋傳統國際學術研討會,2004 年 3 年 14 日～15 日。

伍、網路資料

1. 張京華,莊子研究新途徑──略評近十餘年出版的四部莊子研究博士論文/孔子 2000 網站 www.confucius2000.com

2. 李維史陀表層與深層結構圖
www.personal.stu.edu.tw/tcchiu/new_page_30.htm-20k

附　錄

附錄一：林雲銘簡要年譜

年齡	西元	帝王	紀年		生　平　紀　要
1	1627	明熹宗 天啓	7		出生
31	1658	順治	15	戊戌	登進士，授新安司理、徽州通判
36	1663	康熙	2	癸卯	《莊子因》成書
40	1667		6	丁未	退居建溪
42	1669		8	己酉	《損齋焚餘》成書
46	1673		12	癸丑	再輯《損齋焚餘》
47	1674		13	甲寅	耿精忠閩變
48	1675		14	乙卯	二月坐繫
49	1676		15	丙辰	九月釋放
51	1678		17	戊午	出閩，入西冷（武林）
55	1682		21	壬戌	《古文析義》前編成書
57	1684		23	甲子	《吳山鷇音》成書
60	1687		26	丁卯	《古文析義》後編成書
61	1688		27	戊辰	《增註莊子因》六卷成書
66	1693		32	癸酉	《韓文起十卷附韓文公年譜一卷》成書
67	1694		33	甲戌	嘉平祝融，旅鳥焚巢（家中盡赴一炬）
69	1696		35	丙子	《挹奎樓選稿》成書
70	1697		36	丁丑	《楚辭燈》成書

附錄二：林雲銘《莊子因・序》康熙癸卯二年（1663）

余支離成性，不為事物所宜。於莊為近，故少而好之，久而彌篤，稍長涉獵佉門諸書，私念人生地上寓也，其與幾何，逍遙寢臥於無何有之鄉，一笠一瓢，此生之事業畢矣！

戊子以來，歷今十有六載，其間天損人益之湊加，俾畏人之鶼鶒，難以自遂，不得不智效一官，舍鵬飛而從鷃笑，自是以後為樊雉、為廟犧、為雕陵異鵲，求其俯仰，而不得罪於人，此其難者。故有甚憂兩陷，螫蜇不得成，陰陽之食人，與金木之訊者等。

吾友邵是龍善於莊，案牘之餘，為余談及。余聆之若昆弟親戚，謦欬於藜藋髁駝之逕也。急索書竟讀之，則見見聞聞，舊國舊都，望之暢然矣！

夫虛已遊世，人莫能害，而流遁決絕，為大道所不出。則今日之余，禍福淳淳，相與為風雨寒暑之序，舉不足以滑成，斯其所得於莊者，固不在區區荃蹄間也。但大道日漓，去古漸遠，譚莊之家，自郭子佽以後，言人人殊，究為魯遽之瑟，無關異同，使人徒受其黮闇，適得恔焉！

余考證諸本，糸以管見，櫛比其詞，檃括其旨。惟因是因非，因非因是，以治莊之道，讀莊之書，求合乎作者之意而止。異日者，驪龍未寤，腐鼠已捐，汎若不繫之舟，虛而遨遊，將手此一編，以質於大莫之國。若謂漆園功臣，漆園罪人，呼牛為牛，呼馬為馬，余何靳乎而人善之，而人不善之邪！亦因之而已矣！遂以因名。

（此篇為《莊子因》第一版之原序，今版已刪，見《把奎樓選稿》卷二）

附錄三：林雲銘《增注莊子因・序》康熙戊辰二十七年（1688）

　　古今能文之士，有不讀莊者乎！既讀，有不贊其神奇工妙者乎！余竊謂讀莊者，實未嘗讀得莊；而贊之者，亦未嘗贊得神奇工妙處也，何也？蓋凡讀書家，必先識得字面，而後能分得句讀，分得句讀，而後能尋得段落，尋得段落，而後能會得通篇大旨，及篇中眼目所注，精神所匯，此不易之法也。莊之為文，其字面有平易醇雅者，即有生割奇創者，其句讀有徑捷雋爽者，即有艱澀糾纏者，其段落有斬截疏明者，即有曼衍錯綜者。若不逐字訓詁，逐句辨定，逐段分析，如前此註莊諸家，解其可解，而置其不可解，甚至穿鑿附會，顛倒支離，與作者大旨風馬無涉，凡篇中眼目所注，精神所匯，悉付之雲霧惝怳，雖極口嘉贊，無殊醉叭夢寐，莊必不受也。

　　余註莊二十又七年矣！鐫木之後，分貺良友，即攜歸里，貯建溪別墅，與二三方外畸人，講究丹訣，借為印證，原不斬於問世。寅卯閩變，余家盡為逆氛毀奪，所註經書藏稿十餘種，同作劫灰。而是書賴有鋟板獨存，懲羹吹薺，不得不為無窮之慮。與近註《古文析義》前後編，並行於世，今且遍及海內矣！茲再加繙閱，其中有鄙意所未盡者，恐初學或費探索，因竭四閱月玩味揣摩之力，重開生面，將內七篇，逐段分析，逐字訓詁，誓不復留毫髮剩義。而外篇雜篇雖屬內篇註腳，遇有神奇工妙處，亦必細加改訂，分別圈點、鉤截，得其眼目所注，精神所匯而後止。至如贗手，擬莊竄入篇內，往往得罪名教，實莊之秕莠蟊賊，必不可姑容者。謹一一摘其紕繆，從旁抹出，鐫為定本，以公同好。

　　昔朱晦菴《大學章句》成於五十九歲，至七十一猶改註〈誠意章〉，學以年進，務求至當不易，良工苦心，千載如見。余何敢妄儗古人，但以數十年寢食於莊，久已稔其大旨，迄今論定。而段落字句之間，始無遺憾。因歎著述之難。如此海內讀莊者，開卷欣賞，如見其人，不至茫然，射覆臆鉤，僅為世俗虛贊，當亦諒余今日之苦心也夫。

　　　　康熙戊辰季秋望日，三山林雲銘西仲氏，題於西湖畫舫。

附錄四：日‧秦鼎《補義莊子因‧序》日‧寬政八年（1789）

　　郭子玄解莊也，晉時清言家之莊，而非古莊也。宋明諸家解莊也，宋明諸家之莊，而非古莊也！然則莊其不可見乎！匡廬之山，右而望之為　　，左而望之為巒，而其為廬山，則固在焉，則莊豈不可見乎！

　　去歲余嬰疾，自春涉冬，前日之業，棄如土；明日之事，死為鄰。於是讀莊，欣然有會於心，心會意樂，遂取林氏因訂之，次第治之，終補其闕矣。太史公曰：「世之學老子者，則絀儒學，儒學亦絀老子」。余學儒者也，則諸老先生，猶謂其可相絀，而疑於余乎。凡人之相交，情同則親異則踈。今相會乎一堂之上，聊娛一日之餘間，誰亦舍賞心之悟，而就他強語乎。雖笑不樂矣！

　　「上與造物者遊，而下與外死生者為友」，莊叟已言之乎千歲之上，余則今欣然有會於心，引以相語，取以為友。同心之言，其臭如蘭。故余自以為莊非異世人也，驪友而已矣！又何暇論其道同與不同，如曰莊之可見也，以其所可見而見之也！林氏豈然乎！則余固亦直寄焉爾，而為不知己者詬屬也，則有所不恤焉！

　　雖然，林氏亦可謂知莊矣！其論〈蘭亭序〉也：「卓乎有所見矣。」詩云：「他山之石可以攻玉。」信斯言也，雖諸老先生亦讀莊可矣！

　　　　　　　　　　　　　　　　　　寬政八年丙辰春三月，尾張泰鼎撰。
　　（日‧寬政八年，西元 1789 年，清‧高宗，乾隆五十四年）

附錄五：日・龜谷行《標注補義莊子因・序》日・明治乙酉十八年（1885）

　　文莫奇於莊子，而最爲難讀，解之者數十家：郭象、林希逸、焦弱侯殊顯。林西仲又施圈點、晰（晰）文理、批礬導綮，較易通曉。東條君淡齋，纂輯其王（亡）父一堂先生及諸家之說，以補西仲氏之注，徵序於吾。

　　夫莊子托言於鯤鵬，以肆瑰琦之辭，而世之讀此者，茫洋眩惑爲斥鷃、爲鶯鳩，能得其眞希矣！一坣先生經義淵邃，其於《莊子》，潛研多發明，此編亦足以見其一班也。

　　明治乙酉仲秋

省軒龜谷行撰

清兮田中嬰書

附錄六：日・三島毅《標注莊子因・序》日・明治丙戌十九（1886）

　　「讀莊而忘莊，忘莊而學莊。」是余平生持論也。蓋莊之爲書，詭字怪句，泉涌而雲起，縱橫奔放，倏忽變幻，使人目眩氣奪，不知所摸捉。是以緣注釋、究訓詁、反復誦讀，然後始能解其字句。所謂聞諸副墨之子，聞諸洛誦之孫。初學豈得己哉！

　　然讀書者，勿以辭害意，先賢所戒。況莊意深遠微奧，不可求諸文字誦讀之間乎！然則其意如何？亦唯欲經倫斯世而己矣！夫心之在世，去榮辱名利，而更有何事？但居名利，而忘名利；處榮辱，而離榮辱；離而不離，忘而不忘，恍兮惚乎，與眞理冥合，是可以學莊矣！若夫墨守文字，忘榮辱、離名利、遠引高踏，爲一世無用之人。以爲學莊者，則與莊意背馳，何啻風馬牛？余嘗有詩曰：「誰將蒙叟列仙斑，經世之心同孔顏。」若不立人間世外，逍遙難處此人間，蓋爲之也。

　　頃大阪書肆，欲刻東條氏所著《標注莊子因》。遠寄請序，余閱之：注釋精詳，能補前人所不足，而發後人所不知。可謂讀莊者好荃蹄矣！然獲魚忘荃之術，亦不可不知焉。因書持論，以告讀此書者。

丙戌歲晚東京學士會員學士三島毅撰

南海堂主人書

附錄七：《莊子因》〈凡例〉計五則

一、「字」面訓詁，照填於本句之下，然後再解「本句」之意，如本句既解，
　　應合數句而「總解」者，必加一小圈別之。

二、每段必分疏本段大意，或加評語，凡遇小段，則加「已上」二字，遇全
　　段，則加「通段」二字，俱加一小圈別之。

三、凡篇中綱領段中眼目，必旁加重圈「◎」，其埋伏照應處，旁加黑圈「●」
　　其措意精深，擒詞工妙處，旁加密圈「○○○○」
　　其轉折另提或襯貼找足處，旁加密點。「、、、、」
　　其小住歇處，必加橫截「＿」
　　其大住歇處，必加曲截「∟」
　　原本缺略，今悉補出，庶學者開卷了然，不煩探索。

四、每篇後總論，必先揭出本旨，逐段唧接脫卸，如撰一篇全章八股文字，
　　俱要還他渾渾成成，一篇妙文，不敢如前此註莊諸家，輒指東話西，自
　　逞機鋒，將本旨盡行埋沒卻也，具眼者諒必知之。

五、原本音註，總彙二紙，冠於編首，今恐煩學者檢閱，特改列於本字之
　　傍，舉目即得，其為省力。

附錄八：《莊子因》〈莊子總論〉

　　三十三篇之中，反覆數十萬言，大旨不外：「明道德、輕仁義、一死生、齊是非，虛靜恬澹，寂寞無爲」而已矣！篇之有內、有外、有雜，皆出於世俗，非當日著書本意，內七篇是有題目之文，爲莊子所手定者。外篇、雜篇，各取篇首兩字名篇，是無題目之文，乃後人取莊子雜著，而編次之者。

　　〈逍遙遊〉言人心多狃於小成，而貴於大；〈齊物論〉言人心多泥於已見，而貴於虛；〈養生主〉言人心多役於外應，而貴於順；〈人間世〉則入世之法，〈德充符〉則出世之法，〈大宗師〉則內而可聖，〈應帝王〉則外而可王，此內七篇分著之義也。然人心惟大，故能虛，惟虛，故能順，入世而後出世，內聖而後外王，此又內七篇相因之理也。

　　若是而大旨已盡矣，外篇、雜篇，義各分屬，而理亦互寄，如〈駢拇〉、〈馬蹄〉、〈胠篋〉、〈在宥〉、〈天地〉、〈天道〉，皆因〈應帝王〉而及之，〈天運〉則因〈德充符〉而及之，〈秋水〉則因〈齊物論〉而及之，〈至樂〉、〈田子方〉、〈知北遊〉、則因〈大宗師〉而及之。惟〈逍遙遊〉之旨，則散見於諸篇之中，外篇之義如此。

　　〈庚桑楚〉則〈德充符〉之旨，而〈大宗師〉、〈應帝王〉之理寄焉，〈徐無鬼〉則〈逍遙遊〉之旨，而〈人間世〉、〈應帝王〉、〈大宗師〉之理寄焉，〈則陽〉亦〈德充符〉之旨，而〈齊物論〉、〈大宗師〉之理寄焉，〈外物〉則〈養生主〉之旨，而〈逍遙〉之理寄焉，〈寓言〉、〈列禦寇〉，總屬一篇，爲全書收束，而內七篇之理均寄焉雜篇之義。如此若〈刻意〉、〈繕性〉，義有所屬而無味，〈讓王〉、〈說劍〉、〈盜跖〉、〈漁父〉，義無所屬而多疵，昔人謂爲昧者勦入，非虛語也，〈天下〉一篇，則後人訂莊者所作，是全書之後序耳！然則或曰「外」、或曰「雜」，何也？當日訂莊之意，以文義易曉，一意單行者列之於前；而名「外」，以詞意難解、眾意兼發者，置之於後；而名「雜」，故其錯綜無次如此，蘇子瞻謂：「分章名篇，皆出於世俗，非莊子本意。」猶信！

附錄九：《莊子因》〈莊子雜說〉計二十六則

一、莊子另是一種學問，與老子同而異，與孔子異而同。今人把莊子與老子看做一樣，與孔子看做二樣，此大過也。

二、莊子全部以內七篇爲主，外篇雜篇旨各分屬，而總不離其宗，今人誦其文，止在字法句法上著意，全不問其旨之所在，此大過也。

三、莊子末篇，歷敍道術不與關老並稱，而自爲一家，其曰：「上與造物者游，而下與外死生無終始者爲友。」此種學問，誠所謂不可無一，不可有二者，世人乃以老莊作一樣看過，何也？

四、莊子另是一種學問，當在了生死之原處見之，其曰「遊于物之所不得遁」一句，即「薪盡火傳」之說，爲全部關鑰，老子所謂長生久視，則同而異也，孔子所謂：「未知生，焉知死」，則異而同也。

五、莊子言逍遙、言重闖心，期乎大。老子言儉、言慈、言嗇心，期乎小，是工夫不同處。老子言：「無名天地之始」莊子卻言「泰初有無無，有無名」，則無名之上，尚有所自始矣，是立論不同處。若云子夏之後，流爲田子方，子方之後，流爲莊周，即謂莊子與孔子同，而與老子異，亦無不可也。

六、莊子宗老而黜孔，人莫不以爲然，但其言曰：「春秋經世先王之志，聖人議而不辨」何等推尊孔子，若言其宗老也，則老聃死一段，何又有遁天倍情之譏乎？要知著書之意，是非固別有在，難與尋章摘句者道也。

七、莊子只有三樣說話：寓言者，本無此人此事，從空鷙撰出來；重言者，本非古人之事與言，而以其事與言屬之；卮言者，隨口而出，不論是非也，作者本如鏡花水月，種種幻相，若認爲典實，加以褒譏，何啻說夢？

八、莊子五十三篇，載在《漢書.萩（藝）文志》，嚴君平作《老子指歸》所引用者多書中不載，如闕奕、意脩、危言、遊鳧、子胥等篇，世存其目，則此書爲郭子伭刪定無疑，但外雜兩集，尚有贋手，未經擯斥，世無明眼以爲相沿已久，不敢復道，然亦不可不辨也。

九、莊子生於戰國兵刑法術之家，徒亂人國。其所云：「絕聖棄知」、「掊斗折衡」等語，皆本於憤世嫉邪之太甚，讀者不以詞害意可也。

十、莊子詆訾孔子，世以爲離經畔道，不知拘儒剽竊，乃離經畔道之尤者也，考書中所載，孔子不過言其問業于老氏，子貢稱夫子無常師，是不足爲

詆訾者也，若盜跖、漁父，乃其徒爲之，所謂其父殺人報仇，其子必且行劫，亦已甚矣！

十一、莊子篇中有一語而句數義者，有反覆千餘言而止發一意者，有正意少而傍意多者，有因一言而連類他及者，此俱可置勿論，惟先求其本旨，次觀其段落，又次尋其眼目、照應之所在，亦不難曉。

十二、莊子有易解處，有艱澀難解處，有可作此解，彼處俱無足疑，止玩上下文，來路去路，再味其立言之意，便迎刃自解矣！

十三、莊子學問是和盤打筭法，其議論亦用和盤打筭法，讀者須知有和盤打筭法。

十四、莊子學問有進一步法，其議論亦每用進一步法，讀者須知有進一步法。

十五、莊子旨近老氏，人皆知之，然其中或有類於儒書，或有類於禪教，合三氏之長者，方許讀此書。

十六、莊子爲解不一，或以老解，或以儒解，或以禪解，究竟牽強，無个如還以莊子解之。

十七、莊子大旨說外死生、輕仁義、黜聰明，詞若不殊，而其每篇立意，卻又不一，當于同處而求其異，當於分處而求其合，自有得於語言文字之外，若草草讀過，便是不曾讀。

十八、莊子用字有與他書不同，如怒而飛，非喜怒之怒；冷然善，非善惡之善；游心乎德之和，非和順之和，此類甚多，當具別解。

十九、莊子命意之深處，須以淺讀之，爲文之曲處，須以直解之，若一味說佹說妙，只管附會入心性裏面去，便成一部野狐禪矣！今人蹈此病者，什之八九，須痛絕之。

二十、莊子或取其文不求其理，或詮其理不論其文，其失一也；須知有天地來，止有此一種至理，有天地來，止有此一種至文，絕不許前人開發一字，後人摹倣一字，至其文中之理，理中之文，知其解者，且暮遇之也。

廿一、莊子似個絕不近情的人，任他賢聖帝王，矢口便罵，眼大如許，又似個最近情的人，世間里巷，家室之常，工技屠宰之末，離合悲歡之態，筆筆寫出，心細如許。

廿二、莊子當隨字隨句讀之，不隨字隨句讀之，則無以見全書之變化，又當將全書一氣讀之，不將全書一氣讀之，則不知隨字隨句之融洽。

廿三、莊子當以看地理之法讀之，欲得正龍、正穴於草蛇灰線，蛛絲馬迹處尋求，徒較量其山勢之大小，無有是處。

廿四、莊子當以觀貝之法讀之，正視之似白，側視之似紫，睨視之似綠，究竟俱非本色，纔有所見，便以爲得其眞，無有是處。

廿五、莊子當以五經之法讀之，使其理爲布帛，菽粟日用常行之道，不起疑異於心，則與我相親矣。

廿六、莊子當以傳奇之法讀之，使其論一人、寫一事，有原有委，鬚眉畢張，無不躍躍欲出，千載而下可想見也。

附錄十：《莊子因》外雜篇贋手說明表

次　序	篇　名	段　落	贋　手　說　明
外篇 8	駢拇		
9	馬蹄	評	莊文之最易讀者，然其中之體物類情，筆筆生動，或以爲意不多而詞費，疑爲擬莊者所作，恐他手未易到此也。
10	胠篋	評	林疑獨以篇中有十二世有齊國等語，〔註 1〕以爲西漢之文。然西漢有此汪洋氣局，恐無此精鑿議論也。
11	在宥		
12	天地	堯觀乎華，華封人曰	此段義無著落，其詞頗近時趣，疑非莊叟眞筆也。
		堯治天下，伯成子高。	莊子所以稱者，以其奇宕之氣，雋永之理，千古常新，愈熟愈好也。如此淺率直遂，其何以爲莊乎。噫！好事者爲之也。
		子貢南遊於楚	此段言去其機心方能入道。借爲圃畦發出多少議論。大類〈漁父〉篇意，其文絕無停蓄蘊藉，中間又有紕繆之語，此爲後人竄入無疑也。惟善讀莊文者知之。
		評	如華封人、伯成子高、漢陰丈人數段，結搆雖工，咀嚼無復餘味，疑爲好事者竄入。然非寢食於莊，亦不能辨也。
13	天道	昔者舜問於堯曰：天王之用心何如？	文非莊叟手筆
14	天運	孔子見老聃而語仁義	竊大宗師篇內數語填入，何苦如此。
		孔子見老聃歸，三日不談	此段至末，皆屬贋筆竄入，蓋乘前後皆老聃對孔子語，下面又有風化等說也。
		評	但其中孔子見老聃而語仁義一段，竟爲贋手羼入，遂使狗尾續貂，瑕瑜並見，識者憾焉，吾特而出之，所以駁莊而全莊也。

〔註 1〕經查證因林疑獨單注本，今已不得見，故由歸有光《莊子南華經》、朱得之《莊子通義》諸伯秀《義海纂微》中有轉錄者，此篇諸伯秀《義海纂微》總論言：「胠字之義，惟林疑獨云：潛開也」；朱得之《莊子通義》有：「此言恆享齊國十二世……等語。」但未言此語出自林疑獨，存疑而暫不論。

15	刻意	評	但細玩其行文，蹊徑與〈天道〉篇如出一手，此則略少波瀾耳。或以膚淺疑其偽作，此明眼者之言也。
16	繕性	評	此篇以恬與知二字作骨，數段遞遞說下，立論甚醇，華實並茂，且別有一種秀色，令人賞心不置。然細加尋繹，覺未免有訓詁氣，殊非南華筆也。
17	秋水	孔子遊於匡	諱窮求通等語以擬聖人之言，恐覺不似。且筆頗平庸，非莊所作也。
		公孫龍問於魏牟曰	此段言小勝者不能為大勝也，無甚深旨。莊叟亦無貶人自譽至此，恐為後人贋筆。
		評	但其中孔子遊匡、公孫龍問魏牟二段，意頗淺膚，疑為贋作，姑拈而出之。
18	至樂	顏淵東之齊，孔子有憂色。	人惑則死，若指顏回以攖暴人而死，則與上下文俱不相貫；若指齊侯，恐世無惑言而死之人，此等拙筆，欲以擬莊，何不自量也。
		故先聖不一其能，不同其事。名止於實，義設於適，是之謂條達而福持。	名止於實，各隨其情，義設於適，段人所安也。條達者通於人，福持者利於己。此段似指用世而言，攛掇於此，甚屬無謂，其文之平庸淺膚，不問而知其為偽物也。
		評	此篇鼓盆、支離叔、空髑髏、百歲髑髏四段，理解精闢，得未曾有。可上擬〈大宗師〉篇內子祀、子桑戶、孟孫才三段，但議論稍遜耳。細玩應入〈秋水〉篇中，以為生而不悅，死而不禍樣子。疑散佚之後，好事者遂撰出此篇首段，因而攛掇其中。此猶可置勿論，但忽添出「顏淵東之齊」一段，與上下文絕不相蒙，其文之庸弱不堪，醜態備見，為可憾耳！彼贋作者，不覺自欺欺人，然淄澠之水合，尚有能辨之者，況魚目混珠，安可掩乎。
19	達生		
20	山木	莊子衣大布而補之正	此段襲原憲貧憊之論，已屬套談，且昏上亂相等語，殊非對君口氣，比干剖心與貧憊何涉，贋筆無疑。
		評	惟莊子過魏王一段，則係淺夫效顰，勦襲紕繆極易指摘。乃當日訂莊者，不亟芟除，以致黎丘晝見，吾不能無遺議於郭子玄也。
21	田子方	莊子見魯哀公。	忽插此段洵屬無謂，細味文氣，洵非莊叟之筆。林獻齋何必以年世相違而疑乎。〔註2〕

〔註2〕此處應是出自明.朱得之《莊子通義》:「此見當時信莊為真儒也。前〈胠篋〉

		宋元君將畫圖，眾史皆至	此段亦屬後人擬筆
		文王觀於臧。	文王用機械，仲尼徇斯須，雖鄙夫猶羞稱之矣。此等議論，此等筆法，乃敢擬莊，吾不知其是誠何心也。
		評	惟魯哀公、宋元公、臧丈人三段，語氣不屬，立義亦淺，非南華手筆無疑，余非過為指摘也。
22	知北遊		
雜篇 23	庚桑楚		此篇意實貫珠，頗艱澀破碎，卒然讀之，蒙然而已，其中精粹之語，殊不可及。後人疑其非莊叟之言，恐亦非定論也。
24	徐無鬼		
25	則陽		
26	外物	莊周家貧，故往貸粟於監河侯	此君真所謂不入耳之談，殆今日守錢輩戶頭人事也。此段言養身者，當審其緩急，不必多餘也。文非莊叟手筆。
		任公子為大鉤巨緇	近日窮措大抄寫數篇爛時文。向邑令投拜門生者，當書此數語示而辱之。此段言經世者，當志於大成，不可期近效也。文非莊叟手筆。
		儒以詩禮發冢	此言為儒之多偽也。儒以詩禮為宗，乃用之以發冢，「青青麥者」四句，詩也；「徐別其頰」二句，禮也。儒知詩禮之為儒，而不知發冢非儒矣。此與魯多儒服一段同意。文非莊叟手筆。
			但貸粟、釣魚、發冢三段，文詞既淺，意義亦乖，疑為擬莊者攬掇其內，特表而出之。
27	寓言	曾子再仕而心再化	言曾子之心，已有係累矣。若無係累，則并不及養親之悲哀而忘之矣。豈計祿之多寡哉。鸒雀蚊虻，取其大小以為喻也。此段疑應入〈外物〉篇內。
		評	此篇是全書收束，推著書之本意，與列禦寇總為一篇。後人因攬入〈讓王〉等四篇，於中故分而為兩耳。惟曹商得車、宋人錫車二段，語頗近於虐謔，似非有德者之言，當別之以俟後也。
28	讓王	孔子窮於陳蔡間。七日不火食。	自篇首至此，共十五段。其中所引，大約俱輕外重內之意，強半於末段用斷語。調既庸俗，意亦重複，讀之令人生厭，至此段末，忽用古人二事，對待雙收，其格法自西漢之後始有之。今乃指為莊子手筆，豈不笑殺。

篇中謂陳成子傳世十二，享有齊國，此言見哀公與陳恆同時矣！計其壽將幾何乎，余故謂：外篇雜篇多後人所擬，而附會之者。」明嘉靖四十三年浩然齋刊本，《無求備齋莊子集成續編》第 4 冊，頁 584。

		評	篇首至昭僖矦七段，皆言重生者能輕天下。顏闔至孔子八段，皆言得道者能薄爵祿。此二意亦不必深議。但自北人無擇至伯夷叔齊四段，又言辭讓而至死。是以殉名慕高爲尙矣。攷〈寓言〉篇言申徒狄因以踣河，葢病其枯槁，赴淵之行也。〈駢拇〉篇言伯夷死名，殘生傷性，與東陵無異，則漆園之意可知矣。今忽舉投淵餓死之輩，列於重生得道之後，不但非全書之旨，竟與本篇自相牴牾。一曲之士，妄鼠奇說，焉有不爲識者所破。
29	盜跖	世之所謂賢士，伯夷叔齊。	竊戰國策唾餘攛入，欲以擬莊，冤哉爲莊也。
		評	寓言篇謂人而無人道，是謂之陳人，盜跖可謂有人道乎。假盜賊之口，歷詆古今聖人，是欲率天下而爲盜賊也。子張滿苟得，雅重名利，各持其說。惟無約數語，頗類〈駢拇〉〈秋水〉二篇語意，其不至背道而馳者，賴有此耳。知和闉無足之非，微爲近理，然重義輕利之旨，常人皆能道之；漆園重道德而輕仁義，斷不取此，乃龍門猶取而信之，此理之不可解者也。
30	說劍	劍士皆服斃其處也	此篇是一氣文字，無甚深意，筆力膚淺，爲時手贗作無疑。
		評	篇中口角，絕似戰國策士之談。莊叟言：寧曳尾塗中，王公大人所不能器，乃顧爲人作說客邪。其就劍上發出天子、諸侯、庶人三段，詞意體裁，頗類國策。初讀之似覺奇闢，再繹之而意致便索然矣。要知讀古人書其一覽而盡者，即非佳文。莊子爲此，又何以爲莊子。
31	漁父	孔子又再拜而起曰。	四再拜，禮煩而生厭矣。此時幸而漁父告去，不然則孔子竟成一拜懺頭陀，一句一拜，自晨至晚，無一休歇矣。贗手搜索枯腸，冤苦已極，不得不於此處用力點綴。
		孔子伏軾而歎曰。甚矣。由之難化也。	莊子文極變幻，不可方物。此篇首言甚矣子之好學也，中言甚矣子之難悟也，未又言甚矣由之難化也。此等句法，有何驚天動地之奇，而屢用如此。總之才竭思窘，不得不如此也。
		今漁父之於道。可謂有矣。	粗率已甚，不忍卒讀。
		吾敢不敬乎。	此篇敷衍成文，全無意味，筆力庸弱之態具見。乃敢擬莊，吾服其膽。

		評	篇意以無位而設教，固屬多事，必貴眞而去僞方爲聖人。比前三篇意義差勝，佃所謂「八疵四患」，中賢之士，亦已猒聞，乃取以教孔子。是遇上乘之人，反說下乘之法，無是理也。若謂漁父不知孔子何等人，則爲漫然套談，亦不足取矣。其筆法庸弱，與上三篇如出一手。然非深於莊子者，亦不能辨。惜哉太史公亦爲所欺。
32	列禦寇	宋人有農商者爲宋王使秦	文非莊叟手筆
		人有見宋王者，錫車十乘	文非莊叟手筆
		評	蘇子瞻作〈莊子祠堂記〉，言讀〈寓言〉之終：「陽子居爭席一段」，因去〈讓王〉、〈盜跖〉、〈說劍〉、〈漁父〉四篇以合於〈列禦寇〉之篇。然後悟而笑曰：「是固一章也！」此老讀書，自是千古隻眼。後人惟以篇目已定，不敢擅自改訂，亦古人闕疑之意，然亦不可以不辯也。篇末載「莊子將死一段」，以明漆園之絕筆於此，猶春秋之獲麟，此外不容添設一字。則〈天下〉一篇，不辯而知爲訂莊者之所作矣！後世紛紛，猶以莊自爲之。甚矣！讀書之難言也。
33	天下	評	段中備極贊揚，眞所謂上無古人，下無來者。莊叟斷無毀人自譽至此，是訂莊者所作無疑。王荊公〈莊子論〉。蘇長公〈莊子祠堂記〉，皆以此篇出乎漆園自作，各有獨見，但可徒資談鋒，總非定論。而議者又以爲訂莊者，不著名姓爲疑，不知莊叟生於戰國，彼時猶爲近古國策，筆法橫絕，俱無名氏。千載而下，以不知出自何手爲恨。豈若後世淺儒粗就一篇爛時文，便自署其姓字於上。灾梨以自誇詡。徒以供覆瓿之用，當使古人笑人，至今齒冷矣！